빌 게이츠는
왜 아프리카에
갔을까

L'art de la fausse générosité. La Fondation Bill et Melinda Gates
by Lionel Astruc

빌 게이츠는 왜 아프리카에 잤을까

거짓 관용의 기술

리오넬 아스트뤽 지음
배영란 옮김

BILL
GATES
L'Art
de la
Fausse
Générosité

소소의책

● 한국어판 일러두기

1. 이 책의 부록은 원서에 포함되어 있지 않은 내용이며, 원서의 저작권자와 부록 필자의 허락을
   받아 수록했습니다.

2. 이 책은 본문과 부록으로 크게 나누어 조판 형태를 달리했습니다.

3. 일반적인 책명에는 '『 』'를, 단편적인 글이나 보고서, 방송 프로그램 등에는 '「 」'를, 정기간행물
   (신문, 잡지 등)에는 '〈 〉'를 붙였습니다.

빌 게이츠의 꿈이 이뤄지는
나라의 필독서

당연하게도, 하늘 아래 순수하게 선한 자본가는 없으며, 선한 절대 권력도 없다. 절대 권력은 더 큰 권력을 추구할 뿐. 이 명백한 사실이 어떤 사람에게선 예외로 적용된다면, 과도한 힘이 진실을 가리고 있는 것이라 봐야 할 것이다.

지난해 세상에 상륙하여 인류의 삶을 격변시키고 있는 코비드19를 두고 세상은 두 가지 시선으로 팬데믹의 종말에 다가서고 있다. 한편에선 백신 맞고 구원받으시라는 복음이 강력한 전파를 타고 전해지는 반면, 다른 한편에선 사태의 본질적 문제를 추적하여 재발을 방지하려는 입장에 선 사람들이 분주히 움직인다. 후자의 사람들이 찾아낸 증거들 가운덴 어김없이 WHO의 변질 혹은 타락을 지적하는 목소리[*]가 들어 있다.

'코비드19'라는 지루한 재난영화의 시나리오를 파악하려다 WHO의 변질이라는 퍼즐 조각을 집어든 사람은 바로 옆에 있는, 흥미로운 또 다른 퍼즐 조각을 보지 않을 수 없다. 20년 전 세계보건기구에 발을 들여놓은 후, 세계 보건 질서를 재편해온 그의 이름을 사람들은 쉽게 말하지 못한다. 인류애의 상징이 된 이름을 부정적 현실과 연결 지어 말하는 순간, 어린아이에게 산타클로스의 진실을 폭로한 어른처럼 즉각적인 거부와 공격에 직면하기 때문이다.

한국에서 그의 이름이 지니는 무게는 한층 각별하다. 언젠가부터 국민 전체가 GDP만큼이나 신경 쓰게 된 비계량적 가치 '국격'과 긴밀한 관계를 맺고 있는 탓이다. 1997년, 국가 부도의 수렁에 빠졌던 우리가 빠른 속도로 그곳을 탈출할 때 붙잡았던 동아줄은 'IT 강국'이었다. 우리는 김대중 전 대통령과 빌 게이츠가 반가운 표정으로 악수를 나누는 장면을, 앞으로 펼쳐질 밝은 미래를 약속해줄 보증수표처럼 가슴 한편에 담고 있다. 그가

---

* 2009년 WHO가 신종플루를 팬데믹으로 발표(6월)하기 약 1개월 전, WHO는 '팬데믹'의 정의를 바꿨다. 달라진 정의를 통해, WHO는 위급성 여부에 대한 판단 없이 팬데믹을 선포할 수 있게 되었다. 프랑스 상원은 WHO가 팬데믹을 기획한 것이라는 정황을 포착, 조사위원회를 발족하고 2010년 7월 조사 보고서를 발표했다. 이 보고서는 'WHO 사무총장의 신종플루 팬데믹 선포는 ①세계보건기구가 위험을 과장되게 예측하여 회원국들에 과도한 수준에서 비용을 지불하도록 조장했거나, ②최악의 경우 세계보건기구가 제약업계의 영향력 아래 팬데믹을 기획하여, 각국 정부가 WHO가 제시하는 대응안을 실천하게 함으로써 제약업계의 이득을 도모한 것'이라고 밝히고 있다. 당시 유럽회의 Council of Europe도 같은 목적의 조사를 진행하여 2010년 5월 비슷한 결론을 내리는 보고서를 발표했다. 그때 유럽회의 보건위원회 위원장이던 독일의 볼프강 보닥 박사는 2020년 발발한 코로나19 사태를 2009년 신종플루의 재현으로 보고, 2021년 『가짜 팬데믹Falsche Pandemien』이라는 책을 펴낸 바 있다.

006   빌 게이츠는 왜 아프리카에 갔을까

박근혜 전 대통령과 거의 똑같은 장면을 연출하며 한 손을 바지 주머니에 꽂고 있는 모습은 박근혜 시대와 함께 '추락한 국격'을 상징하는 모습으로 비춰지기도 했다. 중국 우한에서 발발한 코로나19가 한반도로 불붙어 중국 다음으로 많은 확진자가 나오며 일순간 추락하는 듯했던 국격은, K방역을 통해 급속도로 사태를 수습하면서 건국 이래 최고 수준으로 치솟았다. 자타 공인 미스터 세계 보건 대통령이 된 빌 게이츠는 한국을 모범 방역국으로 손꼽으면서, 올라간 한국의 국격을 공인해주는 역할을 하기도 했다. 그를 부정하는 것은 우리가 믿고 쌓아왔던 과거와 현재, 어쩌면 미래의 국격 포인트까지도 포기하는 일이 된다. 그는 옳았고, 계속 옳아야만 한다.

탐사 전문 기자이자 생태 분야에서 10여 권의 책을 내온 저자가 이 책을 2019년에 출간한 것은 절묘한 행운이다. 냉철한 시선으로 인류의 전설이 된 인물의 행보를 추적하며, 그가 베풀었다는 '관용'의 본질을 탐색하는 것은, 팬데믹이라는 전쟁터 한복판에서 인류의 사령관을 자처하는 인물이 된 상황에선 더 복잡한 미션이었을 것이다. 서점에 깔리기도 전에 음모론 서적으로 분류되어 세인의 색안경을 넘어서기 위해 분투해야 했을지 모른다. 책은 2019년에 나왔고, 저자는 여러 방송에 초대되어 자신이 파악한 이 문제적 인물의 이면을 소개했다. 나 역시 한 방송을 통해 전혀 다른 각도에서 조명되는 이 자비로운 부자의 모습을 접할 수 있었다. 1년 후, 팬데믹이 경험케 한 첫 번째 통제령에서 풀려날 무렵, 난 이 혼란스런 그림을 이해하기 위한 과정에서 이 책을 주문해 읽기 시작했다.

독점 자본주의의 최첨단 기술을 구사하던 기업주, 업계의 경쟁사들을 차례로 전사시키고, 윈도우 천하를 이룬 이 전투적 자본가는 21세기에 들어서며 기부 역사의 신화로 남을 법한 천사로 등극, 20년째 언론의 찬양을 한몸에 받아왔다. 매년 세계 최고 수준의 기부를 갱신해도 그의 곳간은 고갈될 줄 모르고, 그는 한 손에 꼽히는 세계 갑부 자리에서 내려온 적이 없다. 베풀수록 커지는 즐거움, 노블레스 오블리주라는 말로는 충분히 설명되지 않는 이 아름다운 '마술'은 빌 게이츠의 고상한 직업이자 슈퍼리치들이 거쳐야 하는 필수 코스가 되어버린 '자선 자본주의'의 과학이다.

이 책은 '기부 사업은 세계화된 경제계에서 가장 번창하는 산업'이라고, 게이츠의 마르지 않는 곳간의 비밀을 설명한다. 이들의 기부는 교육, 농업, 보건 분야의 정책 영역에서 억만장자들이 전대미문의 권력을 휘두를 수 있는 데 직접 기여하여, 상위 1퍼센트의 부자들은 자신들을 부유하게 만들어준 구조를 더 강화시키기 때문이다. 더구나 그들은 국민의 세금을 사용하는 정부와 달리 국회의 논의를 거칠 필요도, 감사를 받을 필요도 없다. '내 돈 내가 쓰고 싶은 곳에 폼나게 쓴다'는 '기부'라는 이름의 자유로운 행위는 그 모든 귀찮은 절차를 피하면서 자신이 원하는 방식으로 자신이 원하는 영역의 질서를 개편하게 해주는 도구다. 정치인들처럼 시시때때로 표를 구걸할 필요도, 가진 권력을 하루아침에 잃을까 염려할 필요도 없는 그들은 유아독존의 존재다. 현명하게도 게이츠 재단은 학계와 주류 언론, NGO에도 넉넉하게 선의를 베풀어온 덕에 웬만한 잡음들을 소거할 수 있었다.

팬데믹이 유럽에 상륙한 후 음울한 뉴스로 세상이 뒤덮일 무렵 게이츠 재단은 세계 유수의 언론에 돈을 뿌려왔으며, 〈르몽드〉지도 최근 5년간 게이츠 재단으로부터 400만 달러를 받았다는 소식이 전해지자 의심의 촉을 곤두세우던 이들은 팬데믹을 이해하는 또 하나의 의미 있는 퍼즐 조각을 발견한다.

이 책에 따르면 빌 게이츠는 악랄한 자본가 노릇을 하다 어느 날 깨우친 바가 있어 선량한 자선가로 변모한 것이 아니라 자선의 이름으로 세계의 보건, 농업, 기후 정책에 개입하여 더 큰 자본을 확보할 수 있는 정책적·구조적 개입의 교두보를 확보한 것이다. 이는 카네기, 록펠러 등 선대 자본가들이 갔던 길을 그대로 따른 것이기도 하다. '부록'으로 수록된 앤 엠마누엘 번 교수의 글은 록펠러 재단에서 게이츠 재단으로 이어지는 자선 자본주의의 메커니즘을 잘 설명하고 있다. 게이츠 재단은 신자유주의의 도입 이후 회원국들의 분담금이 줄어들어 존립 위기에 있던 WHO의 막강한 재정적 지원자가 되며, 2000년 이후 실질적으로 WHO를 사유화한다. 우리는 코로나19가 지구촌에 확산되는 동안, 이 바이러스와의 전쟁을 지휘하는 그의 목소리를 종종 들었다. '70억 인구가 코로나19 백신을 맞기 전엔 이전의 삶으로 돌아갈 수 없다'고 백신이 세상에 나오기도 전에 했던 그의 말은 세상의 모든 언론을 타고 세계인의 귀에 빠짐없이 전해졌다. 〈르몽드〉와 AFP, 로이터가 합창하면 다른 언론들이 그 뒤를 따랐고, 이 권위에 도전하는 모든 잡소리는 '음모론'으로 처리되었다.

인도의 핵물리학자이자 생태운동가인 반다나 시바는 빌 게이츠라는 인물의 본질을 오래전부터 정확히 간파해왔다. 이 책에 수록된 그의 글은 빌 게이츠를 'IT업계의 몬산토'에 비유하며 테크놀로지로 지구를 살리고 인류를 구하겠다는 자선자본가의 위선을 고발한다.

컴퓨터 산업의 태동기엔 모든 것이 오픈 소스 체제로, 개발자들 사이에서 자유롭게 소스를 공유하는 가운데 창의적 개발이 활발히 이뤄졌다. 빌 게이츠는 모두가 공유하던 초창기의 컴퓨터 기술에 자신의 기술을 가미하여 특허를 출원했고, 공공재처럼 사용되던 초기의 컴퓨터 기술들을 자신만의 것으로 사유화했다. 그리 오래전 일도 아니건만, 반다나 시바의 이 같은 증언은 통 큰 자선가의 이미지가 세상을 뒤덮은 뒤로 까마득하게 잊힌 사실이다. 이는 16~17세기에 영국의 돈 많은 지주들이 엔클로저 운동으로 토지를 착복한 것과 비슷한 방식이며, 빌 게이츠가 투자하고 있는 몬산토가 종자 분야에서 했던 것과 같다고 반다나 시바는 지적한다. '종자라는 것은 수천 년간 인류가 함께 일구고 가꿔온 작업의 결실이다. 선대의 농민들이 그것에 특허를 낸 적은 없었으며, 농민들은 언제나 서로의 종자를 나누며 풍요를 일궈왔다. 그런데 몬산토가 등장해 종자에 약간의 변형을 가한 후, 종자에 대한 독점적 권리를 천명한다. 나아가 해당 종자의 모든 유전적 유산에 접근하지도 못하게 막는다. 이는 수 세기 동안 농부들이 개량하고 발전시켜온 종자의 특징을 가로챈 꼴이다.'

이는 15세기에 신대륙에 당도한 유럽인들이 땅과 하늘, 공기는 누구도 사유할 수 없다 믿으며 자연과 공존하던 원주민들(유럽인들을 환대하며 얼마든지 함께 살아가고자 했던)을 학살하고 극소수를 보호구역에 가둔 후, 자신들이 새롭게 발견하고 개척한 땅으로 기록한 역사를 떠올리게도 한다. 모두가 공유하던 것을 사유화한 후, 그것을 나누어 쓰고자 하는 이들로부터 돈을 받아 부를 일구고, 그 부를 이용하여 절대 권력을 구축한다. 이 불길한 게임의 룰은 오늘 우리가 겪고 있는 현실과 닮아 있다. 마스크 없이 거리를 활보하고, 자유롭게 여행하고, 공연을 관람하며, 얼굴을 마주 보고 대화하는, 인간이면 누구나 누리던 권리는 이제 몇몇 제약 회사가 만들어낸, 효과가 입증되지 않아 조건부 승인을 받은 약물을 주입한 사람에게만 허락될 모양이다. 미국에선 지난 4개월간 코로나19 백신 사망자가 지난 20년간 축적된 백신 사망자 수에 육박하지만, 이 수상한 백신을 향한 행렬은 멈추지 않는다.

빌 게이츠는 코로나19 백신 개발을 위해 목돈을 내놓았지만, 동시에 각국의 수장들을 종용하여 수천억 달러를 백신사들에 건네게 했고, 실험이 완료되지 않은 그 백신을 각국은 앞다퉈 사들였으며, 그가 앞장서서 컨소시엄을 구성한 백신사들은 잭팟의 기쁨을 누리고 있다. 물론 그사이 게이츠의 자산도 410억 달러가 늘어났다.

이 백만장자는 인류의 미래, 특히 기후 위기로 위협받고 있는 지구의 미래에 지대한 관심을 갖고 있다. 그는 백신을 적절하게 사용함으로써 환경오염과 기후변화에 가장 큰 영향을 미치는 인류를 약 10억~15억 명 축소할 수 있다고 공언하는 등 자신이 설계하는 지구의 미래에 백신을 이용하려는 생각을 피력해왔다. 누구에게나 생각의 자유는 있으나 제 생각을 의회의 논의나 법적 절차도 필요 없이 자본의 힘으로 전 인류에 적용시킬 수 있는 사람의 것이라면, 그것이 과연 어떤 결과를 초래할 수 있는지 면밀히 살펴야 한다.

그가 아는 해법은 하나다. '테크놀로지.' 그리고 그것을 독점 자본으로 만들어줄 '특허'. 컴퓨터 기술과 특허로 세상을 지배한 그에겐 당연한 귀결이다. 식량에 대한 그의 해법은 GMO 기술과 나라별로 특성화된 단일 작물의 농업이다. 생물다양성을 유지하는 다양한 작물의 재배가 식량과 영양 위기에 대한 현명한 생태적 대안이라는 명료한 현장의 목소리는 그에게 들리지 않는다. 보건의료에서 그가 아는 답은 '백신'이다. 보건의료 상황을 향상시키는 데 백신이 하나의 방법이 될 수 있지만, 게이츠 재단이 백신에 부여하는 의미는 '집착'에 가깝다고 저자는 지적한다. 식수와 위생 수준의 향상, 영양의 개선은 백신 이전에 인류의 건강을 증진시킬 수 있는 가장 기본적 조건이지만, 백신에 '집착'하는 빌 게이츠의 영향 아래 WHO의 노력은 게이츠 재단이 정한 특정 질병 퇴치에 집중된다.

이런 분위기 속에서 각 지역에 전통적으로 전해지는 자연적 치유법은 금기가 된다. 열대 지방에 만연한 말라리아 퇴치에 전통적으로 사용되어온 치료제는 개똥쑥(아르테미지아)이라는 약초다. 부작용도 없고, 어디서나 흔히 자라므로, 제약 회사에 종속될 필요도 없다. 코비드19에도 일부 아프리아 국가는 아르테미지아로 치료했다. 그러나 빌 게이츠와 제약 회사들이 강력한 영향력을 행사하는 WHO(예산의 80퍼센트는 기업과 민간 컨소시엄이 제공)는 아르테미지아의 사용을 금지시켰다. 코로나19에 효과를 입증했던 모든 오래된 약들이 언론과 보건 당국의 협공 속에서 퇴출되어갔던 것과 마찬가지다.

2018년 구호단체 옥스팜이 발표한 보고서에 따르면 전년도에 창출된 부의 82퍼센트가 상위 1퍼센트의 부자들에게 들어갔다. 문제는 인류와 태초부터 공존해왔던 바이러스에 있는 것이 아니라 바이러스를 계기로 세상을 개편해낼 수도 있는 막강한 힘을 가진 자들의 출현이 아닐까? 한 줌의 자본가들이 무소불위의 권력을 가지게 된 상황을 방치한 채, 그들이 우연히 선한 마음을 먹어주길 바라는 것은 현명한 일일까?

대한민국은 빌 게이츠의 꿈이 이뤄지는 나라다. 그 누구보다 앞서 5G를 깔았고, K방역의 성공을 위해 한마음이 된 전 국민의 협조로 만인의 동선이 QR코드로 확인되는 감시 사회에 논란 없이 안착했다. 백신에 대한 신뢰도도 높아, 독감 백신의 접종률은 세계 1위 수준이다. GMO 농산물을 가장 많이 수입하는 나라이며, 식량자급률은 OECD 최하 수준이지만 점점 더 많은 농지를 태양광에너지 발전에 할애하느라 갈아엎고 있다. 무엇보다도 인구가 줄어들고 있다. K방역의 성공으로 코로나19의 피해를 최소화했는데도 2020년 대한민국의 인구는 3만 명이 줄어들었다. 전쟁국에서도 좀처럼 일어나지 않는 일이다. 2021년 들어서도 3개월 만에 1만 명의 인구가 자연 감소하여 이 같은 추세는 가속화될 듯하다. 빌 게이츠는 대한민국을 계속 칭찬하고, 이대로라면 우린 계속 그의 기대에 부응할 것이다. 우리가 들어선 이 길은 다음 세대를 위한 바람직한 선택일까?

여전히 한국 언론은 인류애를 실현하는 자비로운 부자로만 빌 게이츠를 바라본다. 자선이 쌓일수록 높아져만 가는 자산고의 비밀을 파헤치는 목소리도, 평화로운 얼굴 뒤에서 벌어지는 난감한 현실을 취재한 글도 찾을 수 없다. 기부금을 전하는 그의 재단이 트로이의 목마가 되어 미국의 제약 회사, 농화학 회사들의 제품을 실어 나르며 아프리카에서 벌인 일들을 우린 알지 못한다. 부지불식간에 대한민국이 그의 꿈을 이뤄가고 있는 중이라면 그가 어떤 인물인지, 그의 꿈을 우리가 이렇게 착착 실현해도 되는 건지 한 번쯤 살펴야 할 것이다. 앞에서뿐 아니라 뒤, 옆에서 그를 조명한 글들을 통해 우리에게 엄청난 영향력을 행사하는 이 인물을 고찰하는 것은 다음 세대에 이 사회를 물려줄 기성세대가 해야 할 최소한의 의무다. 이 책이 그 첫 단서를 제공하는 쓸 만한 가이드가 될 거라 믿는다.

프랑스 파리에서

목수정(작가, 번역가)

신비주의와 정보 통제

빌&멀린다 게이츠 재단은 공익을 위하는 척하면서 뒤로는 재단 트러스트 활동을 통해 군수산업과 화석 에너지 분야, 집약식 농업 및 유전자 변형 식품, 패스트푸드 체인, 대형 유통업체 등을 후원한다. 일에는 항상 민첩함이 필요하다고 했던가? 앞으로 이어질 본문 내용처럼 한 점 부족함 없이 민첩하게 대응하는 빌&멀린다 게이츠는 모든 일을 지극히 합법적으로 진행할 뿐 아니라 호의적인 언론을 등에 업고 대중의 인기까지 굳건히 지켜낸다. 대중의 공감을 사기 위해 신비주의와 정보 통제 전략을 적절히 구사한 덕분이다.

물론 기자들에게도 책임은 있으며, 게이츠 재단 역시 비판 여론을 다스리기 위해 온갖 예산과 노력을 아끼지 않는다. 재단이 언론의 공격을 막기 위한 목적으로 어떻게, 그리고 얼마나 자금을 할애하는지는 이 책에서도 상세히 소개하고 있다. 그런데 게이츠 재단의 가장 효율적인 홍보 전략에는 사실 비용이 거의 들지 않는다. 그중 하나가 바로 '문어발 전략'으로, 게이츠 재단은 전 세계에 포진한 복잡한 이름의 자회사 점조직을 통해 교육, 농업 분야는 물론이고 보건, 생태 분야에도 발을 담그고 있다. 이로써 재단 활동에 관한 세분화된 정보를 지속적으로 제공받으며, 그러면서도 재단 의사 결정 과정의 근간을 이루는 기본 원칙에 대해선 결코 밝히지 않는다. 즉 빈곤과 보건 문제에 대해 부자들의 선처를 받는 가난한 사람들에게 '해법'을 제시하면 이를 바탕으로 발전이 이뤄진다는 식의 유아기적인 시각을 갖고 있지만 겉으로는 이를 내비치지 않는 것이다. 실로 '자선 자본주의'라는 이름에 걸맞은 시각이다. 초특급 부호들의 이 자선 자본주의는 일견 너그러운 독지가의 얼굴을 하고 있지만, 알고 보면 세금 탈루를 통해 공공 재정을 빈약하게 만드는 주범이다. 따라서 자선 자본주의는 조세 천국을 없애야 하는 이유도, 다국적기업의 권력을 제한해야 하는 이유도 납득하지 못한다. 쉽게 말해 경제구조를 재편할 생각은 물론 민주주의와 시민의 힘에 대한 믿음도 없는 것이다.

이렇듯 왜곡된 기본 원칙을 숨기고 있는 게이츠 재단의 문어발 전략은 일단 먼저 던지고 보는 식으로 변해가는 오늘날 언론계의 상황과 완벽하게 맞아떨어진다. 사실 요즘은 언론매체든 시민들이든 손에 쥐고 있는 얼마 안 되는 정보를 굳이 시간 내어 일관성 있게 끼워 맞추려는 공을 들이지 않는다. 따라서 게이츠 재단과 관련한 끔찍한 퍼즐 조각도 제자리를 찾지 못한 채 방치된 상태다. 그리고 이 같은 노력의 부재로 말미암아 사람들이 하는 이야기나 언론에서 하는 이야기는 모두 빌 게이츠라는 인물을 둘러싼 루머와 환상을 끌어들이며 공허한 메아리로 이어진다. 이렇듯 사람들의 시야를 가리는 현 언론계의 상황은 게이츠 재단에 호기로 작용할 수밖에 없다. 심지어 게이츠 재단은 '침묵'이라고 하는, 돈이 전혀 들지 않는 수단도 활용한다. 이를 잘 보여주는 사례가 코로나19 시국에서 끊임없이 등장한 음모론에 대한 재단의 대처였다. 항간에는 빌 게이츠가 코로나19를 퍼뜨렸다는 말도 안 되는 루머도 있었고, 그가 RFID 칩을 심어 사람들을 추적할 수 있는 백신을 준비 중이라는 설도 있었다. 이 모든 루머에 대해 게이츠 재단은 적절히 침묵으로 일관했다. 그러는 동안 이 거짓 정보는 계속 확산되었고, 결국 이를 지어낸 사람들에게 부메랑이 되어 날아갔다. 그러자 주류 언론은 마치 기다렸다는 듯이 발 빠르게 움직이며 진실을 바로잡았고, 빌 게이츠를 음모론의 피해자로 확실히 못박는다. 모든 언론이 하나같이 게이츠를 지지하고 나서자 몇몇 허황된 사람들의 날조된 의견이 게이츠의 운영 방식에 대한 정확하고 합당한 비판과 서로 뒤섞인다. 특히 게이츠 재단에 대해 비판을 제기하기만 하면 무조건 의심을 사게 되었다.

음모론자들의 반대편에는 빌 게이츠를 찬양하는 세력이 존재한다. 혹자는 빌 게이츠를 앞서가는 천재로 바라보며, 심지어 그를 신격화한다. 서아프리카에 에볼라 사태가 불거진 직후인 2015년 3월, 빌 게이츠는 온라인 테드TED 강연회 자리를 통해 우리가 미처 대비하지 못한 전 세계적 유행병의 위기에 대한 우려를 표한 바 있다. 당시 빌 게이츠는 어쩌면 대중에 공개된 CIA 보고서 「2025년의 세계」를 본 직후였을 수도 있고, (그의 강연 3년 전에 발간된) 데이비드 쿼먼의 베스트셀러 『인수공통 모든 전염병의 열쇠』를 읽었을 수도 있다. 아니면 이 문제에 대한 또 다른 출간물을 읽었는지도 모른다. 그는 여느 네티즌이 특정 정보를 '공유'하거나 '리트윗'을 하듯이 중간에서 누군가의 정보를 옮겼을 뿐인데도 마이크로소프트의 창시자를 둘러싼 아우라 덕분에 그의 발언은 '예언'으로 둔갑했고, 빌 게이츠 신봉자들은 그가 몇 년 후 도래할 전 세계적 유행병을 '예견'했다고 확신한다.

경외에 가까운 존경과 가짜 뉴스 사이에서 과연 보다 치밀하고 정확하며 복합적인 정보가 끼어들 계제가 있기는 한 걸까? 물론 이 억만장자가 나름대로 미래를 '예측'하기는 했다. 마이크로컴퓨터라는 물건이 우리 모두의 삶을 완전히 뒤바꾸리란 걸 미리 간파했기 때문이다. 하지만 이는 30년 전의 오래된 일이다. 지금의 빌 게이츠는 어딜 봐도 생물권 전체에 해가 되는 시스템을 지속적으로 지지하며 시대에 역행하는 인물이다. 비단 이 책에 소개된 내용뿐 아니라 그가 주장하는 코로나19 퇴치 전략에서도 이 같은 부분이 확인된다.

나름의 이유에서 소아마비 같은 질병 퇴치 운동을 꽤 열심히 대대적으로 벌였을 때처럼 게이츠 재단은 코로나19 퇴치를 위해서도 17억 5,000만 달러의 투자를 약속했다. 그리고 이 과정에서 그가 지지한 건 검증된 기술인 백신이었다. 하지만 이와 더불어 게이츠 재단은 제약 회사의 기술 독점을 열렬히 옹호했다. 대개 돈 없는 사람들이 약을 쓸 수 없게 만들고 공중보건보다 사익을 우선시하는 원흉이 바로 제약 회사의 기술 독점이다. 그리고 게이츠는 한평생 이 같은 기술 독점을 옹호하며 특허권을 신봉했다. 그가 지금의 재산을 모은 근간도 바로 이 특허권이었다. 1970년대 중엽 게이츠 제국의 설립기는 사실 데이터 독점의 역사로 얼룩져 있다. 그 전까지만 하더라도 컴퓨터 분야에선 미국의 컴퓨터 동호회 사람들이 데이터를 직접 만들어 무상으로 배포하는 것이 일반적인 관행이었다. 하지만 빌 게이츠는 이 데이터를 독차지하면서 당시 유저들의 원성을 샀다. 이러한 게이츠의 방식은 훗날 (생물체에 대한 특허를 점유하는) 몬산토의 전략으로 이어진다. 빌 게이츠가 몬산토의 전략을 꾸준히 지지하는 이유다.

빌 게이츠가 코로나19는 물론 차후에 발생할 또 다른 질병 퇴치를 위해 지속적으로 노력하겠다는 의지를 보이기는 하지만, 사실

그는 생물다양성의 소실과 세계화의 폭주를 야기한 경제 모델을 지지하는 데 전력을 다하는 인물이다. 어찌 보면 코로나19가 창궐한 것도 모두 이 같은 오늘날의 경제구조 때문인데, 생물다양성 및 생태계 서비스에 관한 정부 간 과학–정책 플랫폼IPBES 소속 전문가들이 펴낸 보고서에서도 생물다양성의 소실이 전염병 위기 요인의 증가와 관련되어 있다고 분석하고 있다. 이 보고서에 따르면 현재의 코로나19 사태 및 기존의 전 세계적 유행병 창궐에는 '모두 하나의 공통점이 있다. 바로 인간의 활동에서 기인한다'는 점이다.[1] 그런데 빌 게이츠는 이 같은 학술 자료에 귀를 기울이지 않을 뿐더러 지구를 살기 힘든 곳으로 만드는 성장 기반 경제 모델의 위험성에 대한 다른 여러 연구에도 관심을 두지 않는다. 생태계가 처참히 무너지는 현 상황에서도 게이츠는 자신의 생각을 바꿀 마음이 전혀 없어 보인다. 반면 라디오나 TV, 신문, 인터넷 사이트, 유튜브 인플루언서 등의 언론 주체와 시민들 사이에선 차츰 게이츠 재단에 대한 생각이 달라지는 모양이다. 특히 이 책이 프랑스에서 맨 처음 출간되었을 때 언론과 사회 각계에서는 비상한 관심을 표명했다. 이 같은 인식의 전환으로 내일을 위한 희망의 문이 열리길 고대한다.

리오넬 아스트뤽

차례

두 얼굴의 기부 천사

빌 게이츠는 세상 누구나 다 아는 유명인이다. 일각에선 경외에 가까운 존경까지 받는다. 기업인 빌 게이츠의 삶은 '성공 스토리'의 전형으로, 오랜 기간 기업 경영인에게 영향을 미쳤다.

이 책의 앞부분에서는 천재 소년 빌 게이츠의 어린 시절부터 잠시 짚고 넘어간다. 낮에는 공부 잘하는 모범생으로 지내다가 밤에는 포커 게임을 하던 어린 빌 게이츠는 고등학교에 들어간 후 처음으로 컴퓨터를 입수해 전산 시스템을 해킹한다. (1960년대 말만 해도 아직 컴퓨터라는 기기 자체가 매우 희귀했다.) 대학생이 된 빌 게이츠는 각고의 노력 끝에 마이크로소프트를 설립해 머릿속 구상을 구체적으로 실현해나간다. 창업 초기에는 기상천외한 사기 행각도 벌이고 밤이면 밤마다 기계 더미에 파묻혀 마지막까지 버그를 잡으며 밤을 지새웠다. 한 영웅의 일대기

같은 이러한 우여곡절 끝에 빌 게이츠는 결국 우리의 일상을 완전히 바꾸어놓았고, 오늘날 각 가정과 사무실에는 개인용 컴퓨터PC가 자리하고 있다.

그런데 흥미로운 영화 한 편처럼 보이는 이 영웅담은 단순한 부의 성공 스토리로 끝나지 않는다. 성공과 IT의 아이콘이자 부의 상징이 된 빌 게이츠는 2000년에 재단 설립과 함께 돌연 자선사업가로 변신한다. 이제 뭇사람들의 눈에 빌 게이츠는 세상에서 가장 너그럽고 관대한 사람이 되었다.

'기부 천사 빌 게이츠'에 대한 기사를 제일 먼저 낸 곳은 〈뉴욕타임스〉였다. 당시 이 신문에서는 '지금껏 그 어떤 독지가가 평생을 모아 기부한 금액도 44세의 빌 게이츠가 기부한 금액을 넘지 못한다'는 기사를 내보냈다.[1] 이어 2005년 12월 〈타임〉에서도 빌 게이츠 부부를 록 가수 보노Bono와 함께 '올해의 인물'로 선정[2]한다. 사회정의 실현의 공로를 인정한 것이었다.

〈타임〉 표지를 장식한 두 사람의 모습은 그 어떤 광고보다도 효과가 뛰어났다. 그 후에도 주류 언론에서는 심심하면 한 번씩 당시 일을 거론했고, 언론과 대중의 머릿속엔 자선사업가 빌 게이츠의 이미지가 확고히 자리한다. 이는 우리 주위에서도 쉽게 확인된다. 빌 게이츠의 선의에 의심을 제기하는 것은 아예 생각조차 할 수 없는 일이 되었기 때문이다. 그만큼 자선사업가로서 빌 게이츠의 이미지는 오랜 기간 꾸준히 구축되어왔고, 미디어를 통해 효과적으로 전파되어왔다.

그러나 아무리 자선가로서의 명성이 올라가도 변하지 않는 사실은 존재하는 법이다. 이러한 사실은 언젠가 수면 위로 드러나며 복잡하게 얽히고설킨 현실의 또 다른 면모를 보여준다. 게이츠 재단에서 벌이는 자선 활동은 사실 환경과 보건위생, 사회정의에 지극히 해로운 다국적기업의 도구로 활용된다. 심지어 재단 활동이 빌 게이츠 본인의 경제적 이익을 위한 도구가 되기도 한다.

이 책은 재단 '자선' 활동의 밑천이 되는 자금 흐름을 그 근원에서부터 추적해보고자 한다. 이 자금의 흐름을 하나하나 따라가다 보면 독자들도 결국 빌 게이츠의 꼼수가 무엇인지 파악할 수 있을 것이다. 그 안에는 조세 회피 정황도 많고 복잡하게 얽힌 이해관계나 불법 관행, 비합법적인 협의 내용도 보이며 주요 사안에 대해 영향력을 행사하는 모습까지 눈에 띈다.

재단 자금의 주된 출처인 마이크로소프트는 라이선스 기반의 수익 구조다. 아울러 시장에서의 독점 지위를 남용해 이윤을 창출한다. 뿐만 아니라 막대한 금액의 세금을 빼돌리고 조세 천국을 이용하며 상당한 추가 소득을 올리고 각국 정부의 세금 징수망을 유유히 빠져나간다.[3]

게이츠 부부가 재단에 출연하는 기금 또한 문제가 많다. 재단의 돈이 순수한 의미에서의 구호 활동에 할애되지 않기 때문이다. 게이츠 재단의 돈은 기업에 대한 투자자금으로 할당되어 수백 개 기업의 출자금으로 사용되며, 자본금 방어를 위해 오직 배당금만 자선 활동에 투입된다.

재단 기금이 들어가는 분야도 조금 특이하다. 방위산업체 BAE 시스템즈[4], 정유업체 토탈사 및 BP사, 유통업체 월마트, 패스트푸드 체인 맥도날드, 유전자 변형 식품GMO 전문 기업 몬산토, 음료 회사 코카콜라 등으로 재단의 돈이 흘러 들어가기 때문이다. 이들은 사실 건강을 지키겠다거나, 빈곤을 물리치겠다는 등 재단에서 표방하는 활동과 정반대되는 길을 가는 기업이다.

그렇다면 투자 회수금으로부터 얻은 배당금이 사용되는 방식은 어떠할까? 대기업과 과학기술이 이 세상을 구하는 해법이라고 확신하는 빌 게이츠는 무엇보다도 유전자 변형 식품의 개발을 지지하며, 특히 아프리카 지역에서 이를 활용해 식량문제를 해결할 수 있을 거라고 생각한다. 그 과정에서 자유로운 종자의 사용이 저해되거나 소규모 농가가 무너지고 자급 농업이 훼손되는 것은 별로 개의치 않는다. 몬산토나 바이엘Bayer 같은 거대 농화학 기업 입장에서 게이츠 재단은 실로 아프리카 대륙으로 들어가는 트로이 목마나 다름없다.

보건 분야에서도 게이츠 재단은 에이즈와 결핵, 말라리아 퇴치를 위한 대대적인 활동을 벌이는데 이 분야에서 기술에 대한 집착은 특히 백신에 대한 관심으로 나타난다. 잠재적인 효과는 있지만 대량생산 중심의 기업적 방식을 사용하지 않는 해법이라면 딱히 고려 대상이 되지 않는다.

개발·농업·보건 분야의 국제조직에 대한 빌 게이츠의 자금 지배력은 전 세계의 정부와 시민사회를 마음대로 움직일 수 있을 정도다. 게이츠 재단은 각국 보건 당국의 정책 방향을 우회하여 (보다 수익이 많은) 특정 사업과 (보다 부유한) 특정 지역에 우선권을 부여하도록 하고 있으며, 몇몇 특정 질병에 대한 지원을 더욱 장려한다. (재단 투자 기금에 발이 묶여 차마 입을 열지 못하는) 학계 및 비정부기구의 우려가 높아지는 이유다.

이렇듯 게이츠 재단을 규탄하는 이 책이 그저 빌 게이츠만 악의적으로 깎아내리는 데 그 목적이 있는 건 아니다. 그보다 이 책은 모두에게 잘 알려진 빌 게이츠라는 인물을 통해 독특한 형태의 자선사업 유형을 규명해보고자 한다. 몇몇 '초특급' 거대 부호는 관용의 탈을 쓴 이 자선사업을 통해 보건, 환경 등의 분야를 장악하고 자신들이 편승한 – 그리고 공익에 위배되는 – 신자유주의 체제를 강화한다. 심지어 불투명한 자금 구조를 통해 더욱 배를 불리기도 한다. 따라서 게이츠 재단의 구조를 파헤쳐보면 거물급 자산가들의 전략이 뭔지 알 수 있다.

물론 가난한 사람들과 개도국을 돕고 싶다는 게이츠 부부의 진실성은 문제가 되지 않는다. 부부가 함께 교묘한 꼼수를 썼다거나 은근히 뒤에서 악의적인 행동을 한 것도 아니다. 게다가 빌&멀린다 게이츠 재단에서 후원하는 다수의 사업은 실제로 긍정적인 효과를 보이고 있다. 의학 저널 〈란셋〉에서도 2009년 사설을 통해 게이츠 재단이 '보건 분야의 투자 급증이라는 현상을 이끌어냈다'며 찬사를 보냈다. 뿐만 아니라 '빌&멀린다 게이츠 재단은 거시적인 안목으로 세상을 인식하는 게 어떤 것인지 보여주었고, 경제적으로 어려운 사람들을 구하기 위한 행동을 과감히 선보였다. 게이츠 재단은 전 세계 보건의료 분야에 (동기를 부여하여) 새로운 활력을 불어넣었으며, 새로운 신뢰와 관심을 이끌어냈다'.[5]

게이츠 재단에서 후원하는 기타 수많은 사업 역시 상당한 중요성을 띠고 있다. 가령 게이츠 재단에서는 총기류 통제를 위한 조직 활동에도 자금을 지원하고, 합법적 낙태 방법을 제안하며 건강한 성생활을 위한 홍보 캠페인을 벌이는 비정부기구도 후원하고 있다. (사실 미국에서는 이와 같은 활동을 하는 국제기구에 대한 자금 지원을 법령으로 금지한다.[6]) 뿐만 아니라 게이츠 재단은 효과적인 소아마비 퇴치를 위한 활동도 벌인다. 문제는 이같이 유용한 공익사업이 숲을 가리는 나무들이라는 점이다.

빌 게이츠와 그의 복잡하고 거대한 자금 구조는 소위 '자선 자본주의'라 불리는 것의 전형이다. '자선 자본주의'라는 신조어도 빌 게이츠에 의해 생겨났다. 그가 죽기 전까지 자신의 재산 중 95퍼센트를 사회에 환원하겠다고 선언했을 때 만들어진 말이기 때문이다. 이 '자선 자본주의'를 표방하는 억만장자들은 자신의 성공 수완을 기부 활동에 접목시키려 하며, 아울러 수익 활동과 빈곤 구제를 연계시키고 사업과 선행을 결부시키며 기업의 배당금과 신기술의 '대중화'를 하나로 뭉뚱그린다.

아울러 이 '자선 비즈니스'는 지나치게 사회정의에만 치중하며 비효율적이라는 평을 듣던 기존 자선사업의 단점을 기반으로 성장한다. 그 선봉에 있는 게이츠 재단은 신자유주의 경제구조 문제나 불평등 문제를 덮는 데 일조한다. 구조적인 측면에서 빈곤 문제를 더욱 심화하는 다수의 다국적기업과 긴밀히 결탁한 이 막강한 재단은 진보주의 운동가들이 세계시장에서 다국적기업의 영향력을 축소 혹은 제거하려는 노력에도 걸림돌이되고 있다.

뿐만 아니라 '자선 자본주의'는 오늘날 호화로운 빌라나 전용기처럼 '슈퍼리치 클럽'에 들어가는 또 하나의 새로운 상징이다. 『빌 게이츠의 기부가 세상을 바꿨을까? 이 세상에 공짜 선물은 없다No Such Thing as a Free Gift: The Gates Foundation and the Price of Philanthropy』를 쓴 사회학자 린제이 맥고이Linsey McGoey에 따르면 오늘날 '기부 사업은 세계화된 경제계에서 가장 번창하는 산업 분야다. …… 이러한 기부 러시는 교육정책 및 세계 농업, 보건 분야에서 억만장자들이 전대미문의 권력을 휘두를 수 있는 세상을 만들어주었다'.[7] 덕분에 전 세계 부의 절반(48퍼센트)가량을 소유한 상위 1퍼센트 부자들은[8] 자신들을 부유하게 만들어준 구조를 더욱 고착시킬 수 있게 되었다.

요컨대 게이츠 재단에서 제아무리 긍정적인 활동을 벌이더라도 결국에는 소수 권력을 위해 부가 지출되는 미심쩍은 맥락에서 벗어나지 못한다는 말이다. 사실 초특급 부호들의 자선사업은 좋은 점보다 나쁜 점이 더 많다. 따라서 이들의 자선 활동은 각국 정부와 시민들의 통제 아래 놓여야 한다. 저들이 가진 힘이 막대하고, 우리의 민주주의에 지대한 위협을 가하기 때문이다.

빌 게이츠는 왜 아프리카에 갔을까

1
마이크로소프트 연대기

해킹과 포커, 그리고 친구들

빌 게이츠는 시애틀의 유복한 가정에서 태어났다. 아버지는 변호사였으며, 교육자 출신인 어머니는 지역 내에서 자선사업에 매진했다. 여자 형제도 둘 있었던 빌 게이츠는 어린 시절에 보이스카우트 활동을 했지만 딱히 흥미를 느끼진 못했고, 중학생 시절에는 비범한 머리로 우수한 학업 성적을 거두며 두각을 나타냈다. 워낙 암기력이 뛰어나 세 페이지 분량의 독백 대사를 한 번 보고 모두 외울 정도였다.

아들이 단연 최고이길 바랐던 빌 게이츠 부모는 아들에게 끊임없이 경쟁심을 심어주었다. 스테판 말테르Stéphane Malterre가 제작한 다큐멘터리 「빌 게이츠, 마이크로소프트 신화Bill Gates : la saga Microsoft」[1]에 나오는 빌 게이츠의 지인 중 한 명 또한 '빌 게이츠는 카드놀이나 보드게임, 전략 시뮬레이션 등 게임 문화가 활성화된 가정환경에서 자랐으며, 게임을 할 땐 반드시 승자가 되고자 했다. 일찍이 경쟁에 흥미가 있었던 것'이라고 설명한다.

이러한 부모의 교육은 소기의 성과를 거둔다. 주변 친구들에 따르면 빌 게이츠는 '성공해야 한다는 강박관념'이 있었으며[2] 반에서도 언제나 1등 자리를 놓치는 법이 없었다. 자신의 학습속도를 미처 따라오지 못하는 선생님을 우습게 보던 빌 게이츠는 워낙 출중한 실력 때문에 학생들 가운데서도 열외로 취급받은 듯했다.

일찍이 빌 게이츠는 컴퓨터 분야에 관심이 많았는데, '당시 빌 게이츠의 관심을 끌 만한 모든 게 컴퓨터 안에 있었기 때문'[3]이다. '물론 그 당시엔 자신의 논리연산 능력이 어느 정도인지 견주어볼 또래 친구가 별로 없는 상황'이었지만, 학생들이 베이식 언어 기반의 간단한 프로그래밍에 입문하던 그 시기, 빌 게이츠와 컴퓨터의 운명적인 만남이 시작된다.

방과 후에, 혹은 운동을 빼먹고 친구 한 명과 다시 교실로 돌아와 컴퓨터를 만지곤 하던 빌 게이츠는 또 한 명의 공모자를 만난다. 그가 바로 폴 앨런Paul Allen이다. 세 사람은 곧 선생님들의 지식수준을 뛰어넘었으며, 기기 매뉴얼을 직접 공부하여 스스로 작동법을 터득했다. 심지어 야밤에 셋이 몰래 학교에 들어가 컴퓨터를 작동시키기도 했다. 그때부터 이미 빌 게이츠는 실용적인 프로그램 개발에 관심이 많았으며, 모노폴리Monopoly 게임을 뜯어보면서 프로그래밍 실습을 해나갔다.

얼마 후, 빌 게이츠 패거리는 버그 잡는 것을 도와주던 한 전산업체로부터 컴퓨터 몇 대를 대여한다. 빌 게이츠와 친구들은 매일 저녁 한데 모여 프로그래밍 작업을 했으며, 컴퓨터 방어벽을 우회하여 암호 없이 컴퓨터 내 특정 지점까지 진입하는 시도까지 벌인다. 하지만 그로부터 얼마 지나지 않아 이 업체가 폐업하는 바람에 세 사람도 더 이상 컴퓨터를 만질 수 없게 되었다.

그런데 빌 게이츠는 보안 시스템을 해킹하는 이 작업이 너무나 흥미로웠다. 계속해서 그 맛을 느끼고 싶었던 빌 게이츠는 국가기관이었던 CDCControl Data Corporation의 컴퓨터 네트워크 안으로 무단 잠입하는 시도까지 감행한다. 이를 위해 일단 기기가 필요했던 열세 살의 빌 게이츠는 시험 준비를 핑계로 워싱턴 대학교를 찾아간다. 시스템의 보안장치를 우회할 수 있는 교묘한 팁을 개발한 빌 게이츠는 결국 메인 컴퓨터 안에 자신이 만든 프로그램을 이식하는 데 성공한다. 그러나 뜻하지 않게 시스템 전체가 다운되었고, 게이츠가 한 짓이 발각되어 훈계를 듣고 만다.

이 사건을 계기로 한 업체로부터 연락이 온다. 컴퓨터를 사용하는 시간 단위로 요금이 지불되는 프로그램을 만들어달라고 한 것이다. 주문받은 프로그램을 제작한 뒤 이들은 1만 달러에 상응하는 기기 사용 시간을 지급받았다. 그다음 주문은 세 사람이 다니는 고등학교에서 들어왔다. 학급 배정 프로그램을 개발해달라는 의뢰였다. 빌 게이츠는 폴 앨런과 함께 이 프로그램을 제작했다. 해당 작업이 끝난 뒤 폴 앨런은 빌 게이츠에게 교통량을 분석하는 소프트웨어를 만들자고 재촉했다.

이때까지 두 사람은 여전히 자기 소유의 컴퓨터가 없었는데, 그러던 중 폴이 마이크로프로세서 8008의 존재를 알게 되었고, 이를 기반으로 두 사람은 소형 컴퓨터를 만들어낸다. 이후 둘이 함께 최초의 회사를 꾸리고 교통량 분석 소프트웨어를 개발했으며, 메릴랜드 주와 브리티시컬럼비아 주의 교통 상황에 대한 보고서를 제공하고 수천 달러의 수익을 챙겼다. 빌 게이츠는 사업과 마케팅에 대한 자질을 유감없이 발휘했으며, 프로그램 개발 성과와 무관하게 사업 경영에도 애착을 보였다.

이러한 사업 초기의 성과를 바탕으로 두 사람은 댐 관리 회사의 의뢰를 받는다. 수력발전 댐 관리에 배정된 마이크로컴퓨터 PDP-10의 각종 버그를 잡아달라는 주문이었다. 두 사람은 시스템이 느려져 자칫 큰 비용을 치를 뻔한 위기로부터 해당 기업을 구제한다.

얼마 후, 대학교에 입학한 빌 게이츠는 수업이 지나치게 '원

빌 게이츠는 왜 아프리카에 갔을까

시적'이라 생각했고, 그런 교수들의 수업에 곧 싫증이 난 듯했다. 그의 전기에서는 이 부분에 대해 다음과 같이 언급한다.

'교수 한 명이 전전긍긍하며 어려운 방정식 문제를 풀고 있자, 무심히 앉아 있던 빌 게이츠가 뾰루퉁한 얼굴로 30여 분 동안 지켜보다가 손을 들어 교수의 풀이에 오류가 있음을 지적했다. 그리고 교수가 힘들게 만들어놓은 풀이 과정을 원점으로 되돌렸다. 이렇게 선생님들을 곤혹스럽게 만들면서 빌 게이츠는 묘한 쾌감을 느꼈던 듯하다.'[4]

밤이 되면 친구들과 포커 게임을 즐기며 거액의 판돈을 손에 쥐던 빌 게이츠는 폴 앨런과도 종종 연락을 주고받았고, 당시 한 전산정보업체에서 일하던 폴 앨런은 소프트웨어 제작사를 함께 설립할 가능성에 대해 빌 게이츠와 계속 논의를 이어갔다.

빌 게이츠의 공개서한

1975년, 'MITS'라는 회사가 '알테어Altair'라는 컴퓨터를 개발한다. 구매자가 키트 형식으로 제품을 받아 직접 컴퓨터를 조립하는 방식이었고, 가격은 397달러였다. 일종의 DIY 형식이었기에 조립을 좀 할 줄 아는 사람이나 전문가 정도만 쓸 수 있었으며, 안정성이 떨어져 유저들의 기대도 별로 크지 않은 제품이었다.

그런데 빌 게이츠와 폴 앨런에게 이 컴퓨터는 새로운 기회를 의미했다. 두 사람은 최초로 알테어용 베이식 언어를 개발하고자 했는데, 그렇게 되면 알테어에 설치할 소프트웨어의 제작이 가능해질 것이기 때문이었다. 이에 빌 게이츠는 MITS 사에 연락하여 프로젝트를 제안한다. 8080용 베이식 프로그램이 있는데 관심이 있느냐는 것이었다. (물론 이때는 아직 프로그램 개발이 완성 단계에 이르지 못한 상태였다.) 아울러 빌 게이츠는 MITS 사를 통해 알테어 유저들에게 프로그램의 사본을 팔 수 있게 해달라고 제안했다. 공급가를 50센트로 정하고 MITS 사에서 실제 유저들에게 75센트~1달러에 팔면 되지 않겠냐는 것이었다.[5]

이후 빌 게이츠는 베이식 언어를 조합하여 4주 동안 하버드 전산연구소의 기계실에서 열심히 알테어용 베이식 프로그램을 만들었고, 폴 앨런은 본사 미팅을 담당했다. 이윽고 디데이가 되었을 때, 빌 게이츠는 숨까지 죽여가며 컴퓨터에 연결된 리더기에 (디스켓의 전신인) 천공 테이프를 집어넣었다. 몇 분후, 'ready'라는 글자가 컴퓨터에 표시되었다. 베이식 언어로 작성된 모든 프로그램을 돌릴 준비가 되어 있다는 뜻이었다.

게이츠는 뛸 듯이 기뻤다. 알테어는 사실 상당히 인기가 높았지만 성능이 제한적이고 기기가 견고하지 못해 실망하는 유저가 많았다. 알테어의 결함이 늘어나고 유저들의 불만은 높아지던 그때, MITS 사는 시연 차량과 함께 홍보 투어를 진행하며 미국 전역을 누볐다. MITS 사의 지지부진한 운영과 기타 잔고장에 지친 일부 유저들은 홍보 차량이 지나가기만을 꼼짝 않고 기다렸다. 다들 이미 몇 달 전부터 알테어 베이식을 주문해놓고 눈이 빠지도록 기다리는 터였다. 홍보 차량의 시연 컴퓨터에 알테어 베이식 프로그램이 깔려 있다는 사실이 알려졌을 땐 한 컴퓨터 동호회 회원이 베이식 언어의 천공 종이테이프를 바닥에 둘둘 말아놓고 원하는 사람에게 무상으로 복제해주기도 했다.

1975년 7월, 빌 게이츠와 폴 앨런은 이윽고 마이크로소프트를 세운다. 회사도 창업했고 학교 공부도 지루했지만, 빌 게이츠는 여전히 학업을 이어갔다. 빌 게이츠의 마이크로소프트에서는 알테어 베이식을 판매하지 않고 대여해주기만 했다. 소프트웨어 발행사에 소유권이 있기 때문이었다.

마이크로소프트가 처음으로 계약을 체결한 MITS 사는 알테어 베이식의 독점 유통사로서 다른 제조사에 이용권을 배포했으며, 이용권 수익의 50퍼센트를 마이크로소프트에 주었다. 그런데 빌 게이츠는 MITS 사의 메모리 카드 품질이 좋지 않다는 점을 지속적으로 제기했고, 이에 심기가 거슬린 MITS 사 대표도 이 나이 어린 천재를 달갑지 않게 여기게 되었다.

그러잖아도 알테어 베이식의 대여 수익이 미미하다고 생각하던 차에 빌 게이츠는 컴퓨터 애호가들이 종종 동호회 단위로 모이면서 서로 간에 무상으로 베이식 프로그램을 공유하고 나눠 갖는다는 사실을 알게 된다. 로열티 수입이 적어서 가뜩이나 불만스러웠던 빌 게이츠는 유저들 간에 이뤄지는 이러한 소프트웨어 공유가 절도나 다름없다고 주장했다.

그는 알테어 유저들이 보는 뉴스레터에 이 같은 상황을 개탄하는 공개서한을 게재했다. '아무런 득도 없이 일할 사람이 누가 있겠나?'[6]라며 분개한 빌 게이츠는 프로그램을 복제한 모두에게 사용한 만큼의 대가를 지불하라고 요구했다. 특허권 기반의 빌 게이츠 철학이 단적으로 드러나는 메시지였다. 이후 빌 게이츠가 부를 축적하고 지배적 지위를 누릴 수 있었던 것도 바로 이 특허라는 방식 덕분이었다.

창업 초창기부터 빌 게이츠는 마이크로소프트의 주위에 최대한 높게 법적 방어벽을 쌓아올려 '임대경제' 구조를 구축했다. 새로운 유저 한 사람 한 사람에게 이용료를 지불하라고 요구하며 통행료를 받는 식이었다.

그러나 이는 컴퓨터 동호회 사람들의 생각과 정면으로 배치되었다. 그들은 수익성을 배제하고 함께 협업하며 모든 데이터를 무상으로 공유했기 때문이다. 게다가 빌 게이츠 본인도 공동의 지적 자산을 활용했으면서 자신들을 절도범 취급하는 것 역시 불쾌했다. 빌 게이츠도 베이식 언어의 실제 창시자인 존

케메니John Kemeny와 토머스 커츠Thomas Kurtz의 연구 결과를 기반으로 이 언어를 여러 제조업체의 컴퓨터에 맞게끔 바꾼 것이 아니던가?

당시 일에 대해 빌 게이츠의 전기 작가는 '해당 서신의 수신인인 컴퓨터 애호가들 대다수가 편지 내용에 분개했다'고 적고 있다. '이들은 베이식 언어가 암묵적으로 무료였다고 주장했다. 애초에 이 언어를 만든 사람들이 10년 전에 이미 퍼블릭 도메인으로 풀어놓았기 때문이다. 그러니 (소프트웨어를 서로 공유하는) 컴퓨터 애호가들은 절도범이 아니라 그만큼 남을 생각하는 마음이 큰 것이며, 베이식 소프트웨어가 없다면 유저들의 알테어 컴퓨터는 아무 쓸모가 없는 물건이 되고 만다'고 항변했다.[7]

MITS 사는 빌 게이츠의 공개서한에 대한 유저들의 반응이 여간 불편한 게 아니었다. 이에 MITS 사는 빌 게이츠에게 완화된 어조로 두 번째 편지를 써보는 게 어떻겠냐고 제안했다. 게이츠는 MITS 사의 제안을 받아들였지만 두 번째 편지에서도 역시 소프트웨어 공유는 절도라는 시각을 바꾸지 않았다.

도약의 기회

마이크로소프트는 점점 MITS 사와 거리를 두며 독자적인 역사를 써 내려가기 시작한다. 기업인 빌 게이츠는 새로운 마이크로컴퓨터의 서막을 알리는 신형 마이크로프로세서가 제공하는 또 하나의 기회에 관심을 보였다. 이제 이를 발판으로 미래를 위한 수많은 판로가 열릴 것이었다. 빌 게이츠는 이 모든 새로운 기기를 위한 베이식 언어를 써보고 싶었다.

다양한 기업이 그에게 주문을 의뢰했고, 빌 게이츠는 대학 시절에 만난 친구 여럿을 직원으로 고용했다. 폴 앨런 역시 작업에 합류했다. 이와 함께 빌 게이츠는 하버드에서 학업을 이어갔다.

그러던 중, MITS 사가 컴퓨터 전문 기업 퍼텍Pertec 사에 매각되었다는 소식이 들려왔다. 당시 MITS 사에서는 알테어 베이식을 자사 소유로 여기고 있었다. 사실 빌 게이츠 및 폴 앨런과 맺은 계약상에서도 MITS 사는 두 사람에게 지급하는 로열티의 한도가 20만 달러선이라고 명시했으며, 해당 금액 이상부터는 소프트웨어의 소유권이 MITS 사로 돌아가게 되어 있었다. 지급된 로열티가 20만 달러를 넘으면 그때부터 MITS 사는 알테어 베이식의 유통사가 아닌 소유주가 되는 것이었다.

이 문제는 법정 공방으로 이어져 마이크로소프트의 성장을 부분적으로 가로막는다. 6개월간의 소송 끝에 마이크로소프트는 결국 승소했으며, 재판이 진행되는 내내 '빌 게이츠와 폴 앨런은 수백만의 자산을 가진 돈 많고 야비한 중견기업의 집요한 공격에 맞서는 작고 불쌍한 기업 포지션을 취했다'.[8] 결국 퍼텍사도 '불법 도용' 혐의를 받았다.

한편 한창 성장 중인 마이크로소프트의 회사 복도에서 어슬렁대던 이들의 외양은 상당히 불량한 편이었다. 장발의 젊은 프로그래머들이 맨발에 편한 복장 차림으로 근무하고 있었으며, 회사를 찾아온 사람들은 회사 대표라는 사람이 이제 스물한 살밖에 안 된 청년이라는 사실에 놀랐다. 한번은 채용 면접을 보러 온 여성이 대기실에서 나오며 주위 사람들에게 '웬 꼬마 한 명'이 사장실로 들어가는 것을 봤다고 놀라움을 토로한 적도 있었다.

얼마 후, 컴퓨터 개발 작업의 새로운 장애물 하나가 해제된다. 개인용 컴퓨터 운영체제인 CP/M이 개발된 것이다. 대부분의 컴퓨터 제조사가 전용 운영체제를 탑재하고 있는 상황에서 어느 기기에서든 작동하는 운영체제의 개발은 가히 획기적이었다.

1977년, 마이크로소프트는 마이크로컴퓨터용 프로그래밍 언어 시장을 장악해 50만 달러에 달하는 매출액을 달성하고 있었다. 시장에 출시되는 신형 컴퓨터마다 마이크로소프트의 베이식 프로그램이 깔려 있었으며, 1979년 말에는 250만 달러까지 매출액이 올라갔다.

이윽고 IBM 측과의 만남이 성사된 당시 빌 게이츠의 나이는 고작 스물네 살이었다. 당시 IBM은 폭넓은 대중이 사용할 수 있는 마이크로컴퓨터의 개발을 희망했고, 마이크로소프트의 이전 고객층보다 훨씬 더 포괄적인 유저들에게 컴퓨터를 배급하고자 했다.

게다가 IBM은 마이크로소프트의 베이식 프로그램이 장착된 컴퓨터 장비를 넘어 또 한 가지 솔깃한 제안을 한다. CP/M 운영체제의 소유주인 디지털 리서치Digital Research와의 만남을 주선해달라는 것이었다. IBM은 디지털 리서치와의 협업을 성사시키지 못하고 있는 상황이었다.

그때까지 컴퓨터 소프트웨어 시장은 마이크로소프트와 디지털 리서치가 양분하고 있었다. 마이크로소프트에서 프로그래밍 언어를 제공했다면, 디지털 리서치에서는 운영체제를 보급하고 있었다. 양측은 서로의 전문 분야를 조금씩 잠식하려 애썼지만 실질적으로 상대의 영역을 침범하지는 못했다.

이런 상황에서 들어온 IBM의 제안은 빌 게이츠에게 디지털 리서치를 앞지를 수 있는 절호의 기회였다. 이에 빌 게이츠는 IBM 사에 마이크로소프트 역시 운영체제를 만들 줄 알며, 이미 개발도 끝난 상태라고 호언장담했다. 컴퓨터 역사상 최대의 사기 발언이었다.

물론 빌 게이츠도 나름대로 생각은 있었다. 1980년, 설계 담당 엔지니어인 팀 패터슨Tim Paterson이 구상한 운영체제 QDOS

를 인수했기 때문이다. QDOS_{Quick and Dirty OS}는 말 그대로 빠르고 단순한 운영체제라는 뜻이었는데, 팀 패터슨이 워낙 빠르게 대충 만든 운영체제였기 때문에 붙여진 이름이었다. 빌 게이츠는 운영체제를 원하는 고객이 누구인지 숨긴 채 5만 달러에 QDOS를 사들였고, 이후 이를 기반으로 MS 고유의 운영체제를 만든 뒤 'MS-DOS'라고 명명했다. 원래의 정식 명칭은 'Microsoft Disk Operating System'으로, MS는 마이크로소프트를, DOS는 운영체제를 의미했다.

이에 IBM은 마이크로소프트와 두 가지의 납품 계약을 동시에 체결한다. 프로그래밍 언어와 더불어 운영체제까지 공급받는 것이었다. 마이크로소프트가 확실하게 부를 거머쥐게 된 건 바로 IBM과의 이 같은 계약 덕분이었다. 빌 게이츠는 IBM 측에 프로그램의 판권 자체를 넘기기보다 판매 수익의 일부를 받고자 했다. 달리 말해 PC 한 대와 함께 배포되는 각각의 MS 프로그램에 대한 로열티를 지급받는 방식이었다.

이로써 컴퓨터 판매량에 따라 이윤이 점점 늘어나는 수익 구조의 첫 단추가 끼워진다. 더욱이 빌 게이츠가 다른 제조업체에 자유로이 MS-DOS를 판매할 수 있는 권한도 유지되었다.

IBM과의 계약서에 서명했으니 남은 건 이를 구체적으로 실행하는 것이었다. 그러자면 일개 중소기업으로서 IBM이라는 공룡의 작업을 소화해낼 수 있어야 했다. 빌 게이츠는 100여 명의 직원 중 35명에게 IBM의 마이크로컴퓨터를 위한 운영체제 개발 업무를 할당했다.

1981년 여름, 제품이 출시되자 컴퓨터계에 일대 혁명이 일어났고, 향후 35년간 빌 게이츠는 지독하리만치 굳건하게 시장을 지배한다. 당시의 보도 자료에 따르면 IBM은 '1,565달러 가격의 개인용 컴퓨터 출시'를 예고했다.

'기업과 학교, 그리고 가정에서 자유로이 쓸 수 있는 이 컴퓨터는 수백 개의 소프트웨어를 사용할 수 있으며, 빠른 속도의 16비트 마이크로프로세서가 내장되어 있다. 이 퍼스널 컴퓨터는 컬러 모니터나 흑백 모니터와 함께 사용할 수 있으며, 저 유명한 마이크로소프트의 베이식 언어를 장착하고 있다.'

출시 이후 IBM은 불과 석 달 만에 5만 대의 컴퓨터를 판매했다. 이와 더불어 다른 제조업체들의 MS-DOS 주문도 늘어났다. 이전에 CP/M을 사용하던 업체들도 MS-DOS로 돌아섰다.

1983년 이후 마이크로소프트의 매출액은 1,000만 달러를 달성했으며, 1984년에는 MS-DOS가 시장의 80퍼센트를 장악했다. IBM의 강력한 유통 네트워크를 발판으로 지배적 지위를 획득한 것이다. 수십 년간 이어질 독점체제의 기반도 바로 이때 마련되었다. 빌 게이츠는 아마도 이 잠재적 가능성을 미리 꿰뚫어본 듯하다. 마이크로소프트의 전 홍보부장이었던 롤랜드 핸슨Roland Hanson은 당시 빌 게이츠와 주고받은 내용을 이렇게 회고했다.

'네다섯 시간가량 내 앞에서 왔다 갔다 하면서 빌 게이츠는 커다란 화이트보드를 펼쳐놓고 그 위에 자신이 MS의 프로그램을 가지고 어떻게 세상의 주인이 될 것인지, 그리고 MS가 왜 미국의 유일무이한 최대 기업이 되어야 하는지를 설명했다.'

그런데 이 소프트웨어의 제왕은 MS보다 더 마이크로컴퓨터를 편히 쓰게 해줄 창의적인 기업이 있다는 것을 꿈에도 생각지 못했다. 그 기업은 바로 매킨토시라는 마이크로컴퓨터를 들고 나온 애플이었다. 스티브 잡스가 만든 이 기업은 10년 정도 앞선 기술력으로 독자적인 운영체제를 갖춘 매킨토시를 출시했다.

게다가 이 매킨토시는 당시로선 매우 이례적인 부속품 하나를 선보였는데, 컴퓨터를 상당히 쉽게 조작할 수 있는 '마우스'라는 물건이었다. 이전에는 컴퓨터에서 어떤 작업을 수행하든 반드시 텍스트로 입력해야 했다. 그런데 이제는 마우스로 아이콘만 움직여도 가능해진 것이다.

애플의 매킨토시는 비싼 가격에도 일반 PC와 비교조차 되지 않는 제품이었다. 마이크로소프트의 전직 프로그래머인 말린 엘러Marlin Eller는 당시 빌 게이츠가 '매킨토시의 믿을 수 없는 그래픽 수준 때문에 정신이 혼미해질 정도'였다고 회고한다. '하루는 빌 게이츠가 매킨토시 한 대를 책상 위에 갖다놓더니 이

건 전쟁이라고, 그 안에서 훔치고 싶은 모든 걸 훔쳐 오라고'도 말했단다.[9]

당시 빌 게이츠는 애플의 기술력을 손에 넣고자 했고, 매킨토시에 있는 기술을 PC에도 집어넣으려 했다. 운 좋게도 마이크로소프트는 애플의 납품업체 중 하나였고, 이때까지만 해도 애플은 아직 마이크로소프트를 경계하지 않고 있었다. 빌 게이츠는 이 기회를 이용해 매킨토시의 제작 기밀을 은밀히 빼돌리려 했다.

그런데 스티브 잡스가 빌 게이츠의 이 같은 호기심에 경계를 발동하는 사건이 발생한다. 스테판 말테르의 다큐멘터리에서 상세히 전하는 당시의 일화를 참고하면, 애플의 기술자 중 한 명이 마우스의 작동 원리를 빌 게이츠에게 설명하려는 찰나에 둘의 대화를 들은 스티브 잡스가 '셧업Shup up!'이라고 수차례 고함쳤다고 한다. 하지만 소용없는 일이었다. 1985년 마이크로소프트는 결국 '윈도우Windows'라는 새로운 운영체제를 출시해내고, PC는 기술적으로 뒤처져 있던 것을 일부 만회한다. 게다가 PC는 매킨토시보다 가격이 더 저렴했기 때문에 가격 면에서 애플은 PC의 경쟁 상대가 되지 않았다.

이후 MS는 윈도우 운영체제를 계속 발전시켜나가는 한편 'MS 오피스MS-Office'라는 워드 프로세서도 개발한다. 이와 함께 PC의 보급이 더욱 확대되어 PC 부문은 꾸준히 빠른 성장세를 이어간다. 1986년 마이크로소프트가 증시에 상장되면서 그날로 빌 게이츠는 백만장자 반열에 올랐고, 10년 후에는 마이크로소프트가 정점에 올라 전 세계의 컴퓨터업계를 지배한다.

1996년, 빌 게이츠는 세계 최대 부호로 처음 이름을 알렸으며, 아울러 21세기의 진정한 아이콘으로 추대되었다. 컴퓨터 수요의 급증을 미리 예견해 IT업계 전체의 운명을 결정지었기 때문이다.

승리와 좌절

빌 게이츠는 승리의 정점에서 '인터넷의 도래'라는 새로운 시련을 맞이하리라는 걸 미처 예상하지 못했다. 1990년대부터 MS 개발팀 내에서는 빌 게이츠에게 마이크로소프트도 이 새로운 시장에 동참해야 한다고 주장하는 사람이 많았다. 그럼에도 빌 게이츠는 이 새로운 혁명의 파장을 가늠하지 못하고 인터넷을 과소평가했다. 그는 서두르지 않았으며, 최초의 대중 인터넷 내비게이터인 넷스케이프Netscape가 먼저 길을 닦아놓길 - 의도적으로 - 기다렸다.

1998년에 이르러 이윽고 때가 되었다고 판단한 마이크로소프트는 인터넷 익스플로러Internet Explorer를 출시한 뒤 무상으로 배포한다. 곧이어 넷스케이프가 파산 위기에 몰린 건 예정된 수순이었다. 어떻게 한 기업이 이토록 순식간에 시장을 완전히 장악할 수 있었을까?

미국 법원에서도 마이크로소프트가 넷스케이프를 이기기 위해 불공정한 방식을 사용한 건 아닐까 하는 의심을 제기한다. 1998년 10월, 빌 게이츠는 미국 법정에 서게 되었고 전 세계 언론의 이목이 이 재판에 집중되었다. 미국 정부도 MS에 대한 조사에 착수하며 MS가 인터넷 전쟁에서 이기기 위해 독점 지위를 남용했다고 비난했다.

정부의 제재가 MS의 사업 분할로까지 이어질 수 있는 상황에서 국민들 역시 마이크로소프트의 수법이 무엇이었는지 알게 되었다. MS 측이 제조사에 협박을 가한 것이었다. MS는 제조사가 컴퓨터 내에 넷스케이프를 설치하면 윈도우 운영체제를 쓸 수 없게 만들겠다며 위협을 가했다. 컴퓨터가 팔리려면 윈도우 장착이 필수적인 상황에서 MS의 이 같은 위법적이고 불공정한 전략은 소비자가 넷스케이프 브라우저를 구경하지도 못하게 만들었다.

이러한 협박 정책을 사전에 지시한 건 빌 게이츠였다. 당시 법무부 차원의 대응으로 안티트러스트antitrust(반독점) 분과 내에서 조사를 받은 크리스토퍼 스프링맨Christopher Sprigman은 이 소송이 빚어진 이유가 마이크로소프트만의 독특한 사업 방식에 있다고 설명했다.

'마이크로소프트의 사업 목표는 단순히 시장 지분을 많이 먹거나 기술 혁신을 하는 데만 있지는 않다. 아울러 보다 경쟁력 있는 기업이 되고자 하는 것도 아니다. 그보다 MS의 실질적인 사업 목표는 다른 프로그램 업체가 경쟁에 나서지 못하도록 그 앞길을 가로막고 무너뜨리는 데 있었다. 자유 경쟁 원칙의 엄연한 위반이다.'[10]

소송 과정에서는 특히 빌 게이츠에게로 비난의 화살이 집중되었다. 그가 '경쟁업체에 대한 마이크로소프트의 성스러운 전쟁'을 논하며 주변의 협력 업체와 나눈 이야기 때문이었다. 미국인들은 빌 게이츠가 흥분하고 불편해하는 모습을 처음으로 TV에서 보게 되었다. 누가 봐도 빌 게이츠는 꼼짝없이 현행범으로 붙잡혀 입이 열 개라도 할말이 없을 듯한 상황이었다.

빌 게이츠의 이미지는 실추되었고, MS의 주식도 30퍼센트나 폭락했다. 까면 깔수록 뭔가가 계속 나오는 이 역대급 소송은 4년간 지속되었으며, 재판부는 MS에 사업 분할 명령을 내렸다. 2002년 최종적으로 유죄판결을 받은 MS는 정부의 관리 감독 아래에 들어갔다. 하지만 결국 협의에 의한 합의를 끌어내어 사업 분할만은 피했으며, 덕분에 MS는 영업활동을 계속 이어갔다.

마이크로소프트가 개발한 MS-DOS와 윈도우 운영체제는 현재 거의 전 세계에서 독점 상태다. 2018년 운영체제 시장조사기관인 넷마켓 셰어NetMarket Share가 방문자 정보를 집계한 결과, 88.79퍼센트가 윈도우 운영체제를 쓰고 있었다.[11] 이 말은 PC 열 대 중 아홉 대가 윈도우라는 뜻이다. 따라서 분석가들은 '윈도우를 흔드는 것 자체가 불가능한 일'이라고 설명한다. '시장에서 판매되는 대다수의 PC에 윈도우가 탑재되기 때문'이다.

그런데 이 법정 소송이 지난하게 이어지는 동안 빌 게이츠는 이미지의 실추로 크게 타격을 입는다. 이에 2000년 무렵 빌 게이츠는 보다 많은 돈과 시간을 자선사업에 할애하기로 결정하고 빌&멀린다 게이츠 재단을 창설한다. MS 사업과 마찬가지의 비중으로 자선사업에 에너지를 할애하겠다는 뜻이었다. 그리고 양쪽 모두의 목표도 똑같았다. 어느 쪽이든 최고가 되는 것이었다.

2

돈이 있으면 권력도 따라온다

빌 게이츠 제국

2018년 기준 900억 달러의 재산을 가진 빌 게이츠는 당시 〈포브스〉 집계 결과 세계 2위의 갑부 반열에 올랐다.[1] 그로부터 4년 전엔 세계 1위의 갑부였고, 거의 20년째 세계에서 돈이 가장 많은 사람으로 손꼽힌다. 빌 게이츠의 재산은 성인을 기준으로 세계에서 제일 가난한 32억 명의 평균 재산보다 약 3,000만 배 더 많다.[2] 빌 게이츠 혼자 가진 재산만으로도 사하라 이남의 아프리카 48개국 중 45개국의 재산을 뛰어넘는다.[3]

2008년, 빌 게이츠는 MS에서 풀타임으로 근무하기를 그만두고 재단 사업에 투신한다.[4] 하지만 2014년 2월까지는 MS 이사회를 계속 주재했다. 지금도 MS의 주요 개발 프로젝트에 고문 자격으로 참여한다.[5] 현재 빌 게이츠는 자기 시간의 3분의 1 정도를 마이크로소프트 관련 업무에 할애하는 것으로 추정된다.[6] 회사 지분의 약 4.5퍼센트를 보유한 빌 게이츠는 여전히 개인 주주로서 최대 지분을 갖고 있다.[7]

빌&멀린다 게이츠 재단의 활동 반경은 꽤 넓은 편이다. '혁신을 통해 교육을 강화하고 대학 진학률을 높이자'[8]는 모토 아래 청소년 분야에서 활동하고, '워싱턴 주의 빈곤 상태 개선과 취약계층 재정 지원'을 통해 불평등 해소에 힘을 쏟는다. '말라리아 근절을 가속화하고 에이즈 감염자 수를 줄이며 가장 시급한 곳을 중심으로 백신을 공급하고 소아마비를 근절'함으로써 보건 분야의 발전을 도모하기도 한다. '영농업자들에게 지속 가능한 생산 방식을 가르침'으로써 농업 부문의 발전도 꾀한다. 435억 달러에 달하는 기부액으로 100여 개 이상의 국가에서 활동하는 빌&멀린다 게이츠 재단은 단연 세계 최대의 자선사업 재단이다.[9]

게이츠 재단이 전 세계 보건 및 농업 문제에 관한 한 영향력이 가장 큰 주체임은 의심의 여지가 없으며, 현재 게이츠 재단의 보건 분야 지원 규모는 그 어떤 정부보다 높은 수준이다. 단순히 게이츠 재단이 전 세계 개발 목표의 핵심 주체가 되었다는 말로는 이루 다 표현되지 않을 정도다. 재단 활동을 매개로 빌 게이츠는 100여 개의 대학과 국제조직은 물론 NGO(비정부기

빌 게이츠는 왜 아프리카에 갔을까

구) 및 언론기관에도 자금을 지원한다.

게이츠 재단은 개도국 다수의 농업 부문 거물급 출자자 중 5위를 차지하고 있으며, 2013년에는 게이츠 재단보다 국제 지원금을 더 많이 출연한 국가가 11개국밖에 없었기 때문에 게이츠 재단은 이 부문에서도 12위에 올랐다. 게이츠 재단이 벨기에나 캐나다, 덴마크, 아일랜드, 이탈리아 같은 나라보다 더 많은 기금을 내고 있는 것이다.[10]

게이츠의 기술만능주의

타의 추종을 불허하는 이 거대한 자선사업 재단은 인류의 미래에 대해 어떤 시각을 갖고 있을까? 이 재단은 어떤 해법을 제시하고 장려하는 것일까?

빌 게이츠가 2000년부터 재단 사이트에 공개하는 연례 서한을 보면 그의 철학이 잘 드러난다. 가령 2015년에 쓴 편지에서 빌 게이츠는 앞으로 15년간 가난한 나라들에서 상당한 진보가 이뤄질 것이라고 말했다. '신규 백신이 보급되고, 보다 강인한 작물 재배가 이뤄질 뿐 아니라 더욱 저렴한 가격의 스마트폰과 태블릿 기기가 보급되는 등 기술 혁신에 의한 진보'가 진행된다는 것이다. 아울러 그는 '다양한 혁신을 통해 모두에게 이러한 진보의 영향이 미칠 수 있을 것'으로 전망했다. 이어 기후변화가 분명 이러한 진보에 제동을 걸겠지만 '이산화탄소를 배출하지 않으면서도 저렴하고 구하기 쉬운 에너지를 개발'함으로써 이에 대처할 수 있다고 확언했다.[11]

빌 게이츠는 사실 사회적·경제적·정치적 해법보다 기술적인 대안을 우선시하는 사람이다. 따라서 게이츠 재단 활동의 핵심도 바로 (이러한 기술을 제공하는) '기업'이다.

빌&멀린다 게이츠 재단은 빈곤과 불평등 문제의 해법을 찾기 위한 기업의 공헌을 중시하며, 재단의 재정도 주로 여기에 할당된다. 정부나 민간 차원에서의 인도주의 활동과 달리 게이츠 재단 사업의 직접적인 수혜가 거대 기업, 특히 농업과 보건 분야의 대기업으로 향하는 이유다.[12] (특히 이는 빌 게이츠의 조세 회피 성향에서 기인하기도 하는데, 좀 더 상세한 내용은 제3장의 '납세자의 돈으로 생색내기'에서 살펴보기로 한다.) 이 같은 기술 중심의 접근법에서는 개발과 정치를 별개로 인식하려는 경향이 있다.

빌 게이츠 역시 보건과 기후변화 문제, 심지어 문맹 문제까지도 '정치적 고민이나 노력 없이'[13] 신기술의 힘만으로 완전히 해결할 수 있다고 생각한다. 개발 분석가이자 뉴욕 대학교의 경제학 교수인 윌리엄 이스털리William Easterly도 다음과 같이 언급했다.

빌 게이츠는 왜 아프리카에 갔을까

'빌 게이츠는 기술적 해법을 모색함으로써 빈곤을 완전히 종식시킬 수 있을 것으로 판단하며…… 빈곤국이 직면한 문제 해결을 위한 기술적 팁의 모색에 재단의 노력을 집중한다. 가령 말라리아를 옮기는 모기를 막아내기 위한 방충망을 쓴다거나, 가뭄에 강한 옥수수 종자를 활용해 기근을 피한다는 식이다. 국제개발처USAID나 세계은행 World Bank 같은 공식 후원기관과 마찬가지로 게이츠 재단도 (대부분 권위주의 체제인) 현지 정부와 손잡고 이 같은 기술적 해법을 발전시키기 위해 노력한다.'

한 예로 게이츠는 명확한 목표를 세우고 성과를 가늠한 에티오피아의 지도부에 찬사를 보냈지만, 1991년부터 2012년까지 정권을 잡은 독재자 멜레스 제나위Meles Zenawi의 탄압 정책에 대해서는 일절 얘기하지 않는다. 2012년 8월에 멜레스 제나위가 세상을 떠났을 때, 게이츠는 이를 '에티오피아에 상당한 손실'[14]로 받아들였다.

가난한 사람들을 위해 돈을 쓰되 거의 전적으로 최첨단 기술의 힘을 빌리는 이 갑부는 세상이 움직이는 방식에 대한 근본적인 변화 없이 그저 돈 있는 사람들의 선처로 가난한 이들을 돕고 '해법을 제시'하면 이를 기반으로 발전이 이뤄진다고 확신한다. 그러니 조세 천국을 없앨 이유도, 기업의 권력을 제한할 이유도 없으며 신자유주의 경제구조의 변화도 필요 없다. 그런 건 게이츠 재단의 계획 속에 존재하지 않는다. 가난한 사람들에게는 문제 해결을 위한 기술만 가져다주면 그걸로 끝이다.

그런데 신기술의 발명만으로 과연 기후변화 문제를 해결할 수 있을까? 기후변화를 막으려면 우리의 생활 방식에 대한 근본적인 문제 제기가 필요하다. 아울러 우리의 공공정책을 되짚어보는 동시에 기업의 운영 방식도 재고해야 한다.

게다가 게이츠가 등한시하는 문제들 중 특히 세금 문제와 전세계적인 빈부 격차 문제는 사회적 불안과 빈곤을 키워가는 요소다. 만약 보다 형평성 있는 세제였더라면 국제 지원금보다 더 많은 개발 자금이 확보될 수 있지 않았을까?[15] 또 공익을 위한 재단이라면, 그리고 세계의 발전 차원에서 이뤄지는 의사결정이라면 응당 이 민감한 사안들에 대응해야 하지 않을까?

침묵 속에서 피어난 기부의 아이콘

〈타임〉을 비롯한 유수의 언론매체는 전 세계 어디서든 하나같이 빌 게이츠를 세계 최고의 자선사업가로 보도한다. 그에 대한 비판적이고 객관적인 기사는 찾아볼 수 없으며, 빌 게이츠는 실로 너그러운 인물의 표상으로 자리잡았다. 빌 게이츠에게 부정적인 기사나 영상은 찾아보기 힘들어졌고,[16] 그러한 내용이 주류 언론에서 보도되는 경우도 없다.

뉴욕 대학교의 언론학과 교수인 마크 크리스핀 밀러Mark Crispin Miller에 따르면 이 같은 현상은 관심의 부재로 인한 결과도, 미디어의 불감증에 따른 결과도 아니다. 대신 그는 '게이츠 재단의 경이로운 홍보 위력이 실로 우려스러운 수준'이라고 지적한다.[17] 게이츠 재단이 홍보 예산을 아끼지 않으면서 원천 봉쇄 전략을 펼치기 때문이다.

미국의 두 분석가가 언급하는 바와 같이 우리는 '게이츠가 후원하는 교육과정을 밟은 기자가, 게이츠의 보조금을 받는 학자들이 수집하고 분석한 자료를 근거로, 게이츠가 돈을 대는 신문에, 게이츠가 지원하는 보건 관련 프로젝트에 관해 쓴 기사를 읽는 상황이 얼마든지 생길 수 있다'는 것이다.[18] 게이츠 재단의 출발점이 된 도시에서 발행되는 〈시애틀 타임스〉도 '게이츠 재단의 후원을 받는 언론기관 중 몇 안 되는 곳만 재단 프로젝트에 관해 비판적인 기사를 내보낸다'고 덧붙였다.[19]

런던 퀸메리 대학교의 연구원인 소피 하먼Sophie Harman 역시 재단 사업에 관해 부정적인 이야기를 할 수 있는 사람은 몇 안 된다고 주장한다. '게이츠에 대해서나 재단의 역할에 대해서나 문제를 제기하고 싶어도 돈줄이 끊길까봐 체념하고 마는 것'[20]이다.

실제로 게이츠 재단은 지난 10년간 '글로벌 정책 및 공보과Global Policy and Advocacy'라는 이름의 재단 부서에 10억 달러의 예산을 썼다. 이 말은 빌 게이츠 재단이 ('정부, 자선사업가, 언론, 공공정책 전문가 등과 전략적 관계를 구축'[21]하기 위한 용도로) 록펠러 재단이나 맥아더 재단 등 규모가 큰 다른 대부분의 조직보다 더 많은 돈을 홍보비로 썼다는 뜻이다.

게이츠 재단은 재정 지출의 일부를 ABC나 올아프리카allAfrica 같은 유력 언론사 다수의 후원금에 할당하기도 했다. 게다가 기자 양성 교육에 수백만 달러를 투자했으며, 언론 메시지의 효율성 관련 연구에도 자금을 지원했다. 후원을 받은 조직은 언론이나 신문 사설을 위한 매뉴얼도 제공한다. 〈가디언〉에 실린 한 저명한 자선 조직의 대표는 다음과 같이 말했다.

'모두들 게이츠 재단에서 닦아놓은 길을 따라간다. 어디든 이 사람들이 없는 곳이 없는 느낌이다. 이들은 내가 참석하는 회의 자리에도 있고, 무언가를 연구한 보고서가 발간되면 거기에도 이 사람들이 끼여 있다.'[22]

이러한 태도는 비정부기구 쪽에서도 나타난다. NGO 조직에서 게이츠 재단의 활동을 반대하는 경우는 눈을 씻고 찾아봐도 없을 정도다. 물론 '국경 없는 의사회Doctors Without Borders'나 '지구촌 건강 감시 보고서Global Health Watch', 비정부기구 그레인Grain, 환경 단체 '지구의 친구들Friends of Earth', '생물다양성을 위한 아프리카 센터African Centre for Biodiversity' 등 간혹 게이츠 재단 사업의 몇몇 측면을 비판하는 단체가 있기는 하다. 그러나 보건이나 농업 같은 분야에서 게이츠 재단을 지지하는 대형 국제 NGO는 한둘이 아니다. 이들은 게이츠 재단의 일부 활동에 대해 얼마든지 비판을 제기할 수 있는데도 입을 열지 않는다.

이러한 자체 검열 덕분에 빌 게이츠는 선행의 표본으로 자리잡았으며, 재단 자금의 출처는 물론 그 돈이 사용되는 방식에 대해서도 다들 함구한다. 특허 출원을 통한 독식 전략과 독점 지위 남용, 조세 회피 등의 방식으로 기금을 조성했다는 지적도, 표면적인 자선사업과는 실질적으로 거리가 먼 기금 사용 내역에 대한 비판도 쉽사리 제기하지 못하는 것이다.

대부호의 기부 역사

미국의 유명한 기업가 앤드루 카네기Andrew Carnegie는 100년 전에 이미 자신의 자선 활동이 사회적 분란을 잠재우고 명성을 높이는 효과가 있다고 지적했다. 존 록펠러John Rockefeller의 경우, 빈곤 문제를 해결하는 가장 좋은 방법은 기업을 더욱 자유롭게 해줌으로써 기업이 자체적인 자선 활동을 통해 나름의 방식으로 불평등을 줄이도록 하는 것이라는 주장을 비슷한 시기에 내놓았다.

빌 게이츠와 '자선 자본주의'의 기수들은 확실히 이러한 시각을 물려받은 듯하다. 그런데 지금은 그 당시 상황과 다르다. 세계 최고 갑부들의 위선적인 자선 활동에 대한 비판이 이렇게 적은 적이 없었고, 심지어 대대적인 홍보비의 투여로 광범위한 언론 발언대까지 제공받는 상황이다.

1세기 전만 해도 백만장자의 이 같은 위선적인 자선 활동은 정부로부터 신랄한 비판을 받았으며, 이를 졸렬한 수법이라고 지적하는 지식인도 적지 않았다. 록펠러가 재단 수립을 원했을 때도 미국 의회는 수차례 그 요청을 반려했으며, 재단의 사업이 정부에 미칠 위험성을 우려했다. 정부의 역할이 민간 차원의 후원 활동으로 대체되어선 안 되기 때문이었다. 하물며 사내에서 노동자의 건강을 도외시하고 사회적 형평성을 외면하는 기업이라면 더더욱 말할 것도 없었다.

사회학자 린제이 맥고이의 설명에 따르면 그 당시 미국에서 대규모의 민간 자선사업 재단은 '영리를 추구하는 제국의 전초기지 같은 느낌이었다. 국내외 사람들에 대한 영향력을 확대할 수 있도록 재단에 돈을 대는 기업과 거의 동일시되거나 위선적인 분신 정도로 여겨진 것이다'.[23]

록펠러 재단이나 카네기 재단, 포드 재단의 위선적인 자선사업을 조소하는 작가도 많았는데, 『누더기 바지를 입은 박애자들The Ragged-Trousered Philanthropists』[24]을 쓴 로버트 트레셀Robert Tressell도 그중 한 명이었다. 트레셀은 1914년 사장의 요구를 수락한

한 페인트공 집단을 상징적인 의미에서 '자선활동가'로 분류했는데, 급여 삭감 요구를 받아들였으니 이는 궁극의 기부행위가 아니겠느냐는 것이었다.

대부호의 위선적인 관용에 대한 당대의 비판 정신에 따라 다트머스 대학교의 윌리엄 주잇 터커William Jewett Tucker 총장 역시 '자선 활동이 사회정의를 대체하길 기다리는 것보다 더 심각한 잘못은 없다'고 말했다.

3
관용의 옷을 입은 탐욕

부정한 재산

빌 게이츠의 개인 재산은 컴퓨터 운영체제 및 소프트웨어에 대한 마이크로소프트의 독점으로부터 구축되었다. 빌 게이츠 이전까지만 해도 컴퓨터 분야의 초창기 선구자들은 다른 코어 유저들이 만든 소프트웨어를 자유로이 사용했다. 당시엔 모든 게 '홈 메이드'였고, 소프트웨어를 구매하는 사람은 아무도 없었다.[1] 빌 게이츠는 무상으로 공유되던 것들을 유료의 재화로 바꾸었으며, 비영리적인 활동은 물론 기술이 뛰어난 전문 유저들이 자신의 개발 결과를 돈벌이 수단으로 삼지 않고 선뜻 공유하던 세계도 이로써 끝이 났다.

미국의 IT 전문 기자 게리 리블린 Gary Rivlin은 유저 중심의 이 같은 비영리적 생태계의 결과물로부터 빌 게이츠가 막대한 부를 축적한 것은 '지극히 잔혹한 모순'이라고 지적한다. 더군다나 대학생 시절에 빌 게이츠는 (교내 연구실의) 공적 공간과 공공 장비를 활용해 이전 IT 선배들의 선행 기술로부터 자신의 프로그램을 개발하지 않았던가?[2]

MS가 시장에서의 지배적 지위를 기반으로 수익을 올린 것은 미국에서도 위법이라고 판정했다. 〈워싱턴 포스트〉의 칼럼니스트 배리 리톨츠Barry Ritholtz 역시 다음과 같이 주장했다.

'MS의 가장 큰 위력은 언제나 PC업계의 독점이었다. 제조사와의 독점 라이선스 계약 때문에 MS 운영체제를 사용하든 사용하지 않든 무조건 MS-DOS 라이선스에 대한 지불이 이뤄진다. 하나의 컴퓨터로 운영체제를 두 개나 쓸 필요는 없으니 다른 소프트웨어 개발사로서 이는 엄청난 장벽이다. 다른 그 어떤 운영체제 개발사도 PC 시장에 발을 들일 수 없던 이유다. 1994년 미국 법무부로부터 이 위법적인 상황에 대한 시정조치 명령을 받았을 때[3] MS는 이미 운영체제 판매에서 지배적인 시장 지분을 획득한 상태였다. …… MS 오피스와 서버 유틸, 윈도우 등 MS의 세 가지 주력 상품만 해도 MS가 벌어들이는 돈의 4분의 3을 차지하며, MS의 수익 중 거의 대부분이 여기에서 비롯된다. 이 세 가지 분야가 MS의 시장 독점에 따른 직접적인 수혜를 받는 것은 결코 우연이 아니다. MS의 다른 그 어떤 사업

부문도 이렇듯 시장 독점에 따른 고수익을 올리지는 못한다.'⁴

빌 게이츠는 '공격적인 마케팅 전략'과 특유의 '갈등 관리' 방식으로도 유명하다. 〈인디펜던트〉의 한 기자는 빌 게이츠가 간혹 '피도 눈물도 없이 야박한 결정을 내릴 때'가 있다는 주변 사람들의 이야기를 전했다.

영국의 이 일간지는 '빌 게이츠가 적을 많이 만드는 타입'이라고도 지적했다. 아울러 이 천재 프로그래머가 상호 연계된 도서관 시설에 4만 대의 컴퓨터를 보급하는 후한 인심을 보여주지만, 이와 함께 마이크로소프트의 유저 기반도 더욱 탄탄해지는 셈이라고 전했다.⁵ 신문에서 언급한 이 '아전인수' 전략은 이후 게이츠표 자선 활동의 트레이드마크로 자리잡는다.

마이크로소프트의 사업 활동은 유럽에서도 위법으로 판결났다. 2004년 유럽집행위원회European Commission, EC는 5년간의 수사 끝에 결국 MS가 유럽연합EU의 경쟁 규정을 위반한 것으로 최종 결론지었다. PC 운영체제 시장에서의 준독점 지위를 남용하여 워크 그룹 서버용 운영체제 시장 및 미디어 플레이어 시장에서 당시 사업 방식으로써 경쟁을 제한했다는 것이다. 그리고 이에 근거하여 마이크로소프트에 4억 9,700만 유로의 벌금을 부과했다.

유럽집행위원회는 MS가 독점 지위를 획득하려 한 방식에 대해 다음과 같이 소상히 밝혔다.

'마이크로소프트는 윈도우 PC와 경쟁사 워크 그룹 서버 간의 상호 운용성을 제한하고, 전 세계의 거의 모든 PC에 장착된 자사 윈도우 운영체제와 자사 윈도우 미디어 플레이어를 묶음 판매함으로써 의도적으로 시장 권력을 남용했다. 이 같은 불공정 행위로 말미암아 마이크로소프트는 기업 전산 네트워크의 핵심 소프트웨어 제품인 워크 그룹 서버용 운영체제 시장에서 지배적인 지위를 얻었으며, 아울러 이러한 불공정 행위는 시장에서의 경쟁을 완전히 차단할 소지가 있다. 게다가 마이크로소프트의 행위는 미디어 플레이어 시장에서의 경쟁도 광범위하게 약화시킬 수 있다. 끊임없이 이어져온 이 같은 폐단은 혁신에 제약이 될 뿐 아니라 경쟁구조를 뒤흔들고 소비자에게도 피해를 준다. 결국엔 제품 선택의 폭이 좁아지고 금액도 더 올라가기 때문이다.'[6]

마이크로소프트가 이처럼 지배적 지위를 누릴 수 있었던 것은 빌 게이츠가 끈질기게 지켜온 특허권 덕분이다. 심지어 빌 게이츠는 종자나 의약품 등 컴퓨터 이외의 부문에서도 집요하게 특허권을 수호해왔다.

마이크로소프트의 이러한 사업 방식은 다른 사업 분야에서도 따라 하는 하나의 경영 모델이자 라이선스 사업의 표본이다. 제약 회사 및 농식품 회사는 자사 상품의 특허를 출원할 때 MS와 똑같은 지적 소유권법 및 상거래법을 기반으로 한다. 특히 개도국을 중심으로 해악을 미치는 법들이다.

세계 특허의 폐해는 '생물 해적 행위'라는 야비한 방식으로도 나타난다. '생물 해적 행위'란 (식물이나 종자 등) 생물자원을 이용하여 식품이나 의약품을 개발하는 다국적기업에서 해당 자원에 대한 특허를 출원하여 권리를 가져가는 것이다. 물론 이 과정에서 해당 생물자원이 채취된 나라에는 따로 대가를 지불하지 않는다.

자원 약탈의 실질적인 비용이 어느 정도인지는 아직 명확히 밝혀지지 않았지만, 2005년 아프리카연합African Union, AU에서는 이 같은 방식으로 아프리카 대륙이 연간 56억~80억 달러의 손실을 입은 것으로 추산했다.[7] 보다 최근의 자료에서는 손실액을 연간 약 150억 달러로 추정하는데,[8] 물론 이 비용은 게이츠 재단에서 해당 국가에 지원하는 금액을 훨씬 뛰어넘는다.

특허 출원 수가 특히 급증한 시기는 1994년이다. 다국적기업의 대대적인 압박에 따라 세계무역기구WTO에서 '지적 소유권의 무역 관련 측면에 관한 협정Agreement on Trade-Related Aspects of Intellectual Property Rights'을 채택한 때였다. 이 협정은 기업이 자사의 '발명품'을 특허 출원한 뒤 독점권을 이용하여 20년 이상 해당 권리를 소유할 수 있도록 해준다. 해당 조약을 적용할 경우, 의약품 분야에서는 개도국이 저렴한 가격의 제네릭 의약품에 접근하기가 힘들어진다. 따라서 보다 비싼 값에 원래의 약을 이

용할 수밖에 없다.[9]

마이크로소프트는 해당 협정이 관철되도록 영향력을 행사했을 것으로 추정된다. 아울러 G8 국가에 압력을 넣어 세계적으로 지적 소유권 보호가 더욱 강화되게끔 만들었을 것이다. 영국의 빈민구호단체인 옥스팜 Oxfam에서도 그로 인해 '개도국의 보건 위기 상황이 더욱 악화될 것'이라고 내다보았다.[10]

지적 소유권 보호는 이러한 조치가 공익을 위한 발견을 장려하는 방향으로 나아갔을 때 그 가치가 있는 것이다. 시장에서, 혹은 특정 자원에 대해 가공할 권력으로 독점까지 일삼는 다국적기업을 위한 보호라면 이야기가 좀 달라진다.

의약품 분야에서 가격을 낮추는 최선의 방법은 다름 아닌 '경쟁'이다. 의약품은 경쟁이 있어야만 그럭저럭 구입할 만한 가격으로 내려간다. 그런데 특허를 비롯한 지적 소유권 보호 장치는 가격 하락에 제동을 걸어 높은 가격을 유지하도록 한다. '지적 소유권의 무역 관련 측면에 관한 협정'의 원칙에 따르는 한, 특허제도는 신약 개발만을 장려하는 주된 틀이 된다.

이러한 방식의 특허 구조는 수익 추구에 기반을 두며, 공중보건에 대한 우려보다 상업적 이득을 우선시한다. 적절한 가격으로 장기간에 걸쳐 공중보건 수요에 부응해줄 약품의 생산은 도외시한다는 말이다.

개도국 국민들과 관련된 열대성 질환용 백신이 부족한 이유도 부분적으로는 여기에 있다. 제약 회사에 돈이 되는 시장을 제공해주지 못하는 가난한 나라들이 결국 이 같은 특허 구조에 따라 피해를 가장 크게 입는 것이다.[11]

요컨대 빌 게이츠는 재단을 통해 빈곤국에 대한 의료 지원을 장려하는 척하면서 - 의도적으로든 아니든 - 최빈곤층이 필요한 치료를 받지 못하게 만들었다는 말이다. 빌 게이츠는 자신의 경제적 이익을 위해 특허제도를 옹호했지만, 결과적으로는 그에 따라 의료 혜택 접근권이 줄어든 셈이다. 게다가 이 같은 전략을 통해 빌 게이츠는 자신이 원하는 보건정책에 영향력을 행사할 수 있게 되었다.

이러한 상황은 빌 게이츠 특유의 사업 방식 중 하나에서 기인하기도 한다. 바로 각국 정부의 세수를 줄이는 '조세 회피'다. 각국 정부를 빈곤하게 만든 뒤 그 해법을 제시하는 격이니, 게이츠 재단의 자선사업은 결국 납세자의 비용으로 그 재정을 충당하는 셈이다.

납세자의 돈으로 생색내기

빌 게이츠의 재산이 주로 마이크로소프트에서 나오기는 하지만, 세무 관련 자문으로 유명한 영국의 회계사 리처드 머피

Richard Murphy는 마이크로소프트가 '어마어마한 세무 전략을 세우는 기업'[12]이라고 평했다. 2005년 이후 MS의 조세 회피 정황이 겉으로 드러난 게 한두 번이 아니며,[13] 2014년 8월에도 비슷한 정황이 포착되었다. 929억 달러에 달하는 수익을 조세회피지로 옮겨둔 것이다. 만약 이 금액이 본국으로 이전되어 미국 국세청에 세금 신고가 되었다면 296억 달러에 달하는 세수가 확보된다.

2012년에 발간된 미국 상원 보고서에서도 MS가 해외 자회사를 활용하여 세금을 크게 줄였다면서 MS가 '해외 네트워크를 복잡하게 구축해놓은 조직체'라고 평했다. 이로써 '해외 판매를 용이하게 만듦과 동시에 미국과 해외에서 납부해야 할 세금을 줄인다'는 것이다.

이 보고서에 따르면 MS는 연구의 상당 부분을 미국에서 진행하며 세액공제를 받지만, 회사 손에 쥐어지는 지적 소유권의 결실은 대부분 조세 천국 쪽에서 거둬들인다. 그렇게 '마이크로소프트는 (3년이라는 기간 동안) 미국 내 MS 판매 순수익의 절반 가까이에 해당하는 210억 달러를 해외로 이전했고, 이로써 미국 내 판매 상품에 부과되는 세금 45억 달러를 절약했다. 즉 하루에 400만 달러 이상씩 절세한 셈이다'.[14]

MS가 미국 국고로 납입했어야 할 45억 달러의 세금은 게이츠 재단이 전 세계에서 쓰는 연간 지출액보다 많은 금액이다.

게다가 이 같은 세무 전략 덕분에 MS의 주가는 말도 안 될 만큼 부풀려졌다. 이는 빌 게이츠의 자선사업 지출액이 실질적으로는 미국 재무부에서 내는 돈이라는 뜻이다. 즉 결과적으로는 납세자들이 자선사업 기금을 내는 셈이다.[15]

영국 〈선데이 타임스〉의 조사에 따르면 MS는 윈도우 8 출시 당시 이 운영체제의 온라인 결제를 룩셈부르크에서 이뤄지도록 함으로써 연간 17억 파운드 이상에 달하는 수입에 대해 영국 내 소득세를 피해갔다.[16] 리처드 머피는 이 자료를 토대로 영국이 매년 1억 300만 파운드에 달하는 세수 손실이 있었을 것으로 추정한다.[17] 게이츠 재단에서 영국 내 여러 기관과 조직에 기부하는 총액을 상회할 금액이다.[18]

조세정의시민연대Citizens for Tax Justice에서 수집한 자료에 따르면 미국을 기반으로 활동하는 기업 중 마이크로소프트보다 더 많은 돈을 해외로 이전한 기업은 애플과 제너럴일렉트릭뿐이다. 최근 몇 년간은 마이크로소프트가 해외 자회사를 이용하는 경우가 급증했으며, 해외로 이전된 기업 수익 총액은 2008년 이후 516퍼센트가 증가했다(미국 증권거래위원회 신고액 기준[19]).

아마도 빌 게이츠는 마이크로소프트의 교묘한 조세 회피 전략에 하등 문제될 게 없다고 반박할 것이다. 하지만 그러면서도 빌 게이츠는 각국 정부에 효과적인 세금 지출 방법을 가르친다. 〈가디언〉의 기자 이언 버렐Ian Birrell을 비롯한 일각에서

'위선의 극치'라고 생각하는 부분이다.[20]

이뿐만이 아니다. 마이크로소프트는 탈세 방지 조치에 제동을 걸기 위한 압력단체에도 동참한다. 마이크로소프트, 애플, 구글 등 미국 IT업계를 대표하는 이들 압력단체는 2015년 1월 조세 회피용 페이퍼 컴퍼니를 없애기 위한 전 세계적 노력을 맹렬히 비난했다. G20이 주도한 국제 조세 개혁안이 발표되자 이들은 해당 계획에 '근본적인 결함'이 있다면서 문제가 되는 부분이 '폐기되어야 할 것'이라고 주장했다. 이 개혁안이 가도 너무 멀리 갔으며, 막대한 비용을 초래하는데다 혼선을 빚고 분쟁을 야기한다는 것이었다.[21]

문제적 투자

MS의 수익성 조세 회피 정책에서 얻어진 소득 외에 게이츠 재단으로 들어가는 돈은 또 있다. 바로 재단 출자 투자금에서 비롯된 돈이다. 사실 재단으로 투입되는 자금은 직접적으로 이용되지 않으며, 해당 자금은 일단 (재단의 투자 펀드인) 재단 트러스트를 통해 선투자가 이뤄진다. 게이츠 재단의 자선사업 자금은 재단 트러스트 조직에 의한 이 같은 기업 투자금에서 나오며, 트러스트 조직이 자산을 관리하고 돈을 투자하면 게이츠 재단은 투자사업에서 얻은 배당금을 배분하는 구조다.

그런데 문제는 게이츠 재단의 기금을 불려준 기업들이 하나같이 빈곤의 확대에 일조하고 사회정의를 해치며 세계 경제구조를 불평등하게 만든다는 데 있다. 해당 기업들은 대부분 인권과 노동권을 유린하고 환경을 훼손하며 조세 회피 정책을 펴는 것으로 극심한 비판을 받는다.[22]

게이츠 부부는 이 트러스트 조직의 유일한 이사이며, 게이츠 재단 이사회에는 이 두 사람과 함께 워런 버핏Warren Buffett이 들어가 있다.[23] 이 재단 트러스트의 재무제표에 따르면 2014년 이 트러스트가 보유한 주식 및 회사채 투자금은 290억 달러였다.[24]

2014년 말에는 건설업체 캐터필러Caterpillar에 8억 5,200만 달러를 투자했는데, 캐터필러는 팔레스타인 점령지에서의 인권 유린에 가담한 사실로 오래전부터 비난을 받아온 기업이다.[25] 영국 최대의 군수품 수출업체 BAE 시스템즈도 수혜 기업 중 하나다.[26]

게이츠 재단의 자산 트러스트는 종종 패스트푸드 기업에 대한 투자도 진행한다. 영양 있는 식생활의 정착을 재단의 주된 사업 분야로 두고 전 세계의 올바른 식문화 증진을 장려하겠다는 재단의 취지에 대한 신뢰도가 떨어지는 대목이다. 이 트러스트 조직은 2014년 12월까지 맥도날드 주식을 보유하고 있었으며, (맥도날드의 최대 프랜차이즈로서 2,602개 매장을 관리하는) 남미 지역 최대의 패스트푸드 체인 아르코스 도라도스Arcos Dorados 주식은 지금도 여전히 보유 중이다.[27]

〈가디언〉의 연구 자료에 따르면 게이츠 재단의 트러스트 조직은 화석연료 개발 회사에도 14억 달러가량을 출자한다. 그중에는 BP와 애너다코 페트롤리엄Anadarko Petroleum은 물론 브라질의 광산업체 발레Vale도 포함되어 있다. 애너다코 페트롤리엄은 최근 오염제거비로 500만 달러를 지불하라는 명령을 받았고, 발레는 가장 무책임한 기업을 뽑는 '퍼블릭 아이 어워즈Public Eye Awards'에서 '환경과 인권을 가장 등한시하는 기업'으로 선정되었다.

〈가디언〉의 연구에서는 게이츠 재단의 투자 기금이 업체 신고 자료를 기준으로 이산화탄소를 가장 많이 배출하는 200대 기업 중 35개 기업에 투자되고 있다는 사실도 지적했다. 그중 특히 대표적인 기업은 석탄 분야의 거물급 업체 앵글로 아메리칸Anglo American, BHP빌리턴BHP Billiton, 글렌코어-엑스트라타Glencore-Xstrata, 피바디 에너지Peabody Energy 등이며 셸Shell, 코노코필립스ConocoPhillips, 셰브론Chevron, 토탈Total, 페트로브라스Petrobras 같은 유수의 정유업체도 포함되어 있다.

게이츠 재단의 자산 트러스트에서는 바릭 골드Barrick Gold, BHP빌리턴, 프리포트 맥모란Freeport McMoran, 글렌코어Glencore, 리오 틴토Rio Tinto, 발레, 베단타Vedanta 등 광산업체와 아처 대니얼스 미들랜드Archer Daniels Midland, 크래프트Kraft, 몬덜리즈 인터내셔널Mondelez International, 네슬레Nestlé, 유니레버Unilever 같은 농식품 기업과 코카콜라, 펩시코 등 식음료 회사와 미국의 슈퍼마켓 체인 월마트를 비롯한 대형 유통업체에도 투자했다. 건강을 지키고 가난한 사람들을 돕겠다는 게이츠 재단의 취지와는 모두 거리가 먼 기업들이다.

이뿐만이 아니다. 2015년 6월, 빌 게이츠는 재생에너지 사업에 20억 달러를 투자하겠다고 발표했는데,[28] 그로부터 얼마 지나지 않은 같은 해 10월에는 화석 에너지를 폐기하려는 건 '잘못된 해법'이라면서 화석연료를 옹호하고 나섰다. 이와 더불어 환경운동가들이 태양에너지의 요금과 관련하여 잘못된 주장을 펴고 있다며 비난의 목소리를 높였다.[29]

영국의 NGO 글로벌 저스티스 나우Global Justice Now[30]가 게이츠 재단의 '자선' 활동과 기업 투자 간의 모순에 대해 지적했을 때 게이츠 재단이 내놓은 답변은 이러했다.

'게이츠 재단의 재정 기금은 빌&멀린다 게이츠 재단 자산 트러스트라는 별도의 조직과 무관하게 관리된다는 점을 이해할 필요가 있다. 재단의 직원들은 이 조직의 투자 결정에 아무런 영향력을 행사하지 못하며, 해당 조직의 투자 혹은 출자 전략에 관해서는 공시의무에 따라 대중에 공표되는 자료 외에 그

무엇도 알지 못한다.'

세간에서 지적하는 모순점에 대해서는 여전히 문제 제기를 하지 않는 답변이다. 그렇다면 이러한 모순은 우연히 생긴 것일까, 아니면 의도적인 것일까? 한 가지는 확실하다. 그 뒤에 서로의 이해관계가 얽혀 있다는 점이다. 사실 게이츠 재단의 자선사업 수혜자는 대개 재단 트러스트에서 자금을 대는 기업과 밀접한 관계가 있다.

영리성 자선사업

빌 게이츠를 중심으로 한 복잡한 자금 구조 덕분에 빌 게이츠는 자신의 재단을 이용해 게이츠 재단과 연계된 투자 대상 기업들의 주력 사업에 힘을 실어줄 수 있다. 달리 말하면 재단이 기부금을 이용해 재단의 투자 펀드 소속 기업을 후원할 수 있다는 것이다. 좀 더 간단히 말해 자선사업을 내세운 빌 게이츠가 주주들의 수익과 영리성 기업의 활동을 더욱 장려할 수 있다는 것이다.

따라서 이 '자선' 사업가는 '재단을 통해' 돈을 푸는 듯하면서도 자신의 '투자 펀드 배당금을 통해' 더 많은 돈을 거머쥔다. 가령 게이츠 재단 트러스트에서 지분을 보유한 다수의 제약 회사는 재단에서 후원하는 전 세계 민관 제휴 파트너의 특혜를 받는 기업이다. 게다가 재단 트러스트는 화학비료업체 및 종자 회사의 지분도 다수 보유하고 있는데, 해당 기업은 아프리카에서 합성비료의 사용을 권장하는 게이츠 재단의 대대적인 홍보 활동 덕분에 수익을 끌어낸다.

구체적인 사례를 몇 가지 들어보자.

2014년 게이츠 재단의 투자 펀드는 코카콜라 주식 5억 3,800만 달러를 보유했다.[31] 아울러 재단 보조금의 일부는 개도국 내에 코카콜라 자회사 설립을 장려하는 데 사용되었다.[32] 자선사업을 구실로 게이츠 재단이 재무 파트너의 성장을 부추기는 셈이다. 게이츠 재단은 코카콜라와 함께 케냐에서 수출용 패션후르츠 생산 프로젝트에도 돈을 대고 있다. 그리고 같은 맥락에서 5만 명의 영농 인력이 코카콜라 공급 라인용 생산을 위한 교육을 받았다.[33]

게이츠 재단 트러스트는 그전에도 재단 기부금 수혜 업체에 투자한 전력이 있다. 대표적인 기업이 몬산토Monsanto 사이며, 머크Merck 사를 포함한 다국적 제약 기업도 대거 포함된다.[34] 2009년 재단 투자 펀드가 다수의 지분을 매각하긴 했지만, 머크 사가 끼여 있는 'HIV/AIDS&말라리아 아프리카 포괄적 파트너십'에 재단이 돈을 대던 시기에는 아직 지분을 보유한 상태였다.[35] 따라서 게이츠 재단이 자선사업을 구실로 내세우며 제약 연구소를 후원했을 때, 재단 트러스트는 해당 연구소로부터 수익을 끌어내고 있었다.

게다가 이 재단 트러스트의 최대 수혜자는 2014년 118억 달러를 투자받은 미국의 재벌 기업 버크셔 해서웨이Berkshire Hathaway다. 게이츠 재단에 수십억 달러를 기부하며 재단 이사로도 등재된 워런 버핏의 회사다.[36] 버크셔 해서웨이는 60개의 지사를 두고 있으며, 각 지사의 본부는 주로 미국에 소재해 있다. 사업 분야도 굉장히 다양한데 농업, 에너지, 소매, 언론, 교통, 전자·화학제품, 주얼리, 부동산, 보험 등 손대지 않는 분야가 없다.[37] 빌 게이츠 역시 버크셔 해서웨이의 이사회에 소속되어 있으며,[38] 버크셔 해서웨이도 글락소스미스클라인GlaxoSmithKline, 몬델리즈 인터내셔널 등 재단 후원 기업의 지분을 다수 보유하고 있다.[39]

여기에서도 서로의 이해관계가 분명히 얽혀 있음을 알 수 있는데, 공익을 위한다는 투자 기금이 간접적으로는 (재단 운영 주체의 이익을 포함한) 사적 이익으로 이어지는 것이다.

게이츠 재단의 후원을 받는 다수의 NGO와 학자들도 게이츠 재단 트러스트의 투자 기업 또는 후원 기업과 함께 협업을 하고 있다. 가령 게이츠 재단으로부터 보건 분야의 후원금을 가장 많이 받는 미국의 비정부기구 패스Program for Appropriate Technology in Health, PATH는 머크와 파트너십을 체결했다.[40]

농업 분야에서 재단 자금을 가장 많이 받은(8,500만 달러) NGO 는 테크노서브TechnoServe로,[41] 이 단체는 영업 전략에 관해 조언 해주고 제휴업체나 기관과의 연락을 책임지며 자금을 모색함 으로써 농업 계획을 함께 기획하고 진행한다. '빈곤에 대한 비 즈니스 솔루션'이라는 슬로건을 내건 이 NGO는 '삶을 바꿔주 는 민간기업의 힘'을 확신하며 스스로를 '시장경제구조를 강화 하는 파트너이자 촉매 주체'로 소개한다.[42]

테크노서브는 기업친화적인 몇몇 NGO 중 하나로, 미국의 대외 원조 기관인 국제개발처와 함께 게이츠 재단에서 적극적 으로 지지하는 미국 기반 조직이다. 아프리카처럼 서로의 이해 관계가 복잡하게 얽히지 않은 경우도 있는데, 그런 경우 게이 츠 재단은 거의 직접적으로 마이크로소프트의 사업적 발전을 도모한다.

마이크로소프트의 아프리카 진출 교두보

마이크로소프트의 아프리카 진출은 이 모든 게 복잡하게 얽 힌 상황에서 진행된다. 재단 활동의 궤적을 따라 아프리카 진 출 사업이 진행되기 때문이다. 빌 게이츠가 소유한 재산의 주 된 출처인 마이크로소프트가 아프리카 지역으로의 사업 진출에 관심이 많은지 여부는 여전히 알 수 없다. MS는 아프리카 14개국의 19개 도시에 22개의 사무국을 두고 있으며, 전 세계적으로 1만여 개 이상의 MS 제휴업체가 있다.[43] MS가 아프리카에서 사업을 시작한 건 대략 1995년부터이며, 시기적으로는 게이츠 부부가 자선 활동을 시작한 1997년보다 조금 앞선다.[44] (재단이라는 형식으로 자선사업이 구조화된 건 그로부터 3년 후다.)

다수의 보고서에 따르면 MS의 아프리카 지역 투자는 지속적으로 증가했으며, 특히 교육 부문과 금융 서비스, 정유 및 가스 산업 쪽에 역점을 두고 있다고 한다.[45] MS의 아프리카 사업 확대는 게이츠 재단의 활동이 아프리카 지역에서 확대된 것과 일치한다.

게이츠 재단과 마이크로소프트는 양쪽 모두에서 빌 게이츠가 개인적으로 맡은 역할이 있기 때문에 언제나 긴밀히 연계되어 있었다. 재단의 두 최고경영자 역시 마이크로소프트 출신인데, 한 명은 게이츠 이후 MS에서 중심 역할을 했던 제프 레이크스Jeff Raikes이고, 다른 한 명은 MS의 공동 설립자인 폴 앨런이다.

폴 앨런은 2013년까지 게이츠 재단의 최고경영자를 역임했다.[46] 〈가디언〉에서 앤디 베케트Andy Beckett는 '게이츠 재단의 자선사업이 마이크로소프트에서의 제왕적 행보에 대한 속죄의 고해성사 같은 것일지, 아니면 또 다른 형태의 패권 지속이 될 것인지의 문제와 관련하여 서서히 사라지지만 언제나 남아 있는 의심의 기운이 스멀스멀 올라온다'[47]며 가설을 제기했다. 여기에서 앤디 베케트는 빌 게이츠가 거느리는 두 조직의 결탁 관계를 꼬집으려 하기보다는 양측의 이해관계가 서로 겹친다는 점을 지적하고자 했다.

빌 게이츠에게 돈을 버는 것과 자선사업을 하는 것은 서로 이율배반적인 게 아니다. 사실 '자선 자본주의' 논리에서 보면 아프리카에서 기업 주도로 발전을 꾀한다거나 정부가 초대형 기업에 우호적인 정책을 채택하도록 돕고 기업의 명성을 좋게 유지해줄 활동을 지속하면서 게이츠 재단이 마이크로소프트를 돕는다는 생각은 지극히 이성적인 판단이다. 마이크로소프트는 아프리카를 새롭고 흥미로운 사업 기회의 장으로 분명히 인식하는 것이다.

재단과 기업이 서로 뒤섞여 투자에 기부의 옷을 입힘으로써 생기는 이득이 무엇이건, 한 가지는 분명하다. 빌 게이츠는 기부를 시작한 뒤 이전보다 더 부유해졌다는 점이다. 가난한 사람들과 공익을 위해 선뜻 거액의 재산을 내놓는 '기부 천사' 이미지를 세간에 심어주고 있긴 하지만, 빌 게이츠 재산의 순수가치 평가액은 계속해서 증가 일로에 있다.

〈포브스〉에 따르면 빌 게이츠의 개인 자산은 2011년 560억 달러에서 2015년 789억 달러로 증가했다. 4년 만에 약 230억 달러가 증가한 것이다. 게다가 빌&멀린다 게이츠 재단에서 설립 이후 지출한 총액도 대략 이와 비슷하다.[48] 2014년 1월, 〈가디언〉은 마이크로소프트 주가의 40퍼센트 상승으로 2013년 빌 게이츠의 재산이 158억 달러 증가했다고 보도했다.[49] 같은 해 게이츠 재단은 36억 달러의 보조금을 지급했다.[50]

4

더 많이 갖기 위한 기부

종자의 자유 박탈과 GMO · 하이브리드종의 강제 확산

게이츠 재단이 농업 분야에서 공식적으로 추구하는 바는 영농업자들에게 지속 가능한 생산 방식을 가르치는 것이다. 재단 홈페이지에 따르면 게이츠 재단은 '사람들에게 건강하고 생산적인 삶을 영위하는 데 필요한 도구를 제공함으로써 빈곤 퇴치에 이바지'하고자 한다. '특히 해마다 영농 신기술을 채택한 수백만 명이 빈곤에서 벗어나고' 있다고 한다.

겉으로 보이는 설명은 꽤 막연하고 모호하지만 그 내용은 굉장히 구체적이고 명확하다. 자연의 힘에 의지하기보다는 유전자 변형 기술 같은 생명과학 기술 및 화학 기술의 힘을 바탕으로 전 세계에 집약적 농업 방식을 도입하겠다는 것이다. 즉 생태농업 기술 따위는 결코 고려 대상이 아니다.

보건 분야든 농업 분야든 모든 문제에 대한 해법의 시작과 끝은 대기업과 과학기술이다. 게이츠 재단과 제휴한 어느 기관을 통해 본 모습도 이와 같았다.

2012년 2월, 게이츠 재단은 국제농업개발기금IFAD에 2억 달러를 기부하겠다고 발표했다. 국제농업개발기금은 로마에 소재해 있으며, 농업 관련 문제를 연구하는 유엔의 전문 기구 세 개 중 하나다. 발표 당일 빌 게이츠는 자신이 선정한 우선 과제 세 가지를 언급했고, 국제농업개발기금 총회에 참석해 각국이 '가난한 농민들에게 과학 및 농업 기술 역량을 보태주길 간청'했다. 그의 연설에 따르면 이 분야에서 '진정한 전문가'는 바로 '민간기업'이다.[1] 게이츠 재단에서 특히 우선시하는 GMO(유전자 변형 식품) 기술과 생명과학 기술을 민간기업이 쥐고 있기 때문이다.

실제로 게이츠 재단과 국제농업개발기금이 공동 서명한 결의문에서도 두 기관이 함께 '차세대 기술을 지원함으로써 지속적이고도 집약적인 농업의 가능성을 만들어내겠다'고 공표하고 있다.[2] 이에 더해 국제농업개발기금은 농업 연구 분야 등에서 두 조직이 '함께 공동 투자할 것'이라고 덧붙였다.[3]

국제농업개발기금의 부대표 케빈 클리버Kevin Cleaver가 쓴 글에서도 게이츠 재단의 기술 중심적 계획에 손을 들어주고 있는 듯한 징후가 드러난다. 게이츠 부부의 투자가 발표된 시기의 글에서 기술의 중요성을 다음과 같이 강조했기 때문이다.

'기술이 곧 핵심이다. 보다 강한 종자를 개발하고 더 나은 품질의 농기구를 개발하는 것처럼, 지극히 단순한 기술 발전만으로도 우리는 식량 안보를 확보하고 빈곤을 줄일 수 있다.'[4]

유엔의 전문 기구라는 이곳조차 농업 개발 문제에 대해 이렇듯 단순화된 시각을 갖고 있다는 게 개탄스럽다. 기술이나 개발해서 농부들에게 알려주면 그만이라는 생각이 아닌가!

아프리카에서 활동하는 게이츠 재단의 산하 조직 '아프리카녹색혁명동맹AGRA'의 활동을 보면 빌 게이츠가 종자업체 및 농화학 기업의 개도국 진출을 돕기 위해, 그리고 자유로운 종자의 사용을 막아 이를 불법화하고 그 씨를 말리기 위해 어떤 전략을 쓰고 있는지가 보다 명확히 드러난다. 농업 분야에서 가장 영향력 있는 주체 중 하나인 아프리카녹색혁명동맹은 아프리카 각국 정부에 종종 압력을 넣으며 종자 관련 정책에 노력을 집중한다.[5]

현재 아프리카 지역 종자 보급의 80퍼센트 이상은 수백만에 이르는 소규모 영농업자로부터 나온다. 이들은 해마다 자신의 종자를 재활용하거나 다른 농부들과 씨를 교환한다. 하지만 아프리카생물다양성센터ACB가 지적한 바와 같이 '현재 아프리카의 종자 체계에 한바탕 전쟁이 일어나고 있다'.[6]

이 조직에 따르면 아프리카녹색혁명동맹은 (영농업자가 자신의 종자를 사용하는) 아프리카 지역 종자 체계의 다양성과 다원성을 인정하면서도 종자의 상업적 생산을 증진하는 데 더 주력한다. 따라서 일부 대기업이 종자의 연구개발 및 생산과 유통을 통제할 가능성을 열어주면서 자연스레 상업적 체제를 구축한다.

사실 연구개발 분야에 대한 투자가 이뤄지려면 일단 지적 소유권이 확보되어야 한다. 이를 위해서는 먼저 규제 체계를 완전히 뜯어고쳐야 하는데, 그래야만 인증 체계를 도입해 인증 품종과 그에 관련된 권리를 보호하고 비인증 품종을 모두 불법으로 규제할 수 있기 때문이다.

이에 지난 20년간 국제개발처와 G8의 지원 아래 아프리카 국내 규제 검토의 지난한 과정이 이어졌고, 덕분에 다국적기업은 종자를 생산함은 물론 현지의 대규모 종자 기업까지 인수할 수 있게 되었다. 아프리카생물다양성센터에서는 그로 인해 아프리카 내에서의 종자 유통이 위태로워지고 생물다양성이 위협받는다고 지적한다.[7]

아프리카의 식량 생산성 문제에 대한 해법으로 만만하게 제시되는 것이 '하이브리드' 품종이다. 게이츠 재단의 후원을 받는 여러 기관에서도 하이브리드 품종의 재배를 적극 권장한다. 그런데 이 종자는 소규모 농가에서 사용하기엔 대개 값이 너무 비싼데다, 심지어 농부들은 해마다 돈을 주고 사야 한다.[8]

그렇다고 하이브리드 품종의 수확률이 매년 높지도 않다. 간혹 수확률이 높은 경우도 있지만, 몇몇 특정 환경이 갖춰져야만 가능하다. 일단 (비싼 돈을 주고) 합성비료를 사서 지속적으로 사용해야 하고, 값비싼 관개시설을 갖추어야 하는 동시에 보다 넓은 구획의 땅에 단일 작물만 경작해야 한다. 이른바 '녹색혁명'[9]을 위시한 집약식 농업이 이뤄져야 하는 것이다.

하지만 그에 따른 결과는 모두가 잘 알고 있는 바와 같다. 토양이 메마르고 생물다양성이 빈약해지며 기후 온난화가 초래되는 것이다. 유감스럽게도 종자의 보전이나 토종 품종의 공공종자은행 같은 건 계획에서 빠져 있다.

2015년 3월 런던에서 소리소문 없이 개최된 컨퍼런스를 통해 알 수 있듯이, 게이츠 재단은 기업이 신규 종자 시장에 진입할 수 있도록 도우면서 핵심적인 역할을 맡고 있다. 이 회의의 내용을 입수한 NGO 글로벌 저스티스 나우의 보고서 「게이트식 개발Gated Development」에 따르면 게이츠 재단과 국제개발처의 공동 주최로 조직된 이 세미나 자리에서 기업들은 전 세계의 종자 부문에 대한 통제권 강화 방식을 논의했다고 한다. 아프리카녹색혁명동맹과 종자 기업 신젠타Syngenta도 참석자 명단에 포함되어 있었으며, 다수의 민간기업도 이 자리에 참석했지만 영농업자 단체는 단 하나도 초대받지 못했다.

이 세미나가 열린 이유 중 하나는 사하라 이남의 아프리카 지역 종자 부문 개발에 관한 모니터 딜로이트Monitor Deloitte 보고서의 결론을 공유하기 위함이 아니었을까 싶다. 이 보고서에서는 종자에 대한 특허 욕구가 취약한 지역, 다시 말해 농부들이 주로 자신의 종자나 내부 보관망을 이용하는 지역에서 민관 제휴를 통해 '투자 위험'으로부터 민간기업을 보호할 것을 권장한다.

또한 각국 정부가 지적 소유권을 제정하도록 장려하고 영농업자 역시 본인의 토종 품종을 사용하기보다는 특허 받은 시판 종자를 구입하게끔 설득하라고 각 NGO와 자선 기관에 권고했다.[10] 이 자리에서 주로 논의의 대상이 된 작물은 에티오피아, 가나, 나이지리아, 탄자니아, 짐바브웨 등지의 옥수수, 쌀, 수수, 동부콩, 카사바, 고구마 등이었다.[11]

아프리카의 농업에 영향을 미치려는 빌 게이츠의 전략은 비단 화학비료의 사용이나 특허 작물의 이용을 권장하는 수준에서 그치지 않는다. 일찌감치 아프리카녹색혁명동맹은 현지의 소규모 소매상인들부터 지원했다. 아프리카 각국에서 화학제품과 종자를 판매하는 민간 소매업자들의 유통망을 후원해준 것이다.

현지의 소매상인들과 연계한 아프리카녹색혁명동맹에서 추구하는 목표는 '자원에 대한 수요 창출'과 더불어 '농업 개발 서비스의 민영화'다. 다수의 연구 보고에 따르면 말라위의 농산물 유통망도 실제로 대기업 판매 제품을 유통시키는 데 쓰였다.[12] 아프리카녹색혁명동맹은 이 같은 방식으로 농부들의 화학비료 의존도를 높이고 생태적인 대안을 배제한다.

말라위의 농산물 유통업자들에게 가장 많은 제품을 공급하는 업체는 몬산토로, 유통 재고의 67퍼센트가 몬산토 사 제품이다.[13] 말라위의 농산물 유통업자 보강 계획 평가보고서에 따르면, 이 계획의 시행으로 농산물 유통업자가 85퍼센트 증가했으며, 2007~2010년 이들에 의해 종자 1만 908톤과 비료 1만 8,071톤이 판매되었다. 옥수수 하이브리드 품종은 10여 가지가 유통되었는데, 그중 절반이 몬산토 사 제품이고 나머지가 시드 사Seed Co. 제품이다.[14]

해당 사업에 관련된 또 다른 자료에 따르면 '농산물 유통업자들은…… 기업의 제품을 광고하는 중간 매개자 역할을 맡고 있다'.[15] 게다가 제품에 대한 유통업자들의 교육 또한 제조사 측에서 담당한다. 농산물 유통업자 보강 계획으로 늘어난 유통업자 중 44퍼센트는 농산품 연구개발 업무도 제공했다는 사실이 보고서 내용으로 확인되고 있기 때문이다.[16]

세계은행의 한 연구에 따르면 이러한 농산물 유통업자들은 오늘날 '가난한 농촌 지역 사람들에 대한 농업 개발 모델이 되었다. …… 민간 주축의 새로운 농업 개발 형태가 말라위뿐 아니라 케냐, 우간다 등지에서 나타나는 양상인데, 이는 주요 농산물 제조사가 지역 소매업자들과 함께 농촌 지역에서 신기술

시연회를 조직해온 결과라는 것이다'.[17]

1980년대 말 인도 펀자브 지방의 사례를 들며 (집약식 농업으로의 전환을 추구하는) 녹색혁명의 폐단을 비판했던 반다나 시바Vandana Shiva에 따르면[18] 아프리카 대륙 전체에 대한 기적의 해법이라도 되는 양 빌 게이츠가 제공하는 지원은 '도움을 가장한 위선'이다.

'녹색혁명에 따른 토양 훼손은 인도의 사례를 통해 적나라하게 드러났다. 아프리카의 경우, 문제가 더욱 심각하다. 아프리카는 토양이 척박한데다 물도 거의 없지 않은가. 심지어 다섯 개의 강줄기가 흐르는 펀자브 지방에서조차 녹색혁명에 따른 집약식 농업 모델로 관개망이 완전히 무너졌다. 땅 밑에는 물이 거의 남아나지 않았으며, 그나마 얼마 남지 않은 물조차 오염되었다. 그런데 아프리카는 펀자브만큼 수자원이 풍부하지도 않다. 따라서 그렇게 물을 많이 필요로 하는 농업 모델을 도입한다면 아프리카의 사막화 문제는 더욱 심각해질 것이다. 게다가 펀자브에서의 경험을 통해 우리는 이 같은 농업 모델이 농민들의 빈곤을 야기한다는 점을 분명히 깨달았다. 농사를 짓기 위한 생산요소를 이제는 다 돈을 주고 구입해야 했기 때문이다. 농부들은 씨앗뿐 아니라 화학비료까지 사야 한다. 녹색혁명의 폐단은 명백히 입증되었으며, 나이로비 세계사회포럼 같은 정상회의 자리에서도 아프리카의 시민 단체들은 녹색혁명이라는 대안을 분명히 반박했으며, 빌 게이츠에게도 편지로 이 사실을 확실히 알렸다. 마찬가지로 유럽사회포럼에서도 한목소리로 녹색혁명을 반대했다. 더욱이 소규모 영농이나 농생태학이 보다 생산적인 모델이라는 증거까지 있다. 세계은행의 제안으로 만들어진 IAASTD(발전을 위한 농업 지식·과학기술 국제 평가) 보고서에서 녹색혁명과 생명과학 기술로 세계의 기근 문제를 종식하진 못한다고 결론지었기 때문이다. 장기적으로 기근 문제를 해결할 수 있는 건 오직 농생태학뿐인데도 빌 게이츠가 말하는 농업혁명으로 세상을 구하겠다는 건 환상이나 다름없다. 빌 게이츠가 자기만의 세계에 갇혀 있는 것, 그게 바로 지금의 현실이다.'

게이츠 재단의 활동은 아프리카의 농업 부문 개발에 지대한 영향을 미치면서 이를 막다른 골목으로 끌고 간다. 하지만 이 조직이 미치는 영향력은 비단 아프리카 지역에만 국한되지 않는다. 게이츠 재단은 전 세계에 그 영향력을 행사하며 정치권 지도부와 여론을 쥐락펴락할 뿐 아니라 전 세계적 차원의 의사 결정에도 영향을 미치기 때문이다.

더 큰 이익을 위한 자금 지원

〈가디언〉은 게이츠 재단의 농업 부문 책임자인 샘 드라이든

Sam Dryden에 대해 '오늘날 전 세계에서 가장 영향력 있는 인물'이라고 묘사한다. '그 어떤 기업이나 장관, 은행원, 공무원도 이 정도의 정치적 구속력으로 그만한 영향력을 행사하진 못한다'[19]는 것이다. 빌 게이츠도 2017년 12월 기후변화 총회One Planet Summit가 한창일 때 에마뉘엘 마크롱Emmanuel Macron과 오찬을 나눈 것처럼, 영향력 있는 지도자와의 식사 자리에 초대되거나 G20 같은 주요 정상회의에 초청되는 경우가 비일비재하다.[20] 게이츠 재단에서 '지원'하는 자금 비중이 그만큼 크기 때문이다.

현재 농업 부문에 대한 재단의 지출액은 20억 달러로, 자금 지원을 받는 곳은 주로 사하라 이남의 아프리카나 아시아 남부 지역이다.[21] 2013년에는 3억 8,900만 달러로 빌 게이츠 재단이 농업 분야 출자자 중 세계 5위를 차지했다. 이 분야에서 게이츠 재단보다 더 높은 금액으로 양자 지원을 체결한 곳은 독일과 일본, 노르웨이, 미국밖에 없다.[22]

게이츠 재단은 국제농업개발연구자문기구CGIAR에도 굉장한 영향력을 행사한다. 이 조직은 15개 연구소의 컨소시엄으로, 개도국의 농업 개발 부문에서 가장 영향력 있는 연구 네트워크다. 국제농업개발연구자문기구의 재정에 기여하는 펀드 그 자체도 '21세기 식량 안보 과제를 해결하는 데 필요한 농업 연구 재정 마련에 가장 비중 있는 공익서비스'를 자처한다.[23]

이번에도 게이츠 재단은 막대한 자금 출연으로 영향력을 행사한다. 2003년에는 이 조직에 7억 2,000만 달러를 지급하는가 하면,[24] 2014년에는 총예산의 13퍼센트를 기여하며 (미국과 영국에 이어) 세 번째로 비중 있는 출자자가 되었다.[25]

국제농업개발연구자문기구의 재원은 자체적인 기금운용심의회에서 관리한다. 이 심의회의 명단에는 게이츠 재단도 올라 있는데, 민간 조직으로서 심의회의 구성원이 된 건 게이츠 재단이 유일하다. 기금운용심의회에서는 우선적인 지출 부문을 결정하고, 후원자를 대상으로 안내 업무를 담당하는 학술 전문가를 임명한다.[26]

2012년 3월에는 기금운용심의회 자체가 시애틀의 게이츠 재단에서 열렸는데, 이 자리에서 빌 게이츠는 아프리카 및 아시아의 식품 생산성을 '두 배, 세 배'로 올려야 하는 필요성을 역설했다. '최근의 과학적 진보의 성과, 특히 농업 분야에서 생명과학 기술의 발전 성과를 이용하면 얼마든지 가능한 일'이기 때문이다.[27] 게이츠 재단으로부터 직접 재정 지원을 받는 곳을 포함해 국제농업개발연구자문기구에 소속된 다수의 연구소는 그 후 GMO에 대한 연구 계획을 한창 진행 중이다.[28]

국제농업개발연구자문기구에서 집약식 농업이나 생명과학 기술을 활용하기 위해 로비 작업을 해온 건 어제오늘의 일이 아니다. 반다나 시바는 이 조직이 1970년대에 이미 (농화학 분야의 부상과 발달을 장려하는) 녹색혁명을 진행시키겠다는 취지로 세계은행이 창설한 곳이라는 점을 짚어주었다.

'이 조직이 하는 일은 두 가지다. 하나는 농민들로부터 예전에 쓰던 종자를 수집하는 것이고, 다른 하나는 화학비료를 쓰기에 적합한 종자를 농민들에게 보급하는 것이다. 비료 없이는 못 사는 종자들이 바로 이렇게 전 세계에 확산된다. 국제쌀연구소IRRI의 쌀을 시작으로 국제옥수수밀개량센터CIMMYT가 그다음으로 바통을 이어받아 멕시코에 밀과 옥수수를 유통시켰고 그다음엔 감자, 그리고 또 그다음엔 모든 품종을 다 퍼뜨렸다.'

게이츠 재단의 또 다른 전략적 파트너는 미국의 초대형 기업 카길Cargill 사다. 카길은 아프리카 남부 지역에서 '콩의 가치사슬 개발'을 위한 800만 달러 규모의 프로젝트로 게이츠 재단의 후원금을 받았다. 사업 기간이 4년으로 예정된 이 프로젝트는 우선 2010년 모잠비크와 잠비아 현지의 3만 7,000개 소규모 농가를 타깃으로 사업을 시작했다.[29] 최종적으로는 7만여 개의 소규모 농가에 '현대적인 농업 기술'을 보급했는데, 이는 다름 아닌 제초제와 살충제를 사용하면서 화학비료에 적합한 '보다 나은 품종'을 선별하는 기술을 의미한다.[30]

카길은 세계 최대의 콩 생산 및 판매 기업이다. 이 기업의 남미 지역 사업 활동으로 미루어보면 아프리카에서 준비 중인 사업 또한 어떤 결과를 가져올지 가늠해볼 수 있다. 카길이 남미 지역에서 유전자 변형 콩을 단일 경작하는 바람에 농촌 지역의 인구 이동이 유발되었을 뿐 아니라 환경 차원에서도 심각한 폐해가 발생했기 때문이다. 아프리카 사업에 대한 게이츠 재단의 후원으로 카길은 아직 미개척 상태인 이곳 시장에 진출해 유전자 콩을 도입할 수 있는 기회를 거머쥐었다.[31]

이와 더불어 아프리카 시장 확대가 유리해진 KFC 등 대형 패스트푸드 체인도 그에 따른 반사이익을 얻을 확률이 높다. 현지의 영세농민 역시 이 같은 대형 업자들이 주도하는 가치사슬 구조의 일부가 되어야만 함께 잔칫상에 숟가락을 얹을 수 있다.[32]

게이츠 재단이 후원하는 다국적기업은 카길뿐만이 아니다. 서아프리카 지역에서 카카오를 재배하는 농민들의 '생산 및 판매효율을 제고하며 소득 안정성을 개선'하기 위한 사업 명목으로 세계카카오재단World Cocoa Foundation, WCF에도 3,400만 달러를 지원했기 때문이다. 이 사업을 통해 게이츠 재단은 '카카오 재배의 생산성을 개선하는 데 역점을 두는 기업 주체들에게 그에 상응하는 보조금'을 제공한다.[33]

세계카카오재단은 전 세계의 주요 식품업체와 카카오 기업이 모인 조직체다. 재정 후원이 그리 급하지 않은 듯한 네슬레처럼 잘나가는 기업도 그 안에 포함되어 있고, 게이츠 재단 트러스트에 속한 (혹은 속했던) 몬덜리즈같이 이해관계가 얽힌 기업이나 세계 최대의 제과업체인 마즈Mars 같은 기업도 끼여 있다. (스니커즈, 스키틀즈 등을 제조하는) 마즈 사는 비만의 확산에 기여하는 기름지고 단 제품의 소비를 부추기는 대표적인 기업이다.

이 밖에 게이츠 재단은 다른 화학비료업체나 종자 기업이 참여하는 사업도 후원한다. 가령 듀폰 파이오니어DuPont Pioneer는 게이츠 재단의 후원을 받는 '아프리카 품질 강화 수수African Biofortified Sorghum' 사업의 주된 연구 파트너다. 이 기업은 '라이신, 비타민 A, 철, 아연 같은 영양 성분이 보다 높은 유전자 이식(즉 유전자 조작) 수수의 개발'을 목표로 한다.[34]

이렇게 유전자 변형 종자를 쓰거나, 그러한 종자의 경작에 불가피한 집약식 농업을 도입하면 그만큼 농민들의 경제적 의존도가 높아진다. 그런데 이런 의존도 문제를 넘어서서 이를 '해법'으로 내놓는 대안은 기본적으로 현지 농민들의 자생적인 농업 생산 방식은 그 같은 영양 성분을 생산해낼 수 없다는 전제에서 출발한다. 그러나 이렇게 단순화되고 기회주의적인 생각은 오늘날 아프리카 지역 및 전 세계를 통해 드러나는 수많은 생태농업 사례를 통해 완전히 뒤집혔다.

종자 기업 신젠타 역시 말라리아에 대한 해법 연구 사업인 '혁신적 병원 매개체 통제 컨소시엄Innovative Vector Control Consortium'을 통해 재정 후원을 받는다. 해당 계획의 틀 안에서 신젠타 사는 신형 스프레이 액텔리크Actellic 기획 사업의 진두지휘를 맡고 있다. 이 제품은 살충제에 내성이 있는 모기를 쫓는 모기기피

제다.[35] 따라서 게이츠 재단이 비영리적인 활동을 후원하고는 있지만 이 비영리재단은 사실상 기업에 유리한 도움을 주고 있으며, 이로부터 기업은 막대한 수익을 끌어낸다.

마찬가지 방식으로 게이츠 재단은 '새로운 화학적 접근 방식'과 '작물을 생물학적으로 보호할 수 있는 방법'을 장려하기 위해 (이제 몬산토와 합병된) 바이엘 그룹과도 협업을 할 전망이다. 달리 말하면 저소득 국가에 대한 농화학제품 판매와 더불어 이 지역에서의 GMO 작물 재배를 부추기겠다는 뜻이다.[36]

GMO 분야에서 게이츠 재단이 미치는 영향력은 상당하다. 반다나 시바는 '게이츠 재단의 돈이 없으면 기근을 완전히 해결해준다는 GMO의 신화도 사라질 것이며, 다른 모든 사업도 중단될 것'이라고 주장한다.

'그런데 게이츠 재단 덕분에 이들 사업의 수명이 꾸역꾸역 연장되고 있다. 예를 들어 개발되기만 하면 실명이 예방될 거라던 황금쌀 사업도 원래는 폐기될 상황이었다. 이 사업은 사실 완전한 실패작이었는데, 예고한 수준의 비타민 비율에 도달하지 못했고 인도에서 주로 쓰던 품종(인디카 종)의 영양 성분조차 함유하지 못했기 때문이다. 개발 과정에서 한국과 일본, 중국 북부에서 주로 소비되는 품종(자포니카 종)을 사용한 탓이다. 그런데 돌연 빌 게이츠가 나타나더니 기금을 쏟아부었다. 빌 게이츠는 국제쌀연구소를 통해 다시금 황금쌀 프로젝트에 불을 붙였고,

이로써 사라질 뻔했던 사업이 되살아났다. 2010년 인도가 민주적 절차와 과학적 방식을 통해 유전적으로 변형된 최초의 식용작물 BT 가지를 막아냈을 때도 빌 게이츠는 마찬가지 수법을 썼다. 인도가 막히자 (미국 정부의 지원과 더불어) 방글라데시 쪽에 있는 자신의 조직에 연구 자금을 댄 것이다. 이런 식으로 빌 게이츠는 실패한 프로젝트를 모두 되살려내고 있다. 생태 위기가 그 어느 때보다 심각한 지금, 귀중한 돈과 자원, 에너지를 낭비하는 쓸데없는 사업들을 지속하는 것이다.'

이렇듯 모순된 행동 외에도 게이츠 재단의 활동은 근본적인 문제 한 가지를 제기한다. 게이츠 재단은 왜 충분한 자금을 보유한 기업에 돈을 대는 것일까? 다들 그 막대한 권력으로 지구촌의 심각한 위기를 불러온 핵심 기업이 아니던가?

게이츠 재단의 이 '수상한' 기부는 아무래도 이타주의의 논리에 따른 것은 아닌 듯하다. 그보다는 빌 게이츠와 그 '친구들'의 이익을 챙겨주고 대기업의 권력을 확고히 만들어준다. 농업을 이렇듯 집약적이고 산업적인 관점에서 바라보는 시각은 (무역 경로가 확장되는) 세계화를 발판으로 하고 있을 뿐 아니라 농화학 기술에 대한 농가의 의존도를 기반으로 한다.

따라서 생태계의 자생적인 역량과 농민들의 노하우, 토양의 자생력과 자기 복원력, 짧은 유통 경로, 현지 품종에 기반을 둔 생태적 해법과는 정면으로 배치된다. 즉 모든 면에서 생태농업과 정반대되는 것이다.

외면받는 생태농업

게이츠 재단과 그 사업 계획에서 소규모 농가나 생태농업이 차지하는 비중은 어느 정도일까?

공식적으로는 게이츠 재단도 현장에서 일하는 농민의 말에 귀를 기울이고 그들의 요구 사항에 부응하려 한다는 뜻을 내비친다. '농민들이 어떤 작물을 키워서 먹고자 하는지 함께 이야기를 나누고, 아울러 농민들만의 고유한 해결 과제에 대해서도 같이 논의하고 있다'[37]는 것이다.

그러나 실제로 재단의 정책에서 농민들은 전혀 고려 대상이 아니다. 게이츠 재단에서 벌이는 활동은 대부분 지역 농민들의 노하우를 전적으로 도외시한다. 사람을 배제하고 순전히 기술적인 해법만 우선시하는 까닭이다. 이는 또한 게이츠 재단이 사업의 적절성에 대해 그 누구에게도 왈가왈부 설명할 필요가 없다는 점에 기인한 결과이다.

게이츠 재단의 보조금에 대한 NGO 그레인의 최근 분석에 따르면 게이츠 재단은 농부들이 직접 주도했거나 그들의 지식에 기반을 둔 수많은 기술 개발이나 연구 계획 중 그 어떤 것에도 후원을 하지 않았다. 그레인은 '게이츠 재단의 후원 계획 중 아프리카의 소규모 영농업자가 다른 이들에게 무언가를 가르쳐줄 수도 있다는 점을 전제로 하는 경우는 그 어디에서도 찾아볼 수 없다'[38]고 결론지었다. 게이츠 재단은 반대로 '해외 기술을 아프리카에 도입하고 외국 기업을 위해 시장을 개방하려고 애를 쓴다. 농부들이 이미 갖고 있는 지식이나 역량, 그들의 가능성에 기대를 거는 건 생각조차 하지 않는 것이다'.[39]

게이츠 재단의 산하 조직인 아프리카녹색혁명동맹은 아프리카에서 신기술을 사용할 영농업자를 양성한다. 그러나 영농업자가 자신의 종자를 되살려 독자적으로 꿋꿋하게 농업 활동을 할 수 있도록 돕지도, 영농업자 스스로 농업 연구를 진행하게끔 돕지도 않는다.[40] 선대로부터 전해 내려온 지식은 농업의 기반이 되기도 하고 현지의 그 같은 전통 농업 지식은 식량 수급에 필수적인데도 영농업자의 자생적인 연구는 게이츠 재단의 고려 대상이 아니다.

우간다의 유전자 이식 '슈퍼바나나'에 대한 게이츠 재단의 자금 지원과 관련해서도 반다나 시바는 할말이 많다. 그에 따르면 이 계획은 '유전공학자들이 보인 궁극의 광기'나 다름없다.

우간다와 마찬가지로 인도에서도 여성 대다수의 철분 부족 같은 영양분 결핍 문제를 해소하기 위한 GMO 작물 재배를 기업 쪽에서 먼저 제안해왔다. 하지만 '그들 중 아무나 붙잡고 물어봐도 영양실조에 대한 대안은 자급 농업이라고 말할 것'이다. 즉 중요한 건 '생물다양성을 지키는 다양한 작물의 재배'라는 것이다. 철분이 부족하면 철분이 풍부한 식물을 재배하면 된다는 말이다.

실제로 인도 여성들은 생물다양성 및 영양학에 대한 지식이 방대하다. 세대를 거듭하며 지식이 전수되어왔기 때문이다.

'그런데 자연의 창조적 능력과 생물다양성은 물론 여성의 지식과 지적 능력을 보지 못하는 창조 신화가 존재한다. 이 신화에 따르면 오직 돈 많고 힘센 사람만이 창조 능력을 갖고 있다. 이들은 특허와 지적 소유권을 매개로 삶을 소유한다.'

반다나 시바는 슈퍼바나나 프로젝트가 그저 돈 잔치일 뿐이라고 꼬집는다. 이 때문에 정부와 연구 기관, 학자들은 '환경을 존중하면서도 돈이 별로 들지 않고 경험으로 입증된 안전하고 민주적인 대안을, 여성들은 이미 다 알고 있는 그 대안을 생각하지 못한다'는 것이다.[41]

빌 게이츠 재단이 현실적으로 농부들의 필요에 따른 계획을, 아울러 가난한 나라들의 사회경제 정의 수호를 기반으로 한 계획을 수립할 수 있으려면 스스로의 기업 문화부터 근본적으로 바뀌어야 한다. 적나라하게 표현하자면, 게이츠 재단 그 자체가 수직적인 상명하달 구조의 거대한 다국적기업이다. 중앙에서 통제하는 각각의 공급망은 시애틀의 이사회실에서 출발해 다양한 취득, 생산, 유통 단계를 거쳐 아프리카 및 아시아 남부 소도시의 '최종 유저'들에게로 이어진다.[42]

NGO 그레인의 연구에 따르면 게이츠 재단에서 농업 부문 NGO에 지급한 6억 6,900만 달러 중 4분의 3은 미국에 본부를 둔 조직에 할당되었으며, 아프리카에서 활동하는 비정부기구들은 겨우 4퍼센트밖에 지원금을 받지 못했다.[43]

편파적인 과제 설정과 연구

보건 분야는 빌&멀린다 게이츠 재단에서 특히 관심을 갖는 분야다. 게이츠 재단은 '에이즈, 결핵, 말라리아 퇴치를 위한 세계 기금'에 14억 달러를 기부했으며, 기금 이사회에도 소속되어 있다.[44] 특히 이 세 개의 질병에 대한 게이츠 재단의 관심이 높기 때문이다.

빌 게이츠는 질병 그 자체를 넘어 백신에도 지대한 관심을 보이는데, 1999년에 세계백신면역연합GAVI이 출범할 수 있었던 것도 바로 게이츠 재단에서 초기 자금을 출연한 덕분이었다.[45] 게이츠 재단은 세계백신면역연합 이사회에도 속해 있으며 세계보건기구WHO, 유엔아동기금UNICEF, 세계은행과 함께 4개 상임이사회원이다.[46] 2000년 이후로도 게이츠 재단은 세계백신

면역연합에 25억 달러를 공여했다.[47]

도움이 시급한 분야도 많은데, 왜 유독 백신일까? 이에 대해 빌 게이츠는 2011년 세계보건총회 자리에서 다음과 같이 설명했다.

"백신은 상당히 세련된 기술입니다. 비용이 많이 들지 않고 접종법도 간편합니다. 백신이 아이들을 질병으로부터 보호해준다는 점은 이미 입증되었습니다. 마이크로소프트에서도 이토록 간편하면서 강력한 기술을 꿈꾸고 있습니다."

이로 미루어보건대 게이츠 재단은 IT 제국의 건설과 세계 보건정책에 동일한 논리를 적용하는 듯하다. 이러한 게이츠의 연설은 각국이 백신에 대한 자신의 애착에 부응해주길 호소하는 내용으로 마무리되었다.

"기금을 출연하는 공여국은 아무리 예산 위기에 처해 있더라도 백신과 면역 분야에 대한 투자를 늘려야 합니다. …… 193개 회원국이 백신을 자국 보건 체계의 주축으로 삼아야 합니다."[48]

그의 말처럼 백신은 정말 최고의 해법일까? 물론 백신이 좋은 방법이긴 하다. 그러나 제약 산업에 이익이 되지 않는 연구라도 하나의 대안이 된다면 공평하게 재원이 지급되어야 한다. 그럼에도 WHO는 돈이 적게 드는(즉 제약 회사에 수익이 발생하지 않는) 자연적인 치료법은 별로 진전시키려 하지 않는다. 게다가 백신은 일부 환자들에게서 나타나는 부작용 문제를 제외하더라도 최하위 빈민층의 비용 부담이 적지 않다는 문제가 있다.

사실 말라리아만 해도 대안 치료법은 얼마든지 있다. 쑥 종류를 우려먹으면 말라리아를 완전히 근절할 수 있다는 효능이 입증되어 있기 때문이다.(아프리카의 여러 나라에서 코로나19의 치료제로도 그 효과가 입증되어 사용된 바 있다 – 옮긴이) 하지만 게이츠 재단에서는 이같은 자연치료의 가능성을 은근히 외면했다. 보다 정확히 말하면 게이츠 재단의 지원 아래 WHO가 (쑥에서 추출한 원료인) 아르테미시닌의 사용을 금지한 것이다.[49]

게이츠 재단은 GSK 사에서 개발한 말라리아 백신 모스쿼이릭스Mosquirix의 투입을 장려하고자 했다. 게이츠 재단이 만든 비영리기구 '패스 말라리아 백신 이니셔티브'의 재정 지원으로 개발된 백신이었다.[50] 그런데 (쑥을 재배하고 이를 약제로 쓰게끔 돕는) 비정부기구 모어 포 레스More for Less의 부대표 뤼실 코르네베르네Lucile Cornet-Vernet는 이렇게 말한다.

'세계 최대의 이 전염병은 누구나 자기 집에서 키울 수 있는 식물 한 포기의 힘으로도 얼마든지 치료할 수 있다. 수백 년 전부터 이미 두 종류의 쑥으로 말라리아를 치료해왔으며…… 쑥은 지금의 약보다도 더 약효가 빠르다. 그 어떤 부작용도 없을뿐더러 독성도 전혀 없다.'

뤼실 코르네베르네는 'WHO 예산 중 80퍼센트가량이 대기업이나 대형 컨소시엄에서 나오는 현실'을 개탄하며 'WHO는

독립적인 기관이 아니다. WHO는 이해관계가 얽힌 상황에서 의사 결정을 내리는 것'이라고 단언했다.[51]

벨기에의 다큐멘터리 감독 베르나르 크루첸Bernard Crutzen이 제작한 「말라리아 비즈니스Malaria Business」에서는 여기에서 한 발 더 나아가며 이 식물에 대한 연구가 어떻게 의도적으로 제동이 걸렸는지를 보여준다. 프랑스에서 쑥의 항말라리아 효능 관련 학위 논문을 쓴 콩고의 의사이자 연구자인 제롬 문양기Jérôme Munyangi가 자신의 연구 성과에 대한 상관들의 반응을 이야기한 것이었다. 그의 연구에서 통상적인 말라리아 치료제Artemisinin-based Combination Therapies, ACT보다 약초를 우려먹는 방식이 더 약효가 뛰어남을 확인한 학위 심사위원단은 논문을 쓴 제롬 문양기에게 제약 회사들의 연구 자금 지원이 끊길 수도 있다고 설명했다. 결국 그는 학교를 떠나야 했고, '주위 사람들로부터 오만하다는 평을 들으며 모든 직위에서 해제되었다'.[52] BBC가 '세계 보건 분야에서 가장 영향력 있는 인물'이라고 손꼽은 사람의 힘이 어느 정도인지를 보여주는 사례였다.[53]

사실 게이츠 재단은 유엔을 비롯한 여러 국제기구의 최고 의사 결정 단계에 개입할 수 있으며, 게이츠 일가는 WHO의 고위급 간부들과도 연락이 닿는다. 2014년 대중 보건 운동을 위한 미국의 사회단체 포퓰러 헬스 무브먼트Popular Health Movement에서는 WHO의 의사결정기구인 세계보건총회 자리에 밀린다 게이츠를 초청하기로 한 결정에 반대하며 WHO에 항의 서한을 보냈다. 게이츠 재단의 대표나 게이츠 가족 일원이 메인 연사로 초대된 건 10년간 세 번째로 있는 일이었다.[54]

2011년 5월, 'WHO 사무총장 마거릿 챈Margaret Chan과 빌 게이츠는 소아마비 근절에 관한 긴급회의를 소집'했으며, 두 사람은 '소아마비 문제를 겪고 있는 나라의 보건부 장관 및 국제 개발 관련 조직과 회동을 가진 뒤 빠르고 효과적인 소아마비 근절을 위해 취해야 할 긴급 조치에 대해 이야기를 나누었다.'[55] 만약 빌 게이츠가 WHO에 자금을 대지 않았다면 이 정도의 역할을 한다는 건 생각조차 할 수 없었을 것이다.

실제로 게이츠 재단은 지난 몇 년간 WHO의 예산 공여자 중 상위에 올라 있다. 2015년 게이츠 재단은 WHO 예산의 11퍼센트를 제공했으며,[56] 이는 영국 정부가 공여한 금액의 열네 배에 달한다. 뿐만 아니라 게이츠 재단은 결핵, 말라리아, 에이즈 같은 전염병 관련 연구에서도 세계 최대의 공여 기관으로, WHO보다 더 많은 기금을 이 분야에 출연했다.[57]

하지만 기금을 많이 냈다고 게이츠 재단의 개입이나 간섭이 정당화되지는 않는다. 게이츠 반대파를 비롯해 일부 전문가들도 인정하는 바와 같이 제아무리 해당 문제에 정통한 수준의 지식을 갖추었더라도, 또 제아무리 소아마비 퇴치 운동을 열심히 벌이고 있고 이 문제를 거의 근절하는 상황에 이르기까지 재단의 역할이 결정적이었더라도 WHO 같은 기관에 혹은 개도국의 정책 방향에 영향력을 행사하는 게 옳을 수는 없다.

사실 1998년에 집계된 소아마비 환자의 수는 35만 명이었지만, 2012년 기준 전 세계의 소아마비 환자는 223건밖에 남아 있지 않았다. 환자 수가 99퍼센트 감소한 것이며, 이는 분명 부인할 수 없는 명백한 성공 사례다. 그러나 소아마비 문제에 대한 빌 게이츠의 지대한 관심과 현장에서의 업무는 서로 별개다. 아울러 그 때문에 언론에서 공개되기 힘든 애매한 폐해가 적잖이 초래되기도 한다.

WHO에 몸담았던 전염병학자 데이비드 헨더슨David Henderson을 비롯한 일부 전문가들은 WHO가 게이츠 재단의 영향 아래에 소아마비 퇴치 운동을 우선 과제로 삼은 것 자체가 잘못된 처사라고 지적한다. 그 때문에 일부 국가가 기타 질병에 대한 백신 접종과 같은 다른 중요한 문제들에 대한 예산을 삭감할 수밖에 없었기 때문이다. 게다가 치료하기 힘든 것으로 판단되는 극히 일부의 소아마비 사례만 남아 있는 상황에서 관련 캠페인에 소용되는 비용 역시 환자 사례에 비해 지나치게 높다.

참고로, 홍역만 하더라도 매년 15만 명에 이르는 아이들의 목숨을 앗아가는 상황에서,[58] 만약 돈 있는 나라들의 압박이 없었다면 개도국들이 소아마비 같은 문제를 우선 과제로 정하지는 않았을 것이다. 그렇게 외부에서 내려진 결정 사안은 개도국 입장에서 더 큰 비용을 치러야 하는 결과를 초래하는데, 캠페인에 대한 보조금으로 1달러를 받았다면 그 두 배에 상응하는 비용을 치러야 하기 때문이다. 가령 차량이나 인력, 건물 등 해당 캠페인에 상응하는 물류비용 또한 저소득 국가가 감당하기엔 보통 힘이 많이 드는 게 아니다. 그런데 특정 우선 과제에 할당된 돈은 일단 한번 투자되고 나면 더는 여타의 중대 과제에 투입하지 못한다.

데이비드 헨더슨도 소아마비 퇴치 운동이 집중된 일부 국가에서 디프테리아·파상풍·백일해DPT 접종이나 홍역 접종에 대한 부분을 소홀히 할 수밖에 없었다는 점을 애석해했다. 2011년 나이지리아, 인도, 파키스탄의 경우가 이에 해당했는데, 이 3개 국에서 DPT 및 홍역 백신을 맞지 못한 어린아이 2,200만 명 중 현재 1,100만 명만 살아 있다. 게다가, 데이비드 헨더슨에 따르면 소아마비 백신팀이 들어오는 걸 본 마을 사람들도 아이들이 홍역으로 죽어나가는 상황에서 왜 소아마비 백신을 놔주는지 이해하지 못했다고 한다. 소아마비 같은 건 애초에 들도 보도 못했다는 사람들도 있었다.

개도국에서 빌 게이츠에게 기대하는 건 위생 시설을 마련해주는 것도, 현지 상황에 대한 해박한 지식으로 자신들의 우선 과제를 결정해주는 것도 아니다. 재단이 막대한 기금을 출연한다는 이유로 이러이러한 정책을 명령해서야 되겠는가? 보다

시급한 다른 문제가 있다면 이들 국가에서 병의 '근절'이 아닌 '통제' 정도에만 이르더라도 충분하지 않겠는가?[59]

사실 게이츠 재단이 사업의 당위성에 대해 일일이 설명해야 하는 입장은 아니다. 민간 재단인 만큼 그저 개인적인 의사 결정 절차에 따라 움직이면 그만이다. 따라서 보조금 지급에서도 얼마든지 특정 민간 조직을 우선시할 수 있을 뿐 아니라 재단의 이득을 높이는 방향으로 가더라도 문제될 게 없다. 가령 WHO 측에 막대한 자금을 지원하는 것도 WHO의 사업 중 후원하고 싶은 사업이 있기 때문이지 WHO의 모든 활동 자체에 후원하기 위해서가 아닐 것이다.[60]

문제는 보건 분야의 정책 우선 과제를 선정함에 있어 게이츠 재단의 영향력이 굉장히 중요하게 작용한다는 점이다. 재단의 자금을 받지 않거나 재단의 시각과 맞지 않는 NGO와 대학은 물론 재단에서 별로 중요시하지 않는 보건 관련 문제들도 소외될 수 있다. 칼리지 런던 대학교의 보건 전문가인 데이비드 맥코이David McCoy는 이렇게 말한다.

'이 같은 상황은 고려해볼 필요가 있다. 빈곤층의 보건 문제가 정의되고 그 서열이 매겨지는 방식은 효과적인 대응 방법을 선정하는 데 매우 중요하기 때문이다.'[61]

빌 게이츠가 연구 분야를 주도하는 상황은 오래전부터 우려의 목소리를 자아냈다. 2008년에 이미 WHO의 말라리아 연구

부장 아라타 코치Aarata Kochi는 상관에게 보내는 서신에서 게이츠 재단에 의해 학계의 다양한 의견이 가로막히는 상황을 규탄했고, 아울러 재단의 의사 결정 과정이 '폐쇄적'이라고 지적했다.

'내부에서만 자체적으로 결정이 이뤄지는 만큼 (의사 결정 과정이) 폐쇄적이고, 다른 그 누구에게도 상황을 보고하거나 설명할 필요가 없다. 재단 스스로만 납득하면 되기 때문이다.'

말라리아 연구로 정평이 난 수많은 학자들도 이제는 '일종의 카르텔 구조 속에 갇혀 있다. 자신의 자금 지원 구조가 집단 내 다른 학자들이 받는 자금 지원 구조와 한데 얽혀 있는 것'이다. '다른 이의 연구가 보호되는 것이 자신에게도 유리한 상황'임을 감안하면 '제안 받은 연구와 무관한 실험 기회를 얻기가 점점 더 어려워진다'고 코치는 설명한다.[62]

보건 분야의 우선 과제 설정 과정에서 게이츠 재단이 영향을 미치는 것에 대해 비판을 제기한 사람들은 이외에 또 있다. 의학 저널 〈란셋〉의 보건 전문가 및 필진들 역시 2009년 게이츠 재단에 관한 우려를 표명했다. 가령 이들은 재단의 보조금이 잘사는 나라의 기관이나 조직에 지급되는 상황을 지적했다. 그럼으로써 빈국과 부국 간의 연구개발 인프라 불평등이 심화된다는 것이다.

이들에 따르면 게이츠 재단은 전염성이 없는 만성질환 관련 연구에 대한 자금 지원은 완전히 등한시하면서 에이즈와 소아마비 연구에만 우선권을 부여했다. 물론 게이츠 재단의 활동이 전 세계 보건 분야의 자금 구조를 자극할 수는 있다. 그러나 '게이츠 재단에서 지급한 보조금은 질병이라는 것이 가난한 사람들에게 얼마나 부담되는지를 고려하지 않는다'.

실제로 결핵, 설사, 모자母子 영양 결핍 문제가 아동 사망률 중 75퍼센트의 원인이 되고 있는데도 이와 관련된 연구는 상대적으로 게이츠 재단의 자금 지원을 적게 받는 편이다. 이들 질환은 신규 백신의 개발이 아니라 잘 알려진 효과적인 예비책 정도만 있으면 된다. 수유 상황을 개선할 수도 있고, 항생제 같은 몇몇 치료법으로 결핵을 예방할 수도 있으며, 마실 물을 통해 탈수 증상을 없애거나 아연 보충제를 섭취함으로써 설사를 다스릴 수 있기 때문이다.[63]

〈란셋〉의 필진들은 '오래전부터 빈곤 문제 전반에 걸친 연구를 해온 다수의 학자들이 게이츠 재단의 막대한 보조금에 의해 비중 있는 보건의료 계획이 우회되는 상황을 목도하고 있다'면서 우려를 내비쳤다. 사실 보다 해로운 다른 질병이 많은 지역에서 말라리아 하나에만 역점을 두는 것은 (소아마비 퇴치 사업과 마찬가지로) 보건 분야의 정치인, 책임자, 노동자 모두에게 악영향을 미칠 수 있다.

'일부 국가에서는 재단의 유용한 재원이 낭비되고 긴급함이 덜 요구되는 다른 분야로 우회되기도 한다.'[64]

물론 게이츠 재단이 원하는 곳에 기부금을 주는 것은 자유다. 그러나 상상을 초월하는 부의 규모로 막대한 자금이 투여되면 의사 결정 권한에 대한 대가 혹은 정치적 대가를 기대하지 않으며 사심 없이 무상으로 지급되어야 할 기부금이 그렇게 되지 못할 수도 있다.

2009년 이후 게이츠 재단은 아동의 영양 문제나 결핵 관련 계획에 더욱더 자금력을 모으고 있지만, 백신의 비중은 여전히 이상하리만치 높다. 이렇게 기형적인 기금 출자 구조는 결국 공공의료체계의 구축처럼 보다 중요한 보건 관련 문제들의 우선순위를 뒤집어놓는다. 2011년 5월 세계보건총회 자리에서 빌 게이츠는 이렇게 얘기했다.

"우리의 재원을 보다 효율적으로 배분하는 방식에 관해 고민해봤는데, 특히 한 가지 분야가 눈에 띄었습니다. 바로 백신 분야입니다. 오늘 이 자리에서 나는 앞으로의 10년을 백신과 함께하는 시기로 만들기 위해 여러분이 미칠 수 있는 영향력이 무엇인지 말씀드리고 싶습니다."[65]

보건 당국을 좌지우지하는 권력

하나의 조직이 이렇게 과도한 영향력을 미치다 보면 공중보건 체계는 결국 왜곡될 수밖에 없다. 실제로 재단 사업 대부분이 공공 서비스의 우선순위를 뒤죽박죽으로 만들고 있다. 옥스퍼드 대학교의 보건 전문가인 데비 스리드하Devi Sridhar도 자선 기구의 활동을 주의하라고 경고한다.

'돈 많은 출자자의 관심이 가는 문제 중심으로 공중보건 계획의 방향이 근본적으로 뒤바뀔 수도 있기 때문이다. 출자자가 관심을 갖는 분야가 수혜국 국민의 우선적인 문제와 반드시 일치하리라는 법은 없다.'[66]

게이츠 재단에서 주관하는 사업은 대개 '수직적으로' 자금 투입이 이뤄진다. 특정 질병이나 보건 문제에 대해 기존의 보건의료체계를 거치지 않고 직접적으로 자금이 지원되는 것이다. 게이츠 재단에서 후원하는 '에이즈, 결핵, 말라리아 퇴치를 위한 세계 기금'의 발표에 따르면 재단 출연 기금의 대부분은 특정 질환과 관계되어 있다. 2002년 이후 지출된 250억 달러 중 보건의료체계의 보강에 사용된 기금은 10퍼센트밖에 되지 않는다.[67]

기존 보건의료체계의 강화보다는 신규 의료체계의 구축에 더 적합한 방식으로 투자하려는 성향과, 기부자의 구미에 맞는 우선 과제의 설정은 비극적인 결과로 이어질 수 있다. 2014년 서아프리카의 에볼라 바이러스 문제에 대한 〈뉴욕 타임스〉와의 인터뷰에서 WHO 사무총장 마거릿 챈 역시 이렇게 얘기했다.

"예산이 꽤 빠듯하게 배분되어 있는 상황입니다. 게다가 공여자에 대한 부분을 생각하지 않을 수 없습니다."

그러고는 덧붙였다.

"뭔가 일이 터지면 돈이 들어오지만 곧이어 돈줄은 점점 씨가 마르고, 긴급 조치를 취하기 위해 채용되었던 사람들도 내보내야 할 때가 옵니다. 개인적으로는 이렇게 상황이 들쭉날쭉 변하는 것을 별로 좋아하지 않습니다. …… 치러야 할 전쟁이 없을 때는 이 사람들이 각국에서 위기 상황에 대비하는 것을 도울 수 있기 때문입니다. 마치 불이 나지 않았을 때도 상황에 대비하는 소방관들처럼 각국이 유사시 상황에 대응하는 역량을 키울 수 있도록 돕는 것입니다."[68]

보건 분야에서 게이츠 재단의 자금을 가장 많이 지원받은 곳은 앞서 언급한 비정부기구 패스다. 게이츠 재단은 의료 분야의 연구개발을 주된 목적으로 10억 달러에 달하는 천문학적인 금액을 이 기관에 쏟아부었다. 〈란셋〉의 보건 전문가인 데이비드 맥코이에 따르면 이 같은 자금 투입 규모로 인해 패스는 게이츠 재단의 '요원급 기관'이 되었다.[69]

'전 세계 보건 분야의 기수로서 민간 제휴업체의 자원과 기술력을 최적화하여 대규모의 변혁을 촉진하는 선구자'를 자처하는 패스는 제약 회사와의 로비 작업에도 깊이 관여하고 있다. 패스는 60여 개 이상의 업체와 제휴하여 '시장 기반의 해법'을 창출하고자 노력한다. 제휴 기업 중에는 제약 회사 머크와 사노피Sanofi가 포함되어 있으며, 초대형 광산업체인 BHP빌리턴은 물론 저 유명한 마이크로소프트도 포함되어 있다.[70]

막대한 자금력으로 권력을 획득한 빌 게이츠가 이렇듯 세계 보건 시장을 장악하고 있다는 사실은 대중에게 그리 잘 알려져 있지 않다. 빌 게이츠에 대한 찬양 일색의 정보에만 둘러싸여 있기 때문이다. 이에 대해 문제 제기를 하는 것은 거의 그에 대한 모독으로 간주될 정도다. 따라서 이렇게 천편일률적인 정보와 빌 게이츠의 막대한 권력은 민주주의에 실로 위협이 아닐 수 없다.

민주주의 질서에서 벗어난 '자선 자본주의'

초국적인 권력을 가진 게이츠 재단의 활동은 그 어떤 민주적 통제도 받지 않는다. 유권자들의 요구에 그 행동으로써 부응해야 할 의무가 있는 정부와 달리, 미국 기반의 이 자선 조직은 (세금 문제 외에는) 공공 기관에 그 활동 내역을 보고할 게 전혀 없다.

더욱 암담한 것은 이 재단이 그 막대한 자금으로 학자들과 NGO, 언론의 입을 간접적으로 막고 있다는 점이다. 후원에 대한 압박이 아니었더라면 이들은 재단 활동의 일부 양상에 대해 비판을 제기하고 나섰을지도 모를 일이다. 뿐만 아니라 게이츠 재단은 여러 국제조직에서 최고위급선의 의사 결정까지 하고 있다. 워낙 방대하게 자금을 뿌린 덕분에 이 재단은 영향력 있는 주체들의 자발적인 충성까지 보장받는다.

(이 책의 집필에 도움을 준) 비정부기구 글로벌 저스티스 나우는 과거에 정부 지원금의 지급 방식에 대해 영국 정부의 답변을 얻어낸 적이 있었다. 실제로 지원을 필요로 하는 이들에게 지원금이 사용되는지, 또 이 지원금이 장기적으로 불평등을 해소하는 데 이바지했는지 확인하기 위함이었다.

1994년 이 비정부기구는 영국 정부에 소송을 제기하여 승소했다. 영국 정부가 말레이시아의 수력발전 댐에 자금을 지원해준 대가로 10억 달러 상당의 영국제 무기를 판매했기 때문이다. 승소 판결의 이유는 영국 정부의 보조금이 국민들에게 득이 되지 않았을 것이기 때문이었다. 그런데 게이츠 재단은 왜 이 최소한의 민주적 감시로부터도 벗어나 있는 걸까?

이 같은 상황은 전 세계의 민주적 의사 결정 과정을 위협한다. 민간자금 출자자가 이토록 영향력 있는 지위를 차지하고 있다는 사실은 국제 공적원조 체계와 세계 여러 나라의 정부에 하나의 장애물로 작용한다. 게다가 막대한 자금을 지원한 민간 기업의 사적 이익을 높이는 방향으로 공적 의사 결정이 왜곡될 수도 있다.

현재 게이츠 재단은 빌 게이츠와 멀린다 게이츠 부부에게만 보고를 하면 된다. 이사회를 구성하는 인원이 빌 게이츠와 그 아내 멀린다 게이츠, 그리고 워런 버핏 세 사람이기 때문에 실질적인 이사회도 존재하지 않는다.[71] 민간 재단으로서 빌&멀린다 게이츠 재단은 그저 (세금 면제 혜택을 받기 위해) 미국 정부에 재무 자료만 제출하면 된다. 전 세계적 차원에서 핵심적인 의사 결정에 영향력을 행사하고 있는데도 게이츠 재단은 독립적인 혹은 공식적인 조사나 평가조차 거의 받지 않고 있다. 재단의 공식적인 지원 체계에 대해 비판적인 시각에서 검토한 명확한 분석 자료도 없다.

이는 이미 얼마 전부터 문제시되어온 부분으로, 2009년 〈란셋〉에서는 게이츠 재단이 그 막대한 자금력으로 전 세계 보건 분야에서의 수많은 사업 진행을 좌지우지할 수 있었음에도 '그 어떤 외부 감시도 거의' 받지 않았다고 지적했다. 이 저널에 따르면 '게이츠 재단의 보조금 지급은 독립적이고 전문적인 집단 평가에 기반을 둔 투명한 절차를 거치기보다는 비공식적인 인적·물적 네트워크 체계를 통해 대부분 관리되고 있는 듯하다'.[72]

미국의 사회단체 포퓰러 헬스 무브먼트에서 지적하는 바와 같이 게이츠 재단은 전 세계 보건정책에 막대한 영향을 미침에

도 불구하고 이렇게 장려된 정책의 영향에 대한 평가는 한 번도 이뤄진 적이 없다.[73]

OECD의 개발원조위원회는 2011년 이전까지 위원회의 통계 보고 내용에 게이츠 재단을 포함하지 않았다. 공여 주체의 지원금을 감시하는 이 기구는 이런저런 개발원조 분야에서 어떠한 지원 노력이 진행되고 있는지를 분석한다. 아울러 지원 경로나 규모, 지원금 운영 방식을 함께 분석하고 있다. 그런데 뒤늦게 부랴부랴 위원회의 통계 보고 대상으로 게이츠 재단을 집어넣었을 뿐 아니라 게이츠 재단의 지원 전략을 검토하는 작업도 진행하지 않았다. 양자 간에 직접 공여가 이뤄지는 경우라면 늘 빠지지 않고 해오던 작업이었다.[74]

따라서 게이츠 재단은 재단에서 진행하는 사업과 분리된 독립적 평가를 받지 않지만, 재단이 후원하는 개별 사업은 대개 검토의 대상이다. 보조금 지급 기준을 충족하고 있는지 확인하기 위해서다. 물론 재단에서 자체 평가 정책을 갖추고 있긴 하다.[75] 하지만 그 결과를 공표하진 않으며, 평가의 독립성도 보장되지 않는다.

재단 웹사이트에는 연간 보고서를 비롯해 빌 게이츠가 쓴 연례 서한이나 기타 자료도 몇몇 올라오지만, 이 자료들은 재단 후원 활동에 대한 검토가 가능하기보다는 그저 대외 홍보용 성격이 짙다.[76] 사이트 내의 데이터베이스를 활용하면 지급된 보조금 내역을 조회할 수 있는데, 이렇게 얻어진 자료라고 해봤자 한두 줄짜리 정보일 뿐이고 자금 지원이 이뤄진 내용을 정확히 파악하기는 어렵다.

어찌 보면 재단 권력의 규모를 의식한 게이츠 재단 측에서 의혹을 피하고자 이러한 부분을 은폐하고 홍보 자료에서 일부 민감한 주제의 비중을 최소화한 게 아닐까 싶기도 하다. 가령 게이츠 재단은 GMO에 대한 후원 비중을 약화시켜 표현한다. 재단 웹페이지에 농업 분야에서의 자선 활동을 소개해놓은 글에는 GMO에 대한 내용이 언급조차 되지 않는다.[77] 보조금 데이터베이스에도 유전자 이식 작물에 관한 연구 지원 부분은 나와 있지 않다. 재단에서 이 분야에 할애하는 자금 규모로 보건대 이 같은 내용 누락은 떳떳하지 못한 눈속임이다.

실제로 아프리카에서 '수확률 개선' 책임자였던 (몬산토 사 출신의) 로브 호슈Rob Horsch 역시 게이츠 재단에 자신이 고용된 것은 '생명과학 기술'을 수호하기 위한 의도적 채용이었음을 밝힌 바 있다. 그는 2006년에 쓴 글에서 게이츠 재단이 자신을 불러 직위에 대해 설명해주던 당시의 이야기를 전했다.

'내 역할은 사하라 이남의 아프리카 지역 같은 곳의 문제를 해결할 수 있도록 보다 효율적이고 적합한 과학기술, 특히 생명과학 기술을 이용하여 수확률을 높이는 것이었다.'[78]

점점 커지는 이 조직의 장악력을 제어하려면 어떤 조치를 취해야 할까? 재단의 손에 집중된 권력으로 미루어보건대 게이츠 재단은 반드시 독립된 기관의 평가를 받아야 한다. OECD 산하의 개발원조위원회에서 이러한 평가 업무를 조직하고 관리할 수도 있겠지만, 중요한 건 그 과정이 공개적이고 투명해야 한다는 점이다. 따라서 다른 평가 주체, 특히 재단 후원 사업과 무관한 독립된 기관이 동참해야 한다.

영국의 국제개발선임위원회에서 영국 국제개발부 및 게이츠 재단 사이의 관계에 대한 조사를 시행함으로써 양측이 빈곤 및 불평등 문제에 관해 함께 진행하는 활동의 파급효과와 효율성에 대해 알아봐도 좋을 것이다. 게이츠 재단이 진출해 있는 다른 나라에서도 비슷한 평가 작업을 진행하면 아마 상당히 바람직하리라 본다.

최근에는 각국 정부에서 국제 원조를 줄이고 민간 재단 같은 자선단체의 영향력이 그 어느 때보다도 높은 상황이기 때문에 이 같은 주의와 경계가 더욱 필요하다. 빈곤과 불평등을 물리치기 위해 펼치는 노력이 정말로 효과적이며 지속적으로 이뤄지고 있는지 항상 예의 주시해야 한다. 대기업은 사실 해법이 될 수 없는데, 수익에 집착한 연구는 모두를 위한 사회경제 정의의 추구와 어울리지 않기 때문이다.

우리는 빌 게이츠라는 인물 한 사람을 넘어서서 소수의 '대부호'가 어마어마한 권력을 쥐고 있는 '자선 자본주의' 관행 자체를 경계해야 한다. 빌 게이츠든 마크 저커버그Mark Zuckerberg든 때로는 학생 같은 모습으로, 때로는 바람직한 아버지상으로 따뜻하고 온화하게 내비치는 이들의 얼굴 뒤에는 개인의 자유를 침해하고 가난한 사람들과 환경을 유린하는 과격한 시스템이 숨어 있다. 위선偽善이 자선慈善이라는 이름의 탈을 쓰고 나타날 땐 이들의 힘을 말단 부분에서만 조사할 게 아니라 그 뿌리부터 꼼꼼히 살펴봐야 한다. '자선 자본주의'를 키워가는 양분은 부의 축적에 있기 때문이다.

영국의 빈민구호단체인 옥스팜은 2018년의 한 보고서에서 세계 상위 1퍼센트의 부자들이 전년도에 창출된 부의 82퍼센트를 휩쓸어갔다고 밝혔다. 그리고 이와 더불어 가장 굶주리는 세상의 절반은 부의 그림자조차 구경하지 못했다.[79] 옥스팜은 2016년 3월과 2017년 3월 사이에 억만장자의 수가 그 어느 때보다도 빠르게 늘어났다고 지적했다. 거의 이틀에 한 명꼴로 새로운 억만장자가 탄생하는 셈이었다.

이들 거대 부호 중 대부분은 명백한 인지적 부조화를 겪고 있을 것이다. 다른 사람들로부터 막대한 부를 빼앗아가는 과정에서, 그리고 환경오염을 발생시키는 과정에서 스스로 만들어낸 해악을 해결하기 위해 자선 활동을 할 수밖에 없는 모순적인 상황이 아니던가? 불평등의 경제학 및 환경학 전문 사회과학 연구원 뤼카 샹셀Lucas Chancel의 설명에 따르면 '환경을 오염시

키는 주범은 돈이 가장 많은 사람들이다'.[80]

이렇듯 부와 권력과 해악이 집적되는 상황을 방지하려면 주주들과 기업 대표의 급여를 제한하고 노동자에게 생계를 위한 최소한의 급여를 보장해야 한다. 그래야만 (특히 저소득 국가를 비롯한 지역에서도) 삶의 질이 웬만한 수준에 이를 수 있다. 최상위 부유층 역시 과세율을 높여 정당한 세금을 지불하도록 해야 한다. 따라서 조세 천국을 없애기 위한 조치 역시 강화될 필요가 있다. 그렇게 되면 보건이나 교육 같은 공공 서비스 부문에서의 지출이 유의미하게 늘어날 수 있을 것이다.

옥스팜은 억만장자들의 재산에 대해 전 세계 차원에서 1.5퍼센트의 세금만 부과하더라도 모든 아이가 학교에 갈 수 있다고 말한다. 전 세계에서 빈곤을 없애기 위한 실질적인 대책은 부자 한 사람의 자비에 기대지 않은 채 각자가 존엄하게 살 수 있는 환경을 조성하는 게 아닐까?[81]

시스템을 대표하는 얼굴

반다나 시바[*]

IT업계의 몬산토

　내가 맨 처음 빌 게이츠라는 인물을 알게 된 건 그가 소프트웨어의 자유로운 공유에 반대하고 나섰을 때다. 빌 게이츠는 본인도 하버드 연구실을 이용해 소프트웨어를 만든 뒤 수익을 얻었음에도 컴퓨터 애호가를 포함한 모든 이의 자유로운 소프트웨어 공유를 반대했다. 그 당시 누군가로부터 남미 지역의 일부 대학에 경찰이 들이닥쳐 학생들이 사용하는 소프트웨어가 무엇인지 단속했다는 이야기를 들은 적이 있다.

---

[*] 서구 과학기술의 문제점을 인식하고 생태운동에 뛰어든, 세계에서 가장 역동적이고 선구자적인 사상가. 토종 종자의 보전과 유기농 농법 확산을 위한 나브다냐 운동을 이끌고 있으며 세계의 환경, 농업, 생물다양성 분야에 지대한 영향을 미치고 있다.

그런데 몬산토 쪽에 관심을 기울이기 시작하면서 문득 나는 그때 일이 떠올랐다. 지적 소유권 문제에 민감했던 나는 그가 이 분야에서 독단적인 방식으로 자기만의 룰을 만들고 있음을 직감했다. 내가 IT 기술의 전문가는 아니지만, 내게 있어 학생들의 자유로운 소프트웨어 이용을 막으며 과도한 통제를 하던 빌 게이츠의 첫인상은 마치 IT업계의 몬산토 같은 모습이었다.

이러한 내 직관적 인식은 사실과 꽤 들어맞았다. 특허권을 바탕으로 부를 축적한 빌 게이츠는 똑같은 전략이 먹히는 GMO 쪽에 관심을 갖지 않았는가.

일단 다시 마이크로소프트의 경우로 돌아가보자. 모든 것을 장악하려던 빌 게이츠의 의지는 컴퓨터 역사상 유일무이한 것이었다. 돌이켜보면 컴퓨터 운영체제와 인터넷의 태동기에는 모든 것이 '오픈 소스' 체제의 프리웨어를 중심으로 이뤄졌다. 자유롭게 소스를 공유하는 가운데 창의적인 개발 작업이 활발하게 이뤄진 것이다. 그리고 이는 오픈 소스와 프리웨어를 옹호하는 리눅스 유저 그룹의 존재로도 확인된다.

'관세 및 무역에 관한 일반 협정GATT'과 특허 절차가 미치는 반향에 대해 파헤치기 시작했던 그 당시의 일이 아직도 생생하게 기억이 난다. 그 당시 매사추세츠 공대MIT의 리처드 스톨먼 Richard Stallman을 비롯해 소프트웨어 공유의 자유를 주장하던 몇몇 사람이 나를 만나러 인도에 찾아온 적이 있었다. 이들은 몬산토와 마이크로소프트의 십자포화를 맞고 있었다. 한쪽에선 몬산토 사가 종자에 관한 특허제도를 발전시키고자 했고, 다른 쪽에선 마이크로소프트가 소프트웨어 개발 기술의 특허화를 진행하고자 했기 때문이다.

리처드 스톨먼은 나와 함께 의회에 가서 소프트웨어가 왜 특허로 묶여선 안 되는지, 이 분야가 왜 자유로운 공유 영역으로 남아 있어야 하는지 설명했다. 그가 제안한 자유로운 개발 환경에서는 신규 소프트웨어 개발자가 소정의 보수를 받긴 하되 현재의 과도한 관행과는 거리를 둔다. 즉 다른 개발자가 '오픈 소스'로 개발한 기술을 기업이 자유로이 활용하고, 또 (필요한 경우) 프로그램을 수정하여 사용할 수 있는 여지도 남겨두지만 그 누구도 특허를 출원하여 프로그램을 개발하지는 못하도록 막는 것이다.

종자 생산에서도 상황은 마찬가지다. 종자라고 하는 공동의 유산은 수천 년간 농부들이 일궈온 작업의 결실이다. 그런데 선대의 농민들이 종자에 대한 특허를 낸 적은 한 번도 없었다. 심지어 이들은 다른 사람들의 종자 사용을 막지도 않았다.

그런데 어느 날 갑자기 몬산토라는 회사가 등장해 종자에 '약간의 변형'을 가했다는 구실로 그 누구도 이 수정된 종자를 사용하지 못하게 막았고, 나아가 해당 종자의 모든 유전적 유산에 접근하지 못하도록 했다. 즉 유전자 하나만 분리하더라도 이 특정 유전자가 분리된 종자의 사용에 대해 전매특허를 요구할 수 있다는 말이다. 이는 수 세기 동안 농부들이 개량하고 발전시켜온 종자의 특징을 가로채는 꼴이다.

유럽 특허사무국과 인도의 여러 법정에서는 이런 사례와 관련한 법적 분쟁이 끊이지 않고 있다. 따라서 소프트웨어와 종자의 자유로운 사용은 모두의 혁신과 창의력을 지속적으로 보장할 수 있는 기본 토대다.

몬산토 사가 종자 분야에서 했던 짓을 마이크로소프트는 컴퓨터 분야에서 똑같이 일삼았다. 컴퓨터 분야의 태동기에는 천재적인 개발자가 굉장히 많았으나, 빌 게이츠는 동 세대의 개발자 중에서 가장 많은 돈을 벌었다. 이는 빌 게이츠의 개발 능력이 다른 사람보다 더 뛰어났기 때문이 아니라 그가 돈이 되는 특허를 많이 출원했기 때문이다.

프로그래밍 언어 베이식이 사용되던 초창기 상황이 떠오르는데, 원래 이 언어는 대학에서의 연구를 위해 만들어진 공공재였다. 이 언어를 고안해낸 건 대학교수들이었으며, 이들은 그에 대한 어떤 저작권료도 받지 않았다.

MS의 소프트웨어들은 애초에 이 베이식 언어로 개발된 프로그램이었고, MS는 컴퓨터 기술의 공공재를 철저히 사유화했다. 영국의 돈 많은 지주들이 16~17세기에 엔클로저 운동으로 토지를 착복한 것과 비슷한 방식이다. 마이크로소프트는 특허를 출원함으로써 다른 개발자들이 더 이상 프로그램을 개선할 수 없도록 차단했고, 아울러 (그가 아니었다면) 공공재로 남아 있어야 할 것을 사유재산으로 바꾸었다.

새로운 탈취 수단이 된 데이터

디지털 기술의 이 같은 착복은 오늘날 데이터의 탈취로 이어진다. 예전에는 종자에 대한 지식이 모두 농민들의 손에 있었다. 이들은 종자의 역사에 대해서도 훤히 꿰뚫었고, 자기 손으로 직접 종자를 활용하며 번식시켜나갔다.

그런데 오늘날 종자업체들은 종자를 물리적 실체가 아닌 개념적 대상으로 본다. 이들은 더 이상 품종을 선별하지 않으며, 특정 종자의 세포 중 일부분을 떼어내어 다른 종자에 결합함으로써 어떤 품종이 가뭄에 내성이 있고 어떤 품종이 석 달 만의 빠른 성장이 가능한지 여부를 정보로 수집하여 보관한다. 따라서 정보의 조합 과정을 통해 공장에서처럼 말 그대로 종자를 '제조'해내는 것이다.

종자 기업들은 기준을 세우고 (민간 및 공공 종자은행에서 얻은) 수천 개의 씨앗을 검색한다. 그리고 컴퓨터 시스템을 통해 각 종자의 고유 정보 데이터를 분석한다. 이를 통해 어떤 종자가 가뭄에 강한지 등과 같은 정보를 알아내는 것이다.

종자업체들은 로또를 뽑아줄 유전자에 당첨되길 바라면서 게놈 지도를 분석한 뒤, 관련 특허를 출원한다. 이들에게 원래의 씨앗이 무엇이었는지는 중요치 않다. 오랜 시간에 걸쳐 농민들의 노력이 만들어낸 결실과 씨앗이 자라난 토양이 만들어낸 결과는 전혀 고려하지 않는다.

공장식 재배나 제초제, 살충제, GMO 등을 이용해 농업이 산업화하며 살아 있는 자연이 일종의 기계 같은 취급을 받는 오늘날, 생태계는 그저 데이터로 환원될 뿐이다. 농민의 지혜를 데이터로 변모시키는 건 일종의 '뉴스피크Newspeak'식 기만이다. 그렇게 되면 오직 소수의 몇몇 사람만 데이터라고 하는 이 도구를 손에 쥐고 이를 기반으로 보다 쉽게 법과 규제를 손보며 특허를 출원할 수 있다. 이는 살아 있는 생물을 생명의 프로세스에서 끄집어내는 격이자 복합적이고 자립적인 체계를 복잡한 데이터 시스템으로 변모시키는 것이나 다름없다.

이 모든 과정이 흡사 식민지화의 절차와도 비슷하다.

우선 특정 영토에 대해 식민지로 선포되었음을 알리는 게 그 첫 번째 단계인데, 빌 게이츠의 경우 '컴퓨터 식민지', '데이터 식민지'와 같은 신개념 식민지를 구축한다. 이어 공공재를 장악해 사유화하고 지적재산으로 만드는 게 두 번째 단계다. (지적 소유권은 사유재산의 현대적 개념이다.) 이제 각국을 물리적으로 침략할 필요가 없다. 새로운 생산수단을 손에 넣고 모두에게 이용료를 받으면 그만이기 때문이다. 재화에 대한 이용 대가를 지불하도록 만드는 것, 그게 바로 식민지화의 세 번째 단계다.

농업 방식을 일원화하겠다는 야심

빌 게이츠는 MS의 준독점 상태 및 GMO에 대한 지지의 연장선상에 불과한 이 '임대경제'를 구축한 인물 중 한 명이다. 게이츠 재단은 여기서 한 발 더 나아가 국제농업연구자문그룹 GCRAI을 통해 '원 아키텍처One Agriculture '[1]라는 사업을 추진한다.

빌 게이츠 방식의 위험성이 바로 여기에 있다. 다양한 기후와 재배 작물, 전통적인 재배 방식 등에 적합한 다양한 농업 체계를 유지하는 게 아니라 지구상 곳곳에 단 하나의 농업 모델을 도입하겠다는 것이기 때문이다.

생명과학 기술과 녹색혁명이라는 단 하나의 축을 기반으로 단 하나의 일원화된 농업 방식을 구축하겠다는 것인데, 그나마도 저들이 말하는 생명과학 기술이나 녹색혁명은 빌 게이츠와 그의 친구들이 완전히 장악한 상태다. 일찍이 이런 경우는 없었다.

국제농업연구자문그룹은 원대한 포부를 뒷받침해줄 재원까지 갖춘 상황인데, 이들은 전 세계의 종자은행 대부분을 이미 통제하고 있다. 오늘날 게이츠 재단은 이 기구를 통해 수집한 종자를 서서히 사유화하려 한다. 대다수의 시민들은 이에 별다른 관심을 갖지 않지만, 사실 이는 굉장히 심각한 위협이다.

국제농업연구자문그룹 및 게이츠 재단의 제휴 기관인 노르웨이의 스발바르 국제종자저장고Svalbard Global Seed Vault가 대표적인 사례다. 이곳에서 종자는 스피츠베르크Spitsbergen 섬의 깊숙한 지하 저장실에 보관되어 있다. 이 종자은행은 전 세계에서 재배되는 다양한 작물의 종자를 안전한 곳에 보관하고 있다고 주장하지만, 종자가 사라지지 않게끔 보관한다는 명목으로 그렇게 단단한 상자 안에 씨앗을 보관하는 것 자체가 자연의 법칙에 위배된다.

그런데 종자를 꽁꽁 얼려 냉동 상태로 보관하지 않고 보다 넓은 지역에 확산하고 종자를 심어 살리고 번식시키면 안 되는 걸까? 시간이 흐르면서 지속적으로 변화하는 다른 씨앗처럼 기후와 토양의 변화에 적합하게 진화할 수 있는 길을 굳이 막아서는 이유가 무엇일까? 세월이 흘러 이 종자 금고에서 꺼낸 씨앗은 과연 기후변화로 온도가 몇 도 올라간 환경에서도 살아남을 수 있을까? 보나마나 제대로 살지도 못하고 죽을 게 뻔하다.

그보다는 차라리 변화를 고려한 동적인 방식으로 생물다양성을 관리하는 편이 더 낫다. 내가 인도에 창설한 '나브다냐 Navdanya' 협회에서는 120개 씨앗은행 네트워크와 함께 협업을 하고 있는데, 이 씨앗은행 네트워크 자체도 자유로운 종자의 사용을 위한 전 세계적 차원의 운동과 연계되어 있다.

힌디어로 '나브다냐'는 '갱신 공여'를 의미한다. 다가오는 계절에 어떤 종자를 심는 게 좋은지 미리 일러주는 농부들의 관행을 참고한 표현이다. 매년 새해의 첫날이 되면 각 농가에서는 항아리 단지 하나에 아홉 개의 씨를 심는다. 그리고 9일이 지나면 결과를 비교하여 가장 잘 자라난 씨앗을 밭에다 심는다.

또한 '나브다냐'는 식량 주권을 보장하는 것이나 다름없는 인도의 농업 다양성을 가리킨다. 사라져가는 경우가 많은 농부들의 씨앗을 매년 수집하고, 심고, 되살려가면서 널리 확산시키고자 하는 우리 단체의 여러 목표 역시 이 단어로 표현된다. 우리 협회에서는 종자를 무상으로 배분하고 교환하는데 쌀, 밀, 보리, 채소, 약초 등 수많은 현지 품종을 보호하고 인도 전역 곳곳에 이를 퍼뜨리기 위해서다.

자유로운 씨앗 사용은 우리의 식량 주권과 자유를 보장한다. 일개 조직이 이 씨앗을 가져가 '자선'이라는 미명하에 독차지하도록 내버려둬선 안 된다.

빌 게이츠는 탐욕과 횡령이 주도하는 시스템을 대표하는 얼굴이다. 자유롭게 공유하고 나눔이 또 다른 나눔으로 이어지는 환경으로 그에게 맞서야 한다. 소수가 부와 힘을 얻는 구조가 아닌, 모두가 식량 주권을 보장받는 사회가 되어야 한다. 아울러 농업 분야의 생물다양성을 보전하고 연대 의식을 고취하며 원하는 대로 씨앗을 사용하는 자유를 누릴 수 있어야 한다.

백만장자 몇몇이 모이면 생각지도 못한 위력이 발휘되고, 어마어마한 폐해가 생길 수 있다. 이들이 가진 힘만으로도 얼마든지 기후 온난화 방지의 노력을 수포로 만들 수 있다. 시민의 참여가 개개인의 행동 변화 정도로만 국한될 때 – 물론 이도 중요하지만 – 다국적기업의 사장님들은 일단 안심한다. 기업의 굳건한 지배력은 여전하기 때문이다.

이렇듯 시민운동권의 화력이 부족한 상황에서 환경운동가 반다나 시바는 20년 전부터 양보나 타협 없이 기업과 맞서며 보다 현실적인 환경 운동의 기운을 불어넣고 있다. 빌 게이츠 재단에 대한 조사에 착수한 것도 그의 아이디어 덕분이었기에, 이 점에 있어 반다나 시바에게 진심으로 감사의 말을 전한다.

이 책을 집필하는 데는 영국의 역사학자이자 탐사보도 전문

기자로서 전 영국 왕립국제문제연구소 연구원이었던 마크 커티스Mark Curtis의 보고서도 큰 도움이 되었다. 〈가디언〉에서 말한 바와 같이 '커티스는 권력자들이 밝히고 싶어 하지 않는 진실을 밝히는 용기 있는 기자'다. 그가 작성한 보고서는 「게이츠식 개발 : 게이츠 재단은 여전히 선의 축인가Gated Development: Is the Gates Foundation always a force for good?」로, 영국 기반의 비정부기구 글로벌 저스티스 나우를 통해 발간되었다. 해당 연구가 2016년에 진행되었기에 일부 자료는 그동안 변동 사항이 생겼지만 전반적으로는 지금의 현실과 크게 동떨어지지 않는다. 이에 글로벌 저스티스 나우 측에 감사 인사를 표하며, 이 보고서의 내용을 참고 자료로 활용할 수 있도록 기꺼이 허락해준 닉 디어든Nick Dearden 대표에게도 감사 인사를 전하고 싶다.

이 책의 참고 자료로 활용된 게 너무 많아 집필 과정에서 도움을 준 모든 이들에게 일일이 감사 인사를 전하는 건 사실상 불가능하지만, 그중에서도 특히 비영리기구 그레인, 환경 저널 〈에콜로지스트〉, 의학 저널 〈란셋〉의 자료가 크게 도움이 되었음을 밝히고 싶다. '자선 자본주의'의 구조와 그 역사적 뿌리에 대해 심도 있게 다뤄준 사회학자 린제이 맥고이의 연구 또한 상당히 유익했기에 대표로 감사 인사를 전한다.

집에서도 빌 게이츠는 식사 자리마다 틈틈이 화젯거리가 되어주었다. 이 경이로운 퍼펙트맨에 대해 함께 이야기를 나눠준

아내 니나Nina와 사랑하는 내 아이들 로미Romy, 가스파르Gaspard
에게도 감사를 표한다.

이 책의 집필은 친구인 마리Marie와 알랭Alain의 집에서도 이뤄
졌는데, 맹스Mens의 들뜬 분위기 속에서 집필을 도와준 친구들
이 있어 행복했다. 두 친구에게도 고마움을 전한다.

책의 편집을 맡아준 에믈린 라콩브Émeline Lacombe와 장 폴 카피
타니Jean-Paul Capitani에 대한 감사 인사도 빼놓을 수 없는데, 기획
에서 출간 단계에 이르기까지 두 사람은 내게 한결같이 힘을 북
돋워주었다. 둘에게 진심으로 따뜻한 감사 인사를 전하고 싶다.

아직도 빌 게이츠를 '당대 최고의 기부 천사'로 언급하며 글
을 쓴 기자에게는 (이 책의 집필 계기를 마련해준 것에 대해)
감사의 말을 전해야 할지, 아니면 번번이 내 화를 돋우는 그자
를 아예 매장시켜버리는 게 좋을지 모르겠다. 한 유력지의 '메
세나Mécénat' 섹션에 그가 쓴 기사를 읽은 것이 한두 번이 아니
라서 결국 이 책을 쓰게 되었는데, 부디 이 책을 계기로 사람들
이 으레 빌 게이츠를 '선한 사람의 대명사'로 보는 습관적 인식
에서 벗어나면 좋겠다.

　이 책을 번역하기 전 빌 게이츠에 대해 알고 있던 사실은 내가 항상 쓰는 컴퓨터 운영체제의 창시자라는 것, 그리고 세계 최대의 부호라는 점 정도였다. 간간이 매스컴을 통해 죽기 전까지 자기 재산의 얼마를 기부하겠다는 소식도 접하긴 했다. 이런 나 같은 사람에게 빌 게이츠는 그저 'IT 천재'나 '돈 많은 부호', 혹은 '통 큰 기부자' 정도로밖에 인식되지 않았다. 게이츠 재단을 통해 '자선 자본주의'의 본질을 캐는 이 책은 그런 내게 이 사회의 또 한 가지 구조적 모순을 일깨워주었다.

　이 책은 먼저 이 대부호의 성공 과정과 그 정당성에 대해 짚고 넘어간다. 오늘날 대다수의 컴퓨터를 움직이는 운영체제 윈도우의 아버지는 사실 공유재를 사유화하는 기발한 발상을 해낸 사람이다. 컴퓨터 쪽은, 특히나 소프트웨어 쪽은 그 특성상

'유저 중심의 비영리적 생태계'가 쉽게 자리잡는다. 운영체제 쪽에서는 리눅스가 대표적이며, 오피스 프로그램으로는 MS 오피스와 얼마든지 호환 가능하면서 무상으로 제공되는 리브레오피스가 있다. 모두 라이선스 이용료가 없음은 물론 오픈 소스로 제공되어 이용자가 얼마든지 프로그램을 변형 가공하여 사용할 수도 있다. 컴퓨터 태동기에는 오늘날처럼 정형화된 프로그램 자체가 없었기 때문에 유저들의 개발 환경은 더욱 자유로운 편이었다. 그런데 빌 게이츠는 지적 소유권을 앞세워 이러한 비영리적 생태계 질서를 파괴한다. 베이식 언어라는 공유재를 바탕으로 누구나 자유롭게 프로그래밍을 하던 그 당시, 이 언어를 바탕으로 ─ 자기 컴퓨터도 아닌 학교 컴퓨터로 ─ 운영체제를 만든 뒤 여기에 'MS' 표식을 붙이고 사용료를 받은 것이다. 심지어 제조사와의 독점 계약을 통해 다른 사람들은 아예 운영체제를 개발해 내놓지도 못하도록 만들었다. 그리고 이를 기반으로 빌 게이츠는 어마어마한 재산을 축적했다. 오늘날 천문학적인 금액의 자선사업을 하는 빌 게이츠의 성공 스토리는 사실 대동강 물을 돈 받고 판 봉이 김선달 이야기와도 묘하게 닮아 있다. 빌 게이츠가 부를 축적한 방식에 대해 저자가 정당성 문제를 제기하는 이유다.

그럼 이렇게 번 돈으로 그가 벌인 자선사업은 과연 정당했을까? 우리 속담에 '개처럼 벌어서 정승처럼 쓴다'는 말도 있듯이 그 과정이야 어쨌건 그가 번 돈이 사회정의 실현을 위해 사용되기만 했다면야 사기성 짙은 그의 전적은 묵인하고 넘어갈 수도 있었을 것이다. 그런데 빌 게이츠의 경우, 성공 과정에서의 정당성보다 자선사업 과정에서의 정당성 문제가 더 크다. 대부분 대기업 중심의 영리성 자선사업을 벌이기 때문이다. 돈이 될 만한 기업에 투자를 하고 거기서 나온 수익금으로 자선사업을 진행하는 게 게이츠 재단의 기본적인 기금 운용 방식이다. 따라서 군수업체에 투자해 번 돈으로 전쟁 난민을 도와주는 역설적인 상황도 얼마든지 가능하다. 게다가 빌 게이츠는 뭐든지 기술 중심의 해법을 중시하기 때문에 기근 문제 또한 기술로써 해결하려 한다. 즉 전 세계의 기근 문제를 유전자 변형 식품을 통해 해결하려 하는 것이다. 배가 고파 굶어 죽는 것보다 유전자 변형 콩이나 옥수수를 먹고라도 살아가는 게 더 낫다고 본다면 할 말은 없지만, 그 안전성이 완전히 보장되지 않은 상황에서 유전자 변형 식품으로 기근 문제를 해결하겠다는 발상이 과연 옳다고 볼 수 있을까? 더욱이 유전자 변형 작물을 재배하는 과정에서 토양이 파괴되고 생물다양성까지 줄어든다면 이게 과연 인류를 위한 최선의 해법일까?

물론 게이츠 재단은 민간 재단이고, 빌 게이츠 개인의 자선사업이니만큼 본인 돈으로 본인이 원하는 방식의 자선사업을 진행하는 게 뭐가 문제냐고 물을 수도 있다. 그런데 문제는 그가 출연하는 기금의 규모다. 국가적 차원의 기부금을 내는 부의 규모 때문에 빌 게이츠는 국제기구의 의사 결정 과정은 물론 지원 사업 분야에서 전 세계적으로 영향을 미친다. 개인의 자선사업은 국가의 공익사업을 대체할 수도, 대체해서도 안 되지만 빌 게이츠는 다국적기업 친구들과 함께 전 세계의 공익사업을 좌우한다. 게이츠 재단 자선 활동의 위험성이 바로 여기에 있다. 저자는 주로 농업 부문과 의료 부문에서 게이츠 재단 사업의 문제를 꼬집는데, 한 사람의 독단으로 전 세계의 생명이 위협받는 이 같은 상황을 통해 자선 자본주의의 한계와 폐단을 짚어주는 것이다.

우리말로 옮기면서 인상적이었던 부분이 꽤 많았지만 가장 기억에 남으면서 우려가 되었던 부분은 '게이츠가 후원하는 교육과정을 밟은 기자가, 게이츠의 보조금을 받는 학자들이 수집하고 분석한 자료를 근거로, 게이츠가 돈을 대는 신문에, 게이츠가 지원하는 보건 관련 프로젝트에 관해 쓴 기사를 (우리가) 읽는 상황이 얼마든지 생길 수 있다'는 것이었다. 막대한 부를 거느린 개인이 벌이는 초국적 규모의 자선사업이 그 어떤 독립 기구의 감시도 받지 않는 상황에서, 그 사업의 공공성이 과연 제대로 보장될 수 있을까? 저자는 '이 책을 계기로 사람들이 으레 빌 게이츠를 선한 사람의 대명사로 보는 습관적 인식에서 벗어나면 좋겠다'고 했는데, 국내에서 이 책을 처음으로 읽은 내 경우는 저자 덕분에 그동안의 잘못된 편견에서 벗어날 수 있었다. 부디 이 책을 읽는 독자들도 나와 비슷한 경험을 하게 되길 바란다.

한국어판 서문

1   https://en.unesco.org/news/pandemics-increase-frequency-
     and-severity-unless-biodiversity-loss-addressed

들어가며 | 두 얼굴의 기부 천사

1   Jean Strouse, "How to give away $21,8 billion", *The New York Times*,
     2000년 4월 16일, www.nytimes.com/2000/04/16/magazine/how-to-
     give-away-21,8-billion.html

2   "Persons of the year, the good samaritans, Bill Gates, Bono, Melinda
     Gates", *Time*, 2005년 12월 26일.

3   이와 관련한 상세 내용은 제3장의 '납세자의 돈으로 생색내기'를 참고하라.

4   BAE 시스템즈 : 영국 최대의 방위산업 수출업체로, 게이츠 재단 트러스트
     수혜자 중 하나. 빌&멀린다 게이츠 재단 자산 트러스트 2014년 연간 세금
     신고, 서식번호 990-PF, http://www.gatesfoundation.org/Who-We-
     Are/General-Information/Financials, 보고서 「게이츠식 개발 Gated Devel-
     opment」(글로벌 저스티스 나우, 2016)에서 인용했다.

5   "What has the Gates Foundation done for global health(게이츠 재단
    에서 성공한 전 세계적 보건 사업은 무엇인가)?", *The Lancet*, vol. 373, no 9685,
    2009년 5월 9일, p. 1577, www.thelancet.com/journals/lancet/article/
    PIIS0140-6736%2809%2960885-0/fulltext

6   미국 정부의 '국제 금지 규정Global Gag Rule'에서는 피임, 출산 전 케어, 성병
    및 에이즈, 부인과 암 등의 치료와 예방 같은 보건 서비스를 위한 모든 기구
    의 자금 지원을 금지한다.

7   Verso Books, 2015, www.versobooks.com/books/2344-no-such-
    thing-asa-free-gift(필자 번역본의 요약 발췌)

8   Deborah Hardoon, "Wealth: Having it all and wanting more(모든
    걸 소유하고 더 많이 소유해야 하는 부의 속성)", Oxfam International, 2015년
    1월 19일, p. 2-3, http://policy-practice.oxfam.org.uk/publications/
    wealth-having-itall-and-wanting-more-338125

1 | 마이크로소프트 연대기

1   다큐멘터리 「빌 게이츠, 마이크로소프트 신화Bill Gates : la saga Microsoft」, 스
    테판 말테르Stéphane Malterre 제작, TAC Presse, 2012.

2   위의 다큐멘터리.

3   Daniel Ichbiah, *Bill Gates et la saga de Microsoft*(빌 게이츠, 그리고 마이크로
    소프트 신화), editions Pocket, 1995, 2013년 전자책 발행.

4   위의 책.

5   위의 책.

6   위의 책.

7   위의 책.

8   위의 책.

9   다큐멘터리 「빌 게이츠, 마이크로소프트 신화」, *op. cit.*

10 위의 다큐멘터리.

11 Christophe Auffray, "PC 운영체제 집계 현황Chiffres clés : les systèmes d'ex-
    ploitation sur PC", ZDNet, 2018년 3월 7일, www.zdnet.fr/actualites/chif
    fres-cles-les-systemes-d-exploitationsur-pc-39790131.htm

1   www.forbes.fr/classements/classement-forbes-2018-top-20-des-milliardaires-mondiaux/

2   2013년 자료 기준 32억 명은 전 세계 성인 인구의 69퍼센트에 해당하며, 당시 빌 게이츠의 개인 재산은 720억 달러였던 반면, 가장 가난한 32억 명의 평균 재산은 2,276달러로 추산되었다. ("Bill Gates", www.forbes.com/profile/bill-gates/#8145c8f689f0) (Credit Suisse, 2013 세계 재산 통계 보고서Rapport de 2013 sur la richesse mondiale, p. 22, https://publications.credit-suisse.com/tasks/render/file/?-fileID=BCDB1364-A105-0560-1332EC9100FF5C83)

3   연간 GDP 규모가 빌 게이츠의 재산보다 많은 나라는 앙골라, 나이지리아, 남아프리카공화국 등 3개국이다(자료 출처 : 세계은행 사이트 http://donnees.banquemondiale.org/indicateur/NY.GDP.MKTP.CD).

4   Andy Beckett, "Inside the Bill and Melinda Gates Foundation(빌&멀린다 게이츠 재단 내부 소식)", *The Guardian*, 2010년 7월 12일, www.theguardian.com/world/2010/jul/12/bill-and-melinda-gates-foundation

5   "Bill Gates", http://news.microsoft.com/exec/bill-gates/

6   Julie Bort, "Bill Gates is way more involved with Microsoft than anyone realizes(빌 게이츠의 생각보다 많은 마이크로소프트 활동 비중)", 2014년 10월 8일, www.businessinsider.com/bill-gates-isback-at-microsoft-big-time-2014-10

7   마이크로소프트는 빌 게이츠의 새로운 역할에 대해 공표하면서 빌 게이츠가 '기술 구상과 제품 방향에 있어 신임 CEO에게 의지할 것이며, 더 많은 시간을 회사에 할애할 전망'이라고 밝혔다. "Soaring Microsoft shares boosted Bill Gates's fortune by $15.8bn in 2013", *The Guardian*, 2014년 1월 2일, www.theguardian.com/business/2014/jan/02/bill-gates-richest-man

8   빌&멀린다 게이츠 재단 웹사이트 : www.gatesfoundation.org/fr

9   재단 정보, www.gatesfoundation.org/fr/Who-We-Are/General-Information/Foundation-Factsheet

10 OECD 데이터베이스 기준 자료, http://stats.oecd.org/Index.aspx?data
setcode=CRS1

11 2015년 게이츠 연례 서한, www.gatesnotes.com/2015-annual-letter?
page=0&lang=fr

12 Alanna Shaikh & Laura Freschi, "Gates-A benevolent dictator for
public health(빌 게이츠, 공중보건 분야에서 고의적인 독재)?", 2011년 9월 8일,
http://philanthropynewsdigest.org/columns/alliance-pnd/gates
-8212-a-benevolent-dictatorfor-public-health

13 Duncan Green, "Why Bill and Melinda's Annual Letter is both excit-
ing and disappointing(게이츠 부부의 연례 서한, 희망적이면서 실망적인 이유)",
2015년 1월 23일, http://oxfamblogs.org/fp2p/why-bill-and-melin
das-annual-letter-is-both-exciting-and-disappointing/

14 William Easterly, "Guest: The flaw in Bill Gates' approach to ending
global poverty(인터뷰 : 세계 빈곤 퇴치를 위한 빌 게이츠 접근법의 허점)", *The Se-
attle Times*, 2014년 3월 24일, www.seattletimes.com/opinion/guest-
the-flaw-in-billgatesrsquo-approach-to-ending-global-poverty/

15 Oxfam, *Even It Up: Time to End Extreme Inequality*(과도한 불평등, 이제
는 끝내야 할 때), 2014년 10월, www.oxfam.org/sites/www.oxfam.org/
files/file_attachments/cr-even-it-upextreme-inequality-291014-
en.pdf

16 빌 게이츠의 백신과 관련한 프레데리크 카스테녜드 Frédéric Castaignéde의 다
큐멘터리 영상 「Le Vaccin selon Bill Gate」(France, 2013, 52 min)를 참고하
라(2013년 5월 30일 Arte 방영).

17 Sandi Doughton & Kristi Heim, "Does Gates funding of media taint
objectivity(게이츠의 언론 자금 후원, 기자들에게 채워진 족쇄일까?)", *The Se-
attle Times*, 2011년 2월 23일, www.seattletimes.com/seattle-news/
does-gates-funding-of-media-taint-objectivity/

18 Alanna Shaikh & Laura Freschi, art. *cit*.

19 Sandi Doughton & Kristi Heim, art. *cit*.

20 Julia Belluz의 기사 "The media loves the Gates Foundation. These
experts are more skeptical(게이츠 재단 환호하는 언론매체, 보다 회의적인 전
문가들)", Vox, 2015년 6월 10일, www.vox.com/2015/6/10/8760199/

gates-foundation-criticism

21 빌&멀린다 게이츠 재단 웹사이트 : https://www.gatesfoundation.org/
   Who-We-Are/General-Information/Leadership/Global-Policy
   -and-Advocacy

22 Andy Beckett, art. *cit.*

23 Linsey McGoey, *No Such Thing as a Free Gift. The Gates Foundation
   and the Price of Philanthropy*, Verso Books, 2015, p. 4.

24 Robert Tressell, *The Ragged-Trousered Philanthropists*, Grant Rich-
   ard, 1914.

3 | 관용의 옷을 입은 탐욕

1 Gary Rivlin, *The Plot to Get Bill Gates*, Three Rivers Press, 1999.

2 위의 책.

3 MS와 IBM의 공모 가능성에 관한 미국 연방거래위원회FTC 및 법무부의 조
   사 이후 MS와 법무부는 윈도우 운영체제가 깔린 PC의 제조사 측에 MS가
   자사의 다른 소프트웨어를 함께 내장해줄 것을 요구하지 못하도록 하는 협
   정을 체결했다. 그러나 MS가 '내장 소프트웨어'를 개발할 수 있는 길은 여전
   히 열려 있었다.

4 Barry Ritholtz, "What's behind Microsoft's fall from dominance(마이
   크로소프트, 시장점유율 하락의 이면)?", *The Washington Post*, 2013년 9월 6일,
   www.ritholtz.com/blog/2013/09/whatsbehind-microsofts-fall-from
   -dominance/

5 "Bill Gates: where are his billions going", *The Independant*, 2006년
   6월 27일, www.independent.co.uk/news/world/americas/bill-
   gates-where-are-his-billions-going-6096969.html

6 "MS 조사 끝낸 EU 집행위원회, 사업 관행 시정조치 요구하고 벌금 부과",
   2004년 3월 24일, http://europa.eu/rapid/press-release_IP-04-382_
   fr.htm

7 시펠라니 치코Sifelani Tsiko의 기사에서 인용, "Africa: How the West is
   bleeding Africa(서방 국가들은 어떻게 아프리카의 고혈을 짜내었나)", allAfri-
   ca, 2012년 8월 2일, http://allafrica.com/stories/201208020234.htm

l?viewall=1

8 '다국적기업들이 원산지 국가의 지역사회에 가시적인 이권을 마련해주
   지 않은 채 약품, 화장품, 농산품은 물론 이와 관련된 현지인들의 지식을
   무단으로 특허 등록해둠에 따라 아프리카는 대륙의 생명다양성에 기인
   한 150억 상당의 비용 손실을 보게 되었다.' 짐바브웨 과학기술부 산하 전
   통지식관리사무국 법률고문 Tom Suchanandan 의견. "Africa: How the
   West is bleeding Africa", art. cit.

9 Charles Piller, "Dark cloud over good works of Gates Foundation(게
   이츠 재단 선행의 수상한 그림자)", Los Angeles Times, 2007년 1월 7일, www.
   latimes.com/news/la-na-gatesx07jan07-story.html

10 "The flip side to Bill Gates' charity billions(빌 게이츠, 수십억 기부
   의 이면)", New Internationalist, 2012년 4월, http://newint.org/fea
   tures/2012/04/01/bill-gates-charitable-giving-ethics/

11 Sophie Bloemen, Tessel Mellema et Leila Bodeux, Trading
   Away Access to Medicines-Revisited(돈 있어야 얻는 백신-수정판), Oxfam,
   2014년 9월, p. 2-3, http://policy-practice.oxfam.org.uk/publications/
   trading-away-access-to-medicines-revisitedhow-the-european
   -trade-agenda-contin-326192

12 Richard Murphy, "Microsoft's tax under scrutiny(마이크로소프
   트 납세 현황 정밀 분석)", 2011년 6월 7일, www.taxresearch.org.uk/
   Blog/2011/06/07/microsofts-tax-under-scrutiny/

13 Richard Murphy, "Microsoft: tax avoider(마이크로소프트의 탈세 행각)",
   2012년 9월 21일, www.taxresearch.org.uk/Blog/2012/09/21/micro
   soft-tax-avoider-2/

14 David Sirota, "Microsoft Admits Keeping $92 Billion Offshore
   to Avoid Paying $29 Billion in US Taxes(MS, 920억 달러 해외로 빼돌려
   290억 세금 회피한 사실 인정)", International Business Times, 2014년 8월
   22일, www.ibtimes.com/microsoft-admits-keeping-92-billionoffsh
   ore-avoid-paying-29-billion-us-taxes-1665938; Jennifer Liberto,
   "Offshore havens saved Microsoft $7B in taxes-Senate panel(MS, 조
   세회피지 이용해 70억 달러 절세-상원위원회)", CNN, 2012년 9월 20일, http://
   money.cnn.com/2012/09/20/technology/offshore-tax-havens/

15   Richard Murphy, "How much of Bill Gates' philanthropy is supported by Microsoft's tax planning(빌 게이츠 자선 활동, MS 조세 전략으로 얼마나 자금 지원 받나)?", 2011년 6월 7일, www.taxresearch.org.uk/Blog/2011/06/07/how-muchof-bill-gates-philanthropy-is-supported-by-microsoftstax-planning/

16   '〈선데이 타임스〉에 따르면 룩셈부르크 상업지구에 설치된 작은 사무국에서 여섯 명밖에 안 되는 직원이 MS의 영국 및 유럽 지역 온라인 판매 대금 수백만 파운드를 관리하는 것으로 전해졌다. 해당 금액의 상당 부분은 아일랜드에 소재한 MS의 유럽 본사로 송금된다. 이후 MS의 수익금은 영국 법인세를 물지 않은 채 버뮤다로 보내진다.' "Microsoft-looking like it's in the upper echelons of the tax avoiders(탈세 무리의 선봉에 선 마이크로소프트)", 2012년 12월 9일, http://www.taxresearch.org.uk/Blog/2012/12/09/microsoft-lookinglike-its-in-the-upper-echelons-of-the-tax-avoiders/

17   Richard Murphy, "Microsoft's potential tax avoidance-a more realistic estimate(MS의 잠재적 조세 회피 정황-보다 현실적인 추산치)", 2012년 12월 9일, www.taxresearch.org.uk/Blog/2012/12/09/microsofts-potential-tax-avoidance-a-more-realistic-estimate/

18   게이츠 재단에서 영국 내 조직이나 기관에 기부한 정확한 액수는 가늠할 수 없지만 창설 이후 게이츠 재단이 영국 내에서 농업 분야의 보조금으로 출연한 금액은 1억 5,300만 달러선이다. 영국 내 조직이나 기관에 대한 해당 보조금이 매년 1억 300만 파운드를 넘었을 가능성은 별로 없다. NGO 그레인, "세상을 먹여 살리기 위해 게이츠 재단은 어떻게 돈을 썼나?", 2014년 11월 17일, www.grain.org/fr/article/entries/5076-comment-la-fondation-gates-depense-t-elleson-argent-pour-nourrir-le-monde

19   David Sirota, art. *cit.*

20   Ian Birrell, "Bill Gates preaches the aid gospel, but is he just a hypocrite(빌 게이츠의 인도적인 발언, 위선은 아닌가)?", *The Guardian*, 2014년 1월 6일, http://www.theguardian.com/commentisfree/2014/jan/06/bill-gates-preaches-fighting-poverty-hypocrite-microsoft-tax

21   Simon Bowers, "US tech giants launch fierce fightback against global tax avoidance crackdown(미국 IT업계의 공룡들, 전 세계적 탈세 억제 조치에

강하게 반발)", *The Guardian*, 2015년 1월 21일, www.theguardian.com/
business/2015/jan/21/us-tech-tax-avoidance-google-amazon-
apple

22   해당 기업들에 관한 보고서는 'http://business-humanrights.org/'를 참
     고하라. 게이츠 재단은 남미 지역 전역에 코카콜라 제품을 제작·유통하는
     코카콜라 펨사(Coca-Cola Femsa SAB de CV)에도 투자를 진행했다["About
     Coca-Cola FEMSA(코카콜라 펨사 관련 자료)", http://www.coca-colafemsa.com/
     kof/ABOUT/ENG/indexabout_eng.htm].

23   게이츠 재단 홈페이지의 '게이츠 재단 자산 트러스트' 항목을 참고하라
     (www.gatesfoundation.org/fr/Who-We-Are/General-Information/Financials/
     Foundation-Trust).

24   2014년 연례 세금 신고, 세무 서식 990-PF : 민간 재단 세금 신고, www.
     gatesfoundation.org/Who-We-Are/General-Information/Financials

25   'http://business-humanrights.org/en/caterpillar'를 참고하라. 영국
     의 자선단체 워온원트War on Want에서는 2005년 캐터필러에 관한 보고서
     를 발간한다. '캐터필러의 군용 불도저는 팔레스타인의 민가 수천 개와 학
     교, 올리브 밭, 우물을 쓸어버렸으며 이스라엘이 팔레스타인 땅에 세워 국제
     사법재판소로부터 위법 판결을 받은 분리 장벽 건설에도 이용되었다. 팔레
     스타인 인권유린 사태에 개입되어 있다는 점으로 인해 캐터필러는 국제 인
     권 수호 집단 및 유엔으로부터 대대적인 비판을 받고 있다.' War on Want,
     Caterpillar: The Alternative Report(캐터필러 대안 보고서), 2005년 3월,
     http://media.waronwant.org/sites/default/files/Caterpillar%20-%20
     The%20Alternative%20Report.pdf

26   2014년 연례 세금 신고, 세무 서식 990-PF : 민간 재단 세금 신고, www.
     gatesfoundation.org/Who-We-Are/General-Information/Financials

27   아르코스 도라도스와 관련된 정보는 'http://www.arcosdorados.com'을
     참고하라.

28   Emma Howard, "Bill Gates to invest $2bn in breakthrough renew-
     able energy projects(빌 게이츠, 재생에너지 선도 사업에 20억 달러 투자)",
     The Guardian, 2015년 6월 29일, www.theguardian.com/environ
     ment/2015/jun/26/gates-to-invest-2bnin-breakthrough-renew
     able-energy-projects

29 Emma Howard, "Bill Gates calls fossil fuel divestment a 'false solution'(빌 게이츠, 화석 에너지 철회는 '잘못된 해법')", *The Guardian*, 2015년 10월 14일, www.theguardian.com/environment/2015/oct/14/bill-gates-calls-fossil-fuel-divestment-a-false-solution

30 2016년 6월에 발행된 보고서 「게이트식 개발」을 쓴 기관.

31 2014년 연례 세금 신고, 세무 서식 990-PF : 민간 재단 세금 신고, www.gatesfoundation.org/Who-We-Are/General-Information/Financials

32 "Melinda Gates addresses the World Health Assembly: Civil Society registers its protest(멜린다 게이츠의 세계보건총회 연설. 시민사회 반발)", People's Health Movement, 2014년 5월 20일, www.phmovement.org/en/node/9397

33 "Project Nurture", www.technoserve.org/our-work/projects/project-nurture

34 "Melinda Gates Foundation Trust", www.gurufocus.com/StockBuy.php?GuruName=Bill+Gates

35 People's Health Movement, art. *cit.*

36 2014년 연례 세금 신고, 세무 서식 990-PF : 민간 재단 세금 신고, www.gatesfoundation.org/Who-We-Are/General-Information/Financials. 결과적으로는 워런 버핏이 게이츠 재단에 기부한 결과가 곧 투자인 셈이다. 2015년 7월, 워런 버핏은 게이츠 재단에 28억 4,000만 달러를 또다시 기부했다. Reuters, "Warren Buffett makes $2.84bn donation to Gates Foundation and charities(워런 버핏, 게이츠 재단 및 자선단체에 28억 4,000만 달러 기부)", *The Guardian*, 2015년 7월 7일, www.theguardian.com/us-news/2015/jul/07/warren-buffett-makes-284bn-donation-to-gates-foundation-and-charities

37 "Berkshire Hathaway Inc", www.berkshirehathaway.com/subs/sublinks.html

38 "Bill Gates", http://news.microsoft.com/exec/billgates/

39 "Warren Buffett, Berkshire Hathaway", www.gurufocus.com/StockBuy.php?GuruName=Warren+Buffett&menujump=%252fmodules%252fstock%252fstockbuy_ajax.php%253fguruname%253dwarren+buffett&actio1%27=&cache=-clear&order=impact&up

dow-1%27=&actioall=&updowdown=&action=all&updown
=down&p=1&n=100

40   "Our Corporate Partnerships(제휴 기업 안내)", www.path.org/about/
corporate-engagement.php

41   Grain, art. *cit.*

42   "About us(기관 소개)", www.technoserve.org/about-us

43   "Microsoft Introduces the 4Afrika Initiative to Help Improve the
Continent's Global Competitiveness(MS, 아프리카의 세계 경쟁력 제고
를 위한 포아프리카 이니셔티브 소개)", 2013년 2월 5일, http://news.micro
soft.com/2013/02/05/microsoft-introduces-the-4afrika-initiative
-to-help-improve-the-continents-global-competitiveness/

44   www.microsoft.com/africa/4afrika/microsoft_in_africa.aspx; 재단 홈
페이지 프랑스어판, 'Historique(재단 연혁)' 항목 참고, www.gatesfoun
dation.org/fr/Who-We-Are/General-Information/History

45   Janet Tu, "Africa is land of opportunity for Microsoft(아프리카는 MS에
기회의 땅)", *The Seattle Times*, 2013년 3월 16일, www.seattletimes.com/
business/africa-is-land-of-opportunity-for-microsoft/

46   Andy Beckett, art. *cit.*

47   Andy Beckett, art. *cit.*

48   "Bill Gates", www.forbes.com/profile/bill-gates/, 2018년 4월 조회 기
준 해당 페이지의 내용은 이후 수정되었다.

49   "Soaring Microsoft shares boosted Bill Gates's fortune by $15.8bn
in 2013(2013년 마이크로소프트 주가 상승으로 빌 게이츠 자산 규모 158억 증가)",
The Guardian, 2014년 1월 2일, ww.theguardian.com/business/2014/
jan/02/bill-gatesrichest-man

50   재단 홈페이지 프랑스어판, 'Informations sur la Fondation(재단 정보)',
www.gatesfoundation.org/fr/Who-We-Are/General-Information/
Foundation-Factsheet

4 | 더 많이 갖기 위한 기부

1   "이탈리아 리카르디 장관, '금융위기보다 더 심각한 식량 기근'", 2012년 2월

23일; "Bill Gates: International Fund for Agricultural Development Governing Council(국제농업개발기금 총회 자리에 선 빌 게이츠)", 2012년 2월 23일, www.gatesfoundation.org/media-center/speeches/2012/02/bill-gates-ifad

2 "게이츠 재단과 국제농업개발기금 파트너십 강화 Le renforcement du partenariat entre la Fondation Gates et le Fida", Ifad, 2012년 2월 23일, www.ifad.org/fr/web/latest/news-detail/asset/39604154

3 "Partnering with Foundations(재단과의 파트너십 체결)", www.ifad.org/fr/newsroom/press_release/past/tags/y2012/1902566

4 Kevin Cleaver, "A New Chapter: IFAD and the Gates Foundation on Sustainable Agriculture(지속 가능한 농업을 위해 게이츠 재단과 손잡은 국제농업개발기금 : 도약의 새 장 열어)", 2012년 2월 22일, www.impatientoptimists.org/Posts/2012/02/A-New-Chapter-IFAD-and-the-Gates-Foundation-Step-Up-Collaborationon-Sustainable-Agriculture#.Vk2JkOJWowc

5 Grain, art. *cit.*

6 Stephen Greenberg & Oliver Tickell, "Grabbing Africa's seeds: US AID, EU and Gates Foundation back agribusiness seed takeover(아프리카 종자 훔치기 : 종자 시장 장악하려는 농식품업계 돕는 국제개발처와 EU, 빌게이츠 재단)···", *The Ecologist*, 2015년 3월 23일, https://theecologist.org/2015/mar/23/grabbing-africas-seeds-usaid-eu-and-gates-foundation-back-agribusiness-seed-takeover

7 ACB, "Giving With One Hand and Taking With Two: A Critique of AGRA's African Agriculture Status Report 2013(도움을 가장한 탈취 : 아프리카녹색혁명동맹의 2013 현황 보고서 비판)", 2013년 11월, https://acbio.org.za/en/giving-one-hand-and-taking-two-critique-agras-african-agriculture-status-report-2013; Stephen Greenberg & Olivier Tickell, art. *cit.*

8 ActionAid, *Asia at the Crossroads: Promoting Conventional Farming or Sustainable Agriculture(재래식 농업이냐 녹색혁명이냐, 기로에 놓인 아시아)?*, 2012년 2월, p. 24, www.actionaid.org/sites/files/actionaid/asia_at_the_crossroads_full_report_2012.pdf

9   Stephen Greenberg & Olivier Tickell, art. *cit.*

10 Ian Fitzpatrick, "Secretive and seedy: How aid donors are open-
    ing the agribusiness flood gates(수상한 기부 : 농가공업체 사업 돕는 기부
    자들)", 2015년 3월 23일, www.opendemocracy.net/ian-fitzpatrick/
    secretive-and-seedy-how-aid-donorsare-opening-agribusiness-
    flood-gates

11 Mark Anderson, "Bean breakthrough bodes well for climate change
    challenge(강낭콩 개발 쾌거, 기후변화 과제 해결해줄 좋은 징조)", *The Guardian*,
    2015년 3월 25일, www.theguardian.com/global-development/2015/
    mar/25/heat-resistantbean-climate-change-cgiar

12 War on Want, *The Hunger Games: How DFID Support for Agribusiness
    is Fuelling Poverty in Africa*(식량 전쟁 : 국제개발부의 농가공 분야 지원은 어떻
    게 아프리카의 빈곤을 키웠나), 2012년 12월, https://waronwant.org/sites/
    default/files/The%20Hunger%20Games%202012.pdf

13 Center for Agricultural Research and Development, *Malawi Agro-
    Dealer Strengthening Program, Interim Evaluation Phase 1 Report*(말라
    위 농산물 유통업자 보강 계획, 1단계 중간평가 보고서), 2009년 12월, p. 19, 인터넷
    조회 불가.

14 Godfrey Chapola, Rumark, Lilongwe 등과 진행한 글로벌 저스티스 나우
    의 보고서 「게이트식 개발」 작성자의 인터뷰, 2011년 2월.

15 Center for Agricultural Research and Development, *op. cit.*, p. 8.

16 위의 책, p. 7.

17 "Developing Rural Agricultural Input Supply Systems for Farm-
    ers in Africa(아프리카 농부들을 위한 농업 자원 조달 체계의 발전)", in Michael
    Morris, Valerie A. Kelly, Ron J. Kopicki & Derek Byerlee, *Fertilizer
    Toolkit: Promoting Efficient and Sustainable Fertiliser Use in Af-
    rica*(비료 가이드 : 아프리카에서의 효율적이고 지속적인 비료 이용 증진), 세계은
    행, 2007년, https://openknowledge.worldbank.org/bitstream/han
    dle/10986/6650/390370AFR0Fert101OFFICIAL0USE0ONLY1.pdf?se
    quence=1

18 Vandana Shiva, *The Violence of the Green Revolution*, Zed Books,
    1991.

19 John Vidal, "Sam Dryden: The most powerful figure in the global south's agriculture(개도국 농업에서 가장 영향력 있는 인물, 샘 드라이든)?", *The Guardian*, 2012년 7월 6일, www.theguardian.com/global-develop ment/2012/jul/06/sam-dryden-global-south-agriculture

20 Arnaud Jouve, "Des OGM pour l'Afrique(아프리카를 위한 GMO)?", RFI, 2017년 12월 22일, www.rfi.fr/afrique/20171217-bill-gates-genereux -donateur-climat-fondation-afrique-rechauffement-ogm

21 빌&멀린다 게이츠 재단 웹사이트, 'Développement agricole(농업 개 발)' 항목, www.gatesfoundation.org/fr/What-We-Do/Global- Growth-and-Opportunity/Agricultural-Development

22 OECD 데이터베이스 기준 수치, http://stats.oecd.org/Index.aspx?data setcode=CRS1

23 "CGIAR Fund(국제농업개발연구자문기구 기금)", 국제농업개발연구자문기구 2014년 연례보고서, http://pubdocs.worldbank.org/en/46064148159 0800396/051515-CGIAR-Brief.pdf

24 Grain, art. *cit*.

25 전체 예산 5억 5,500만 달러 중 7,400만 달러. 국제농업개발연구자문기구 2014년 연례보고서 중 '금융 Finance' 부분. 2013년 게이츠 재단은 국제농업 개발연구자문기구의 예산 중 10퍼센트(5,300만 달러)를 공여했으며, 이는 기 금 출자자 가운데 (영국 및 네덜란드에 이어) 세 번째로 비중이 큰 금액이 다. 국제농업개발연구자문기구 2013년 연례보고서, p. 53. http://library. cgiar.org/bitstream/handle/10947/3165/CGIAR%20Annual%20Re port%20Featuring%20Climate-Smart%20Agriculture%20Download. pdf?sequence=1

26 국제농업개발연구자문기구 웹사이트, 'Fund Concil(기금운용심의회)' 항목, http://www.cgiar.org/who-we-are/cgiar-fund/fundcouncil/

27 "CGIAR Fund Council Holds Meeting at Gates Foundation: Bill Gates highlights the value of the CGIAR, investing in agriculture, March 2012(국제농업개발연구자문기구 기금운용심의회, 게이츠 재단에서 회의 개최 : 빌 게 이츠, 2012년 3월 농업 부문 투자로 국제농업개발연구자문기구 부각)", www.world bank.org/en/news/feature/2012/03/14/investing-in-agriculture- bill-gates-highlights-value-of-cgiar

28 GM Freeze, *Blind Alley?: Is DFID's Policy on Agriculture in Danger of Failing to Deliver Food and Environmental Security*(국제개발부의 농업부 정책, 식량 안보 및 환경문제 해결 가능한가)?, 2009년 6월, p. 2, www.gmfreeze. org/wp-content/uploads/2016/09/blind_alley_final.pdf

29 ACB, "The Gates Foundation and Cargill push Soya onto Africa(아프 리카에 콩 도입 강행하는 게이츠 재단과 카길 사)", 2010년 9월 11일, http://acbio. org.za/the-gates-foundation-and-cargill-pushsoya-onto-africa /; Nidhi Tandon, "On seeds: Controlling the first link in the food-chain(종자 관련 : 하위 사슬 단계부터 통제)", 2011년 11월 15일, www.grain. org/bulletin_board/entries/4406-on-seeds-controlling-the-first-link-in-the-food-chain

30 Cargill, "Cultivating farm skills and community in Zambia", 2014년 9월, http://150.cargill.com/150/en/ZAMBIAN-FARMERS.jsp

31 ACB, "The Gates Foundation and Cargill push Soya onto Africa", art. *cit.* ; Nidhi Tandon, art. *cit.*

32 Alex Park, "How Bill Gates is helping KFC take over Africa(빌 게이츠 가 KFC의 아프리카 진출을 돕는 방법)", *Mother Jones*, 2014년 1월 13일, www. motherjones.com/environment/2014/01/kfc-africa-chicken-usaid -gates-foundation

33 "World Cocoa Foundation", 2014년 1월, www.gatesfoundation.org/ How-We-Work/Quick-Links/Grants-Database/Grants/2014/01/ OPP1049181

34 "DuPont Partnerships Bring Global Food Security Closer to More People(듀폰 파트너십, 전 세계 식량 안보에 기여)", www.dupont.com/cor porate-functions/our-approach/global-challenges/food/articles/ global-food-security.html ; "ABS project: Technology Develop-ment(아프리카 품질 강화 사업 기술 개발)", http://biosorghum.org/articles. php?id=56

35 "World Malaria Day: Syngenta's contribution(세계 말라리아 퇴치의 날 : 신젠타의 공헌)", www.syngenta.com/who-we-are/our-stories/ world-malaria-day

36 "Five-point plan to combat hunger(빈곤 퇴치를 위한 5대 계획)", www.

stockholders-newsletter-q1-2013.bayer.com/en/five-point-plan-to-combathunger.aspx

37 빌&멀린다 게이츠 재단 웹사이트, 'Développement agricole(농업 개발)' 항목, art. *cit.*

38 Grain, art. *cit.*

39 Karrie Kehoe, "Gates Foundation refutes report it fails African farmers(아프리카 농부를 지원하지 않겠다는 게이츠 재단, 한 보고서 내용 반박)", 2014년 11월 5일, www.grain.org/bulletin_board/entries/5069-gates-foundation-refutes-report-it-fails-african-farmers

40 Grain, art. *cit.*

41 Vandana Shiva, "India Cause", 2013년 4월 24일, www.facebook.com/ivartaIC/posts/570822299615959

42 Jacob Levich, "The real agenda of the Gates Foundation(게이츠 재단의 실제 의사 일정)", *Liberation*, 2014년 11월 2일, ww.liberationnews.org/real-agenda-gates-foundation/

43 Grain, art. *cit.*

44 '에이즈, 결핵, 말라리아 퇴치를 위한 세계 기금' 웹사이트, 'La Fondation Bill et Melinda Gates(빌&멀린다 게이츠 재단)' 항목, www.theglobalfund.org/en/private-ngo-partners/bill-melinda-gates-foundation

45 세계백신면역연합 웹사이트, 'Modèle de partenariat de Gavi(세계백신면역연합의 파트너십 모델)' 항목, www.gavi.org/a-propos/modele-de-partenariat-de-gavi/

46 세계백신면역연합 웹사이트, 'Composition du conseil d'administration(이사회 구성)' 항목, www.gavi.org/about/governance/gavi-board/composition/

47 "세계백신면역연합의 파트너십 모델Modèle de partenariat de Gavi", www.gavi.org/a-propos/modele-de-partenariat-de-gavi/

48 "World Health Assembly: Keynote Address: Prepared Remarks by Bill Gates(세계보건총회 기조연설, 빌 게이츠 권고 사항)", 2011년 5월 17일, www.gatesfoundation.org/media-center/speeches/2011/05/world-health-assembly

49 WHO 회원국, 결의안 제WHA60.18호 채택, www.who.int/malaria/areas

/treatment/withdrawal_of_oral_artemisinin_based_monotherapies/
fr/

50 Lucile Cornet-Vernet & Laurence Couquiaud, *Artemisia: Une plante accessible a tous pour eradiquer le paludisme*(아르테미지아 : 말라리아 퇴치를 위해 누구나 사용할 수 있는 작물), Actes Sud, 2018.

51 One Heart Fr, *Malaria Business, l'Artemisia au secours du paludisme*(말라리아 비즈니스 : 말라리아 잡는 아르테미지아), 2017년, www.youtube.com/watch?v=-5ot-DXkPxSY

52 2017년 베르나르 크루첸 감독이 제작한 「말라리아 비즈니스Malaria Business」는 2018년 국제 사회 다큐 및 시사 보도 페스티벌에서 '국경 없는 기자회상'을 받았다.

53 Fergus Walsh, "Bill Gates: The world can defeat polio(빌 게이츠, 전 세계 말라리아 근절 가능성 어필)", 2013년 1월 28일, www.bbc.com/news/health-21207601

54 포퓰러 헬스 무브먼트 측에서는 다음과 같이 적고 있다. '주권 국가들의 주도적 조직이라는 WHO가 세계 연례 총회 자리에서 같은 민간 재단 소속에 같은 집안 출신인 일개 개인들에게 10년간 세 차례나 기조연설 발언 기회를 내주었다는 건 용인할 수 없는 일이다.' People's Health Movement, art. *cit.*

55 "WHO Director-General and Bill Gates convene urgent meeting on polio eradication(WHO 사무총장과 빌 게이츠, 소아마비 근절을 위한 긴급 회의 소집)", 2011년 5월 17일, http://polioeradication.org/news-post/who-director-general-and-bill-gates-convene-urgent-meeting-on-polio-eradication/

56 53억 달러의 예산 중 게이츠 재단의 공여 금액은 5억 7,800만 달러다. 게이츠 재단보다 공여 금액이 큰 경우는 8억 달러를 지원한 미국뿐이다. 참고로, 영국의 공여 금액은 2015년 9월 17일 조회한 사이트 자료(https://extranet.who.int/programmebudget/Financing) 기준 4,100만 달러다. 이후 해당 페이지의 내용은 수정되었으며, WHO는 더 이상 정확한 자금 수치를 제공하지 않는다(표기된 총액의 백분율 자료만 제공). 따라서 정확한 금액을 확인하기가 이전보다 더 힘들어졌다. WHO 웹사이트 자료(http://extranet.who.int/programmebudget/)를 바탕으로 계산한 추산치를 기준으로 보면 게이츠 재단은

WHO의 총예산 51억 6,000만 달러 중 4억 7,000만 달러를 공여하여 9.1퍼센트에 달하는 예산 지원을 한 것으로 미루어 짐작할 수 있다.

57 Donald McNeil, "Gates Foundation's Influence Criticized(게이츠 재단 영향력에 대한 비판 제기)", *The New York Times*, 2008년 2월 16일, www.nytimes.com/2008/02/16/science/16malaria.html?_r=0

58 Linsey McGoey, *op. cit.*

59 위의 책.

60 People's Health Movement, art. *cit.* ; "The flip side to Bill Gates' charity billions", art. *cit.*

61 David McCoy, "The giants of philanthropy(기부 거물들)", *The Guardian*, 2009년 8월 5일.

62 Donald McNeil, "Gates Foundation's Influence Criticized(비판 제기되는 게이츠 재단 영향력)", *The New York Times*, 2008년 2월 16일, www.nytimes.com/2008/02/16/science/16malaria.html?_r=0

63 "What has the Gates Foundation done for global health(세계 보건 상황 개선을 위해 게이츠 재단은 무슨 일을 했나)?", *The Lancet*, 2009년 5월, www.thelancet.com/journals/lancet/article/PIIS0140-6736%2809%2960885-0/fulltext; Robert E. Black 외, "Accelerating the health impact of the Gates Foundation(게이츠 재단의 보건 분야 영향력 증대 가속화)", *The Lancet*, 2009년 5월, www.thelancet.com/journals/lancet/article/PIIS0140-6736%2809%2960886-2/fulltext

64 "What has the Gates Foundation done for global health?", *ibid.* ; Robert E. Black *et al., ibid.*

65 "World Health Assembly: Keynote Address: Prepared Remarks by Bill Gates", art. *cit.*

66 "The flip side to Bill Gates' charity billions", art. *cit.* 아울러 Devi Sridhar, "The Gates Foundation: Where To Next(게이츠 재단의 다음 행보는)?", s.d. 내용도 함께 참고하라.

67 Simeon Bennett, "Ebola Lessons Show Gates Should Widen Focus, Critics Say(에볼라 바이러스의 교훈 : 게이츠 재단, 우선 과제 변경 필요)", Bloomberg, 2014년 12월 22일, www.bloomberg.com/news/articles/2014-12-22/gates-left-ebola-door-open-with-aids-focus-critics

-say

68 Sheri Fink, "WHO Leader Describes the Agency's Ebola Opera-
    tions(WHO 총장, 에볼라 바이러스 이슈 기간 동안의 작업 상황 설명)", *The New
    York Times*, 2014년 9월 4일, www.nytimes.com/2014/09/04/world/
    africa/who-leader-describes-the-agencys-ebola-operations.
    html?_r=0

69 David McCoy 외, "The Bill & Melinda Gates Foundation's
    grant-making programme for global health(게이츠 재단 보조금 지급 계
    획)", *The Lancet*, 2009년 5월, www.thelancet.com/journals/lancet/ar
    ticle/PIIS0140-6736%2809%2960571-7/fulltext

70 패스 웹사이트, 'Our Corporate Partnerships(제휴 기관 및 조직 소개)' 항목,
    www.path.org/about/corporate-engagement.php

71 빌&멀린다 게이츠 재단 웹사이트, 'Presentation de l'equipe de direc-
    tion(운영진 소개)' 항목, www.gatesfoundation.org/Who-We-Are/
    General-Information/Leadership/Executive-Leadership-Team

72 David McCoy *et al.*, art. *cit.*

73 People's Health Movement, art. *cit.*

74 OECD 홈페이지, 'Examens par les pairs des membres du CAD(개발원
    조위원회 구성원 동료 평가)' 항목, www.oecd.org/fr/cad/examens-pairs

75 빌&멀린다 게이츠 재단 웹사이트, 'Politique d'evaluation(평가 정책)' 항
    목, www.gatesfoundation.org/How-We-Work/General-Information
    /Evaluation-Policy

76 Alanna Shaikh & Laura Freschi, art. *cit.*

77 빌&멀린다 게이츠 재단 웹사이트, 'Développement agricole(농업 개발)'
    항목, art. *cit.*

78 Rob Horsch, "Reflections of a Science Pioneer(어느 과학기술계 선구자의
    고찰)", 2006년 1월 31일, https://archive.is/3Ece2

79 Diego Alejo Vázquez Pimentel, Iñigo Macías Aymar & Max Lawson,
    *Partager la richesse avec celles et ceux qui la créent(부를 창출한 이들과의
    부의 공유)*, Oxfam, 2018년 1월.

80 Lucas Chancel, 「환경을 오염시키는 주범은 돈이 가장 많은 사람들이다Plus
    on est riche, plus on pollue」, 인터뷰, Reporterre, 2018년 6월 13일, https://

reporterre.net/Lucas-Chancel-Plus-on-est-riche-plus-on-pollue

81   Oxfam, 2018년 1월 22일, www.oxfam.org/fr/salle-depresse/com
      muniques/2018-01-22/les-1-les-plus-richesempochent-82-des-
      richesses-creees-lan

후기 | 시스템을 대표하는 얼굴

1   www.cgiar.org/247921/one-agriculture-one-science-a-new-part
     nership-to-revitalize-global-agricultural-education

자선 자본주의의 과거와 현재

록펠러 재단, 게이츠 재단,
그리고 세계 보건 의제 설정

앤 엠마누엘 번
(토론토 대학교 보건정책학 교수)

지은이 **앤 엠마누엘 번** Anne-Emanuelle Birn

토론토 대학교 보건정책학 교수. 라틴아메리카 공중보건의 역사, 국제/세계 보건의 역사·정치·정책 등을 연구해왔으며 그 관심사는 분변학부터 이데올로기까지 다층적이다. 저서로 『정략결혼 : 록펠러식 국제 보건과 혁명기 멕시코 Marriage of Convenience: Rockefeller International Health and Revolutionary Mexico』, 『국제 보건 교본 : 역동적인 시대의 세계 보건 Textbook of International Health: Global Health in a Dynamic World』, 『보건 동지 : 미국 안팎의 보건 국제주의자들 Comrades in Health: US Health Internationalists, Abroad and at Home』 등이 있다. 현재는 우루과이의 사례를 통해 바라보는 국제 아동 보건/아동권 역사를 주제로 책을 쓰고 있다. 또한 캐나다 보건연구협회의 지원을 받아 사회정의 관점의 남-남 보건 협업을 연구하고 있다.

옮긴이 **오윤성**

서울대학교 미학과, 이화여대 통번역대학원을 졸업했고 번역과 편집을 오가며 책을 만들고 있다. 옮긴 책으로 『권력 쟁탈 3,000년』, 『고독을 잃어버린 시간』, 『탄소의 시대』 등이 있다.

＊이 글은 2014년에 쓰였습니다. 따라서 내용 중 '현재'는 글을 쓴 시점임을 미리 밝힙니다.

미국식 세계 보건 자선사업이 부활했다. 지금으로부터 거의 한 세기 전, 록펠러 재단은 설립자 존 D. 록펠러가 석유 사업에서 거둬들인 천문학적 이익을 자원 삼아 세계 보건의 제도, 이데올로기, 실천 양식을 수립하는 데 주도적인 역할을 맡기 시작했다(더불어 의학, 교육, 사회과학, 농업, 과학에도 관심을 기울였다). 그리고 이제는 빌&멀린다 게이츠 재단이 세계 보건(교육, 개발, 농업과 더불어)의 가장 영향력 있는 의제 설정의 주체로 자리매김했다. 세계적인 소프트웨어 기업의 창립자와 그 부인의 이름을 내건 이 유명한 재단은 거액의 기금과 '제휴'를 바탕으로 사실상 세계 보건의 지도자로 군림하고 있다.

록펠러 재단과 게이츠 재단 모두 세계 보건 역사의 결정적인 국면에서 그 모습을 드러냈다. 두 초거대 재단은 당대의 가장 부유한 동시에 가장 무자비하고 혁신적인 자본가에 의해 설립되었다.[1,2] 록펠러와 게이츠 모두 살인적인 독점주의에 기초하여 기업을 운영하고도 그에 대한 공적인 비난은 피해갔으며,[3,4] 그들의 자선사업에 대해서는 (〈타임〉 표지에 등장하는 식의) 지나치게 많은 찬사와 그에 비해 지나치게 적은 비판을 받았다.[5-8] 두 재단 모두 새로운 지식을 창출하여 응용하는 데 초점을 맞추었다. 다만 한쪽은 세계 보건 분야가 막 형성되기 시작했을 때 나타났고, 다른 한쪽은 이를테면 '중년의 위기'에 이 분야에 등장했다. 한쪽은 보건 협업을 정부(및 정부 간) 행동이 필요한 영역으로 공식화하는 데 주력하면서 국제 보건의 원칙과 실천 양식, 주요 제도를 거의 맨땅에서부터 구축했다.[9] 다른 한쪽은 기존의 다자적 공공 기구의 지도력과 역량에 도전하면서, 민간 부문에 엄청나게 큰 역할을 부여하는 세계 보건 운영체제를 밀어붙이고 있다.[10] 그러나 두 재단 및 그 창립자 모두 철저한 정치적 동물이고, 그러면서도 자신의 활동은 기술적이고 '중립적인' 과학을 토대로 한다고 똑같이 주장한다.[11·12]

역사의 서로 다른 시점에 등장한 두 거물 자선가가 이렇게 서로 닮았다는 점을 상기하면, 여러 가지 질문과 의문이 뚜렷하게 떠오른다. 미국의 자선사업가들은 어떻게 해서, 그리고 왜 국제/세계 보건 지식, 조직, 전략의 생산과 형성에 이처럼 중차대한 역할을 맡게 되었을까? 이들이 이데올로기, 제도, 인류 복지에 미친 영향은 무엇일까? 과연 이 재단들은 달리 대체할 수 없는 독보적인 길을 개척했을까, 아니면 공정한 세계 보건을 실현할 만한 다른 유의미한 대안이 존재할까? 이들이 누린 권한은 그동안 얼마나 달라졌고 얼마나 달라지지 않았을까?

이 질문들이 특히 중요한 것은 다음과 같은 이유에서이다. 이 시대에 '자선 자본주의'는 탐욕스러운 행보로 평가되지 않는다. 즉 노동자와 천연자원을 착취하여 축적한 이익을, 인류 복지 증진이라는 미명 아래 다시 바로 그 착취적 사업 방식으로 이용한다고 비판받지 않는다. 그보다는 '대기업식 전략'으로 '세상을 구하는' 방법이라고 당당히 환영받는다.[13·14] 특히 지난 몇십 년간 (세계) 공중보건계에 비즈니스 모델이 빠른 속도로 확산되었다. 조직 관리, 고위 인력 훈련, 목표 설정 등에서 영리적이고 기업적인 방식이 활발히 도입되는 동시에 공중보건 활동 자체가 사유화되고 있는 이 전반적인 흐름을 단적으로 보여주는 사례가 바로 게이츠 재단이다.

일단 민간 자선사업은 정부 활동과 다르다는 점을 짚어둘 필요가 있다. 정부 기관은 공개적으로 검토되고 조사되는 반면, 민간단체는 스스로 임명한 이사회에만 해명 의무가 있고 보통 소수의 간부가 모든 결정권을 갖는다. 북아메리카를 비롯한 특정 지역에서는 자선 재단에 대부분의 세금을 감면해주고, 자선 재단에 기부되는 돈은 세금 공제 혜택을 받는다(개인과 기업의 기부금 모두 세금 공제 대상이며,[15] 이로 인해 사라지는 정부의 재원이 수십억 달러에 이른다). 세율에 따라 다르긴 하지만 민간 자선단체의 기금은 약 3분의 1 또는 그 이상이 공공 부문의 보조금인 셈인데, 그럼에도 정부는 우선순위가 결정되거나 기부금이 쓰이는 과정에 어떠한 권한도 갖지 못한다.

이 글은 록펠러 재단과 게이츠 재단의 목표, 논리와 원칙, 방법론, 의제 설정 역할을 그 역사적 맥락 속에서 비교한다(게이츠 재단의 경우 아직 종료되지 않은 현재진행형의 사안들에 결합되어 있긴 하다). 세계가 신자유주의 질서로 재편되고 미국의 패권주의가 저물어가는 지금 게이츠 재단이 세계 보건에 기울이는 노력과 비교했을 때, 20세기 초에 세계 보건이 이제 막 하나의 분야로 형성되기 시작했으며 정치적으로 유럽 제국주의가 정점에 도달하고 미국 제국주의가 새롭게 부상하던 당시 록펠러 재단의 선구적 활동은 오히려 더 큰 성취였던 것으로 보인다. 또한 게이츠 재단의 막대한 영향력은 세계 보건의 민주적 운영과 과학 독립성 양쪽에서 중요한 사안이다. 두 재단을 비교하는 이 글의 궁극적인 목표는 세계 보건 자선사업의 기원과 전개, 범위를 비판적으로 고찰하고, 그 한계를 확인하고, 그 한계를 넘어서는 방법을 모색하는 것이다.

현대 국제 보건의 태동

현대적 국제 보건은 1851년 프랑스 파리에서 개최된 제1회 국제위생회의International Sanitary Conference에서 출발했다는 것이 통설로, 이때부터 '유행병 안보'라는 이름 아래 국제적 감시와 전염병 보고 체계가 서서히 발전했다고 여겨진다.[16,17] 주로 유럽 국가가 참가했던 이 회의는 참가국 간에 상호 견제가 심각했던 탓에 첫 회의 이후 50여 년에 걸쳐 총 열한 번 회의가 열린 끝에야 1907년 파리에서 국제공중위생국OIHP이라는 상설 기구가 출범했다. 그러나 이 체제에서는 참가국 간의 정치적·경제적 경쟁으로 인해 협정 체결이 순조롭지 않았고 그 실행에 한계가 있었으며 대부분의 회의에서 '영국 대 프랑스와 기타 국가'라는 대립 구도가 형성되었다.[18]

그사이 미국과 멕시코를 비롯한 일부 국가는 독자적인 유행병 감시 체계를 마련했다. 이들 국가에서는 먼저 위생 영사, 유급 정보원을 활용했고 나중에는 전 세계의 주요 항구에 공중보건 인력을 배치하여 승선하는 사람과 수출품을 검사했다.[19] 유럽의 공중보건 논의가 지지부진한 가운데 남북아메리카는 한 발 앞서 1902년, 워싱턴 DC에 미국 공중보건부가 주도하는 국제위생청ISB(이후 '범아메리카 위생청PASB'으로 바뀌었다)을 설립했다.[20] 초기 몇십 년간 유럽과 아메리카의 두 기구가 내세운 주요 목표는 위생 관련 규약을 수립·감시하고 질병 통계를 수집하는 것 정도였다. 국제 보건의 초기 단계에 활동한 또 하나의 기구는 1863년에 발족한 국제적십자위원회로, 이들의 목표는 전쟁 희생자를 지원하는 것이었다. 그 밖에도 제국주의 국가들에는 이미 오래전부터 활동해온 보건 주체가 있었다. 식민지 행정부와 군대, 선교단 등은 군사력을 보전하고, 식민지의 생산과 교역을 활발히 유지하고, 식민지 정착민을 보호하기 위해, 그와 동시에 식민지 피지배층의 소요를 분쇄하기 위해 보건 활동을 수행했다.[21]

록펠러 재단의 등장

국제 보건 체계가 태동하던 바로 그때, 또 하나의 참가자가 무대에 등장했다. 정치적·경제적 자기 이익에 몰두하지 않고 전쟁 구호 활동에 국한되지 않으며 정보 교환 이상의 역할을 해냄으로써 국제 보건이라는 신생 분야를 근본적으로 변혁하게 되는 이 주체의 이름은 록펠러 재단이었다. 1913년 석유 재벌이자 자선가인 존 D. 록펠러가 '전 세계 인류의 복지를 증진하기 위해' 설립한 이 재단은 사실상 그 혼자 힘으로 '국제 보건'이라는 개념을 대중화했을 뿐 아니라 20세기 국제 보건의 의제와 접근법, 활동에 가장 큰 영향을 미쳤다.[22·23]

록펠러 재단의 탄생 배경에는 미국에 새롭게 나타난 이른바 과학적 자선사업이라는 움직임이 있었다. 이 접근법을 처음 주창한 사람은 스코틀랜드에서 이주하여 무일푼에서 철강 거부가 된 앤드루 카네기로, 1889년 문예지 〈노스 아메리칸 리뷰〉에 발표한 「부의 복음The Gospel of Wealth」이라는 글에서 그는 부유층이 무계획한 적선 대신 체계적인 사회 투자를 통해 공공선을 증진해야 한다고 주장했다.[24~26] 수천 개의 공공도서관과 공중목욕탕을 짓고 고등교육, 예술, 평화학 연구에 기부한 카네기의 자선사업은 여러 백만장자에게 좋은 본보기가 되었다.

이 같은 초기의 자선사업이 지금은 긍정적으로 평가되는 분위기이지만, 당시만 해도 자선가는 '강도 남작robber barons'이라 불리며 그들이 기부하는 이익의 출처, 즉 노동자 착취와 억압에 대해 강도 높은 비난을 받았다. 당시 사람들이 보기에 대자본가의 자선사업은 노동자 계급의 소요를 억제하고, 점점 힘을 얻고 있는 정치적 급진주의를 저지하고, 정부의 요구를 기각하려는 목적의 비뚤어진 방법이자 기업의 이익과 자본주의의 발전 자체를 방해하는 요소를 중화하는 수단이었다. 때는 바야흐로 19세기 말과 20세기 초의 소란스러운 '진보 시대'였다.[27] 정부의 사회 보호 보장을 둘러싼 갈등에서 민간 자선단체들은 시민으로서의 권리 대신에 '자발적' 해결을 강조하며 애매한 입장을 견지했다. 또한 이때로부터 유럽 대부분의 국가나 라틴아메리카의 다수 국가와 달리 미국에서는 민간 자선단체들이 공공 서비스 제공에 큰 역할을 맡았고, 그 과정에서 국가적 복지의 규모와 범위를 제한하는 동시에 사회복지에 관해 비민주적인 권한을 부여받았다.[28-32]

존 D. 록펠러는 카네기의 사상을 발전시켰다. 그는 먼저 병원과 교회에 기부하고 공교육, 과학, 의학 발전을 위해 대학을 지원하는 방식으로 사회 개선을 위한 대규모의 캠페인과 연구 양쪽에 자금을 댔다. 이윽고 록펠러는 그러한 연구 성과를 공공복지에 적용할 수 있는 이상적인 통로를 공중보건에서 찾아냈다. 이는 선견지명이었다. 당시 미국에서 공중보건은 이제 막 태동한 단계로, 전문 분야로의 분화가 시작되었지만 정부의 역할이 그리 크지 않았는데 바로 그 점이 록펠러 재단에

이론과 실천을 시험할 넉넉한 기회를 부여했기 때문이다.[33·34]

공중보건 문제 중에서도 어떤 것에 달려들 것인가, 그 시급한 상황에서 어느 지역을 선택할 것인가를 결정한 사람은 록펠러의 고문 삼총사인 프레더릭 T. 게이츠Frederick T. Gates[침례교 목사이며 록펠러의 오른팔(빌 게이츠와는 관련이 없다)], 찰스 워델 스타일스Charles Wardell Stiles(임상동물학자), 위클리프 로즈Wickliffe Rose(남부의 교육자)였다. 이들은 빈혈을 일으키는 십이지장충병이 남부의 경제적 낙후를 야기한 중요한 요인이자 남부의 산업화와 경제 발전을 가로막는 큰 장애물이라고 판단했다.[35] 십이지장충은 분변 샘플 현미경 검사로 쉽게 진단할 수 있다는 점, 그리고 이 기생충과 빈혈증을 현격하게 줄여줄 손쉬운 치료법(티몰 결정과 설사약을 함께 먹는 것으로. 이는 이미 코스타리카와 미국령 푸에르토리코의 캠페인에서 쓰인 방법이었다)이 존재한다는 점이 이 질병을 선택하게 된 결정적 이유였다. 십이지장충이 사망의 주요 원인이 아니라는 사실, 그 간단한 치료법이 종종 사망자를 유발한다는 사실은 그들에게 중요하지 않았다.

이 세 사람을 비롯한 록펠러의 고문진은 1910년부터 1914년까지 넉넉한 재정을 바탕으로 '십이지장충병 퇴치를 위한 록펠러 위생위원회'를 진두지휘하며 캠페인을 진행했다. 의사, 위생 조사관, 실험 전문가가 남부의 11개 주에 널리 파견되어 교회, 농민회와 손잡고 십이지장충병 퇴치 활동을 전개했다(이에 비해 현지 의사들의 미온적인 태도와 공중보건 인프라 미비로 인해 공공보건 인력은 거의 참여하지 않았다). 이들의 활동 내용은 구충제를 투여하고, 신발을 신고 다니며 변소를 이용하는 생활 방식을 홍보하고, 공중보건의 중요성을 선전하는 것이었다(이 마지막 항목은 공중보건을 교육하는 '동시에' 록펠러 재단의 활동을 긍정적으로 홍보하는 효과가 있었다. 그러다 록펠러가 신발을 팔려고 자선 활동을 한다는 근거 없는 소문이 널리 퍼진 뒤로 록펠러라는 이름은 대체로 배경에만 머물게 된다).[35] 록펠러 재단은 십이지장충 퇴치 캠페인의 성공(해당 질병의 퇴치보다는 공중보건에 대중적인 관심을 불러일으켰다는 점에서의 성공)을 발판으로 신속하게 국제보건위원회IHB(1927년에 '국제보건단IHD'으로 개편된다)를 창설했다.

록펠러 재단이 '국제' 공중보건을 안전한 선택지로 판단한 데는 록펠러 기업의 열악한 노동환경과 그에 맞선 과격한 행동주의가 문제시되었던 당시 상황이 작용했다. 셔먼 반독점법(1890년 제정)에 따라 스탠더드 오일이 분할된 1911년부터 록펠러 가문에 대한 부정적인 평판이 대두되었고, 1914년의 러들로 학살 사건(록펠러 소유의 광산 회사가 운영하는 콜로라도 광산에서 파업 중이던 광부와 그 가족 20여 명이 살해된 사건)으로 그러한 반감이 정점에 달했다. 저널리스트와 개혁주의자, 노동자는 물론 일반 국민까지 기다렸다는 듯이 록펠러의 기업 활동과 자선 활동을 하나로 묶으면서 그의 자선사업을 비판하자, 록펠러 가문은 그들이 보기에 중립적이고 반론의 여지가 없는 영역으로 자선사업의 방향을 틀고자 했다. 그렇게 해서 선택한 것이 보건, 의학, 교육이었다.[23]

이후 40년간 록펠러 재단은 국제 보건계의 중심지였다. 재단의 전문 운영진은 뉴욕 시의 상업지구 한가운데에 있는 그 높은 횃대에 올라앉아 신탁이사회의 조언을 토대로 파리, 뉴델리, 칼리(콜롬비아), 멕시코 등지에 설치한 광역 현장사무소를 통해 국제적 보건 협업을 진행했고, 세계 각지에 파견한 수백 명의 재단 간사를 통해 국가 단위의 보건 활동을 이끌었다.[22] 록펠러 재단의 국제보건위원회는 1951년에 해산될 때까지 현재 가치로 수십억 달러를 투입하여 거의 100개에 달하는 국가 및 미국령 식민지에서 십이지장충, 황열병, 말라리아 퇴치 캠페인을 수십 차례 진행했다(그 외에도 딸기종, 공수병, 인플루엔자, 주혈흡충, 영양실조 등 범위가 좀 더 분명한 질병을 퇴치하는 활동도 벌였다). 또한 북아메리카, 유럽, 아시아, 남아메리카에 보건대학원 25개를 설립했고, 공중보건 전문가 2,500명의 학위 연구를 (이는 대부분 미국 내에서) 후원했다.[9·34·36]

흥미로운 점은, 국제보건위원회 스스로가 꼽은 이 기구의 가장 중요한 국제적 기여가 '공중보건 당국으로 하여금 그 지역의 관습, 필요, 전통, 사정에 알맞은 행정 수단을 개발하도록 지원'한 점이었다는 것이다.[37] 다시 말해 록펠러 재단은 기술 중심적 질병 퇴치 캠페인과 다국적 공중보건의료 교육을 통해 국제 보건계에 영속적인 수단을 마련했다는 점에서도 크게 공헌했지만, 이 재단이 스스로 규정한 성공의 기준은 공중보건에 대한 정치적·대중적 지지를 끌어내고, 세계 각지에서 공중보건행정 부서를 태동시키고, 국제 보건의 제도화를 주창하고 지지하는 것이었다. 결국에는 록펠러 재단과 관계를 맺은 여러 지역 기관, 국가기관, 다자적 기구가 그들의 체계 자체 안에 록펠러 재단의 의제를 구현하게 되었다.

제국주의 시대 록펠러 재단의 국제 보건

록펠러 재단은 국제 보건 활동을 통해 세계 각지의 정치가, 공무원과 접촉했을 뿐만 아니라 보건 전문가들에게 깊은 신망을 얻어냈다(현지 엘리트를 명망 높은 국제 의료 네트워크에 연결하는 역할도 맡았다). 현지 주민들에게는 공중보건에 대한 신념을 불어넣었고, 수십 개의 공중보건 기관을 설립하고 현대화하는 데도 일조했다. 그런데 이러한 성과는 보건 증진에 국한되지 않았다. 록펠러 재단은 미국령 식민지와 신생 민족국가에서 정부와 함께 국민의 사회적 요구를 충족함으로써 사회를 안정시켰고, 과학과 관료제와 문화의 가치를 널리 전파하고 국제화했다. 또한 현지의 경제 발전과 성장을 자극하고 소비시장을 확대했으며, 무엇보다도 수많은 지역에서 외국의 투자 자본 유입, 생산성 증대, 확대일로인 세계 자본주의로의 편입이 가능해지도록 길을 열었다. 과거의 국제 보건이 군사 침략이나 식민 제국과 관련되었다면, 록펠러 재단의 국제 보건은 포함砲艦 외교와 식민지 탄압 대신에 친선을 추구하고 사회 발전을 약속했다.[23·38~44]

록펠러 재단의 국제 보건 사업은 미국 제국주의가 정점에 달한 시기에 시작되었으며, 미국이라는 나라가 이 재단의 영향력을 보장한 것도 사실이다. 1910년 전후로 미국은 경제 침투와 상업 지배를 통해 인근 지역 국가에 힘을 과시하고 있었는데, 여기에는 질병 통제와 통상 보호라는 사안도 함께 얽혀 있었다. 명백한 팽창주의 행보 중 하나였던 1898년의 쿠바 침략(그리고 이후 반복된 점령) 당시 미국은 자국의 동해안을 따라 해마다 창궐하는 황열병을 원인에서부터 퇴치하기 위한 것으로 이 군사행동을 정당화했다.[45]

미국의 위생 개입은 라틴아메리카에서도 비슷하게 반복되었다. 19세기 말에 시작된 파나마 운하 건설이 10년에 걸친 모기와의 전쟁을 치른 후인 1914년에야 마무리되었던 것이다. 그사이에 프랑스와 카리브 해에서 온 노동자 수만 명이 황열병과 말라리아로 쓰러졌다. 록펠러 재단은 1914년에 황열병과의 싸움에 뛰어들었다. 재단은 파나마 운하 개통으로 인해 아시아·태평양을 통한 유행병 확산이 심각해질 것을 우려했고, 라틴아메리카에서 황열병이 인간과 통상에 일으키는 문제(이 병의 매개 곤충인 이집트숲모기Aedes aegypti는 선상에서 며칠이나 살아남을 수 있고, 항구에 도착하면 황열병 바이러스에 노출된 적이 없는 사람들에게 치명률이 높은 그 바이러스를 감염시킬 수 있기 때문에 인간과 통상에 큰 해를 끼쳤다)를 자신들이 해결할 수 있으리라고 확신했다.

국제보건위원회는 이후 30년간 라틴아메리카 전역에서 대대적인 캠페인을 펼치며(한편 서아프리카에서는 연구를 진행했다) 살충제 살포, 습지 배수, 유충을 죽이는 어류 방류 등과 같은 방법으로 이집트숲모기를 박멸해나갔다. 한편으로는 황열병 백신 개발을 장기간 지원하고 지휘한 결과, 이후 연구자에게 노벨상을 안겨준 17D 백신이 1936년에 개발되었다. 이 성과는 경쟁 상대인 유럽에 미국의 과학 발전상을 분명히 보여주었다. 황열병이 통제되자 막대했던 상업 피해가 줄어들었다. 그러나 황열병 자체는 십이지장충의 경우와 마찬가지로 라틴아메리카의 여러 유행병 중 비교적 사소한 문제였다. 황열병은 유행기에도 소수의 사망자를 냈고 그마저도 대부분 외지인이었다.[23·46·47] 그러나 미국이 라틴아메리카의 경제와 정치에 영향력을 키워가는 시기였다는 점에서 록펠러 재단은 보건 외교적으로 큰 성공을 거두었고, 이것이 1930년대 프랭클린 루스벨트 대통령이 라틴아메리카에 대해 내세운 '착한 이웃' 정책으로 연결되었다.

요약하자면, 록펠러식 국제 보건은 열대 의료와 지리경제적 이해관계를 하나로 결합했다. 열대 의료란 열대 지방 식민지에 나타나는, 이른바 열대병을 통제한 것을 말한다('이른바' 열대병인 이유는 말라리아나 황열병이 유럽, 북아메리카 등 다른 기후대에도 나타난 적이 있기 때문이다). 지리경제적 이해관계란 어떤 질병을 신흥 세계자본주의에서 맡은 역할에 따라 평가하는 것을 말한다. 가령 황열병 모기떼는 무역 활동을 위협했고, 십이지장충은 수익성이 좋은 식민지 농장과 채굴 산업에 종사하는 노동자들의 생산성을 떨어뜨렸다. 말라리아는 경제 발전을 가로막는 전염병으로 여겨졌다.[48~51]

당시 말라리아는 세계의 많은 지역에서 시급히 해결해야 하는 주요 질병 중 하나였다. 록펠러 재단이 이 병에 가진 관심은 일차적으로 구체적인 치료법 연구로 이어졌지만, 다른 한편으로 정부와의 공동 사업으로도 이어져 재단의 기술뿐만이 아니라 정부 차원의 대규모 사회 개선 정책이 함께 동원되었다. 1930년대에 록펠러 재단은 브라질에서 감비아학질모기Anopheles gambiae(악성삼일열말라리아를 일으키는 모기로, 1938년 한 해에만 10만 명을 감염시키고 1만 4,000명의 사망자를 냈다)를 몰아내는 성과를 거두었다. 그러나 사실 이 모기는 라틴아메리카 고유종이 아니라 아프리카에서 '수입된' 종이었고, 브라질의 독재자 제툴리우 바르가스Getulio Vargas 대통령이 국가 건설 과정의 일환으로 록펠러 재단의 활동을 대규모 장기 캠페인으로 뒷받침했다.[52]

1940년대 후반 록펠러 재단은 사르데냐 섬에서 다시 한 번 DDT로 말라리아 매개 모기를 박멸하러 나섰지만 별다른 성과를 거두지는 못했다. 이미 이탈리아 당국의 공중보건 활동으로 말라리아가 대폭 감소한 상태였고, 그 후로도 말라리아 방역이 수십 년간 계속되어야 했기 때문이다.[53]

록펠러 재단은 질병 퇴치 캠페인을 선택하는 데 있어 지나치게 비용이 많이 들 법한 사업은 신중하게 피했고(황열병 퇴치 사업은 미국의 기업 이익과 항구 주민을 위한 불가결한 투자로 여겨졌기에 가능했다) 지나치게 복잡하고 시간이 오래 걸리는 캠페인, 기술적 치료 중심 모델에서 벗어나는 캠페인도 지양했다. 록펠러 재단은 관료조직으로 발전하기 시작했고, 재단이 선택한 대부분의 캠페인은 록펠러 기업에서 쓰는 것과 비슷한 종류의 분기별 보고서에 맞춰 목표치(살충제 살포, 치료제 투여 등)를 달성할 수 있도록 협소한 범위에서 계획되고 하나하나 순차적으로 실행되었다. 그 결과, 록펠러 재단은 황열병 퇴치에 엄청난 노력을 기울였지만 당시의 가장 중요한 사망 원인이었던 영아설사증과 결핵에는 거의 손대지 않았다(예외적으로 제1차 세계대전 중 프랑스에서 결핵 퇴치 캠페인을 벌인 적은 있다). 왜냐하면 두 질병에는 쉽게 사용할 수 있는 기술적인 치료법이 없었고 장기간에 걸친 사회적 투자가 필요했기 때문이다. 더욱이 록펠러 재단은 깨끗한 식수, 위생 관리 체계 등 여러 질병을 동시에 해결할 수 있는 방법은 사전에 배제했다.[23]

정부와의 협업이라는 의제는 현지 사정에 따라 변경과 협상이 필요했고, 또 실제로 많은 경우 그러한 과정을 거쳤지만 록펠러 재단은 이 의제를 계속 추구하면서 재단과 정부의 공동 활동을 국가기구나 지역 관청의 형태로 영구화하는 데 뛰어난 수완을 발휘했다. 현장에 '주둔'한 재단 간사들이 정치가, 보건 활동가, 대중의 활동을 지도하고 소통하는 가운데 또 한 무리의 헌신적인 인력이 재단의 이데올로기와 실천 양식을 그 나라의 제도와 정책에 주입했다. 록펠러 재단은 북아메리카와 유럽 등지의 지역 국영 훈련소에서 수천 명의 보건 의사와 간호사, 엔지니어를 재단의 일원으로 훈련했고, 지도층으로 성장한 이들 '펠로우'가 유능한 교섭자가 되어주었다. 재단은 이들이 현지의 의료인과 지식을 '우회'하여 국제적인 동료들과 협업하기를 권장했다.[23·55] 당연하게도 그러한 방향성은 저항에 부딪혀 수정되었다.[54] 예컨대 멕시코에서는 록펠러 재단에서 훈련받았고 사람들의 신망이 두터웠던 공중보건의 미겔 부스타만테Miguel Bustamante가 멕시코 보건부 차관 및 범아메리카 위생청 사무총장에 임명되었는데, 그는 록펠러 재단과 계속 협업했지만 미국식의 기술적 공중보건 모델이 강요되는 데 저항했고 대신에 그보다 폭넓은 사회 보건 관점에서 공중보건 부서를 확대해나갔다.[23] 그런가 하면 록펠러 재단 자체도 그저 획일적인 집단이 아니었다. 시간이 지나면서 재단도 변화했고, 국내외의 변동하는 정치적 우선순위에 대처할 필요도 생겨났다.

초기의 록펠러 재단은 비록 스탠더드 오일에서 파생된 회사나 록펠러 산하 기업과 법적으로 분리되어 있었지만, 기업과 재단에 동시에 소속된 고위 간부들이 '산업계 우두머리'의 이익을 반영하고 있었다. 가령 재단의 초대 회장이었던 존 D. 록펠러의 외아들 존 D. 록펠러 주니어는 1917년에 회장직에서 물러나 1940년까지 록펠러 재단 신탁이사 회장을 지냈고, 국제보건위원회의 이사회와 고문진에는 록펠러 재단의 신탁이사들이 포진해 있었다. 하지만 국제보건위원회에는 그 밖에도 의료계(존스홉킨스 의학대학원의 초대 학장이자 록펠러 재단이 재정을 지원한 존스홉킨스 위생공중보건대학원의 설립자 윌리엄 웰치William Welch를 비롯한 미국 정부의 보건총감독 다수), 교육계(하버드 대학교와 시카고 대학교의 총장 등), 금융계(체이스 내셔널 은행장 등)의 유력 인사가 참여했다.[22·34] 록펠러 재단의 국제 보건 활동이 사실은 멕시코 등지에서 록펠러의 석유 사업을 보호하고 확장하기 위한 것이라는 의혹이 있었고 확실히 멕시코 만에서의 황열병 퇴치 활동은 논란의 여지가 있지만[56] 생산성 제고, 시장 개방, 방역 강화 등 재단 활동의 혜택은 록펠러 기업 자체를 확장하고 그 이익을 높이는 데 직접 관련되었다기보다는 더 큰 목표, 즉 외국 및 국내의 산업과 투자를 활성화하는 것과 관련되어 있었다.

록펠러 재단의 접근법과 그 막대한 영향력

록펠러 재단이 선구적으로 개척한 현대 국제 보건은 편협한 자기 이익에 갇혀 있지도, 수동적 확산에 기대지도 않았다. 록펠러 재단은 각국 정부와의 협업을 적극 추구하면서 공중보건이라는 복음을 전파하고자 했다. 재단 자선사업의 위상, 정부와 기업 양쪽에서 자유롭다는 평판, 재단의 자율성, 그리고 제한된 책무성이 성공을 뒷받침했다. 록펠러 재단의 전형적인 사업 방식은 입증된 기술과 재단 간사들의 선교사적 열정을 바탕으로 특정한 질병 관리 수단을 신속하게 보급하는 것이었다. 재단은 이러한 접근법이 장기간 지속될 수 있도록 국가 차원의 노력을 끌어냈는데, 그 방법은 해당 국가가 공동으로 대규모 자금을 조달할 책임(이른바 예산 '유인' 체계)을 두어 통상적으로 처음에는 캠페인 비용의 20퍼센트를, 그 몇 년 후에는 100퍼센트를 국가가 지출하게 하는 것이었다.

이처럼 록펠러 재단은 국가별 보건 사업을 추진하는 한편 국제 보건의 제도적 기틀을 마련하는 데도 직간접적으로 힘을 쏟고 있었다. 록펠러 재단의 활동과 조직이 바탕이 되어, 독자적인 관료조직과 운영 방식을 갖춘 새로운 공식 국제 보건 체계가 출범했다. 제1차 세계대전 종전 후에 설립된 국제연맹보건기구LNHO는 치료 중심의 협소한 보건 개념에 도전하면서도 어떤 부분에서는 록펠러 재단의 국제보건위원회를 모델로 삼아 그 가치와 전문 인력을 다수 공유했고 질병 관리, 제도 구축, 교육·연구 활동 등과 관련해서도 재단의 노하우를 이어받았다. 하지만 이 기구는 폴란드의 좌파 위생학자 루드비크 라크만Ludwik Rajchman의 강력한 지휘 아래서도 국제연맹 내의 정치에 휘둘릴 수밖에 없었고, 예산 부족으로 인해 그 야심찬 의제 중 일부만 실현할 수 있었다. 록펠러 재단의 국제보건위원회는 이 새로운 보건 기구에 의해 대체되지 않았다. 오히려 이 기구의 가장 중요한 후원자이자 생명선이 되어 연수 활동과 사업에 자금을 댔고 결국에는 운영 예산의 상당액을 조달하기까지 했다.[44·57] 제2차 세계대전 중에는 국제연맹보건기구의 핵심 활동 중 일부를 국제보건단이 위임받기까지 했다.

국제적·국가적 공중보건의 제도화에는 양차 세계대전 사이의 기간에 시작된 좌파 정치를 비롯한 다양한 정파의 논리적 승인이 필요했다. 이 반파시즘과 노동주의, 사회주의, 여타 좌파 행동주의의 시대에 록펠러 재단은 부득불 진보적인 정치세력에 가까이 다가가고, 귀를 기울이고, 심지어 그들에게 자금을 대기까지 했다. 공개적으로 거침없이 발언하는 사회주의자를 비롯해 좌파 연구자, 공중보건 전문가(라크만이 대표적인 예다)가 록펠러 재단의 지원에 힘입어 보건계와 과학계에서 중요한 입지를 확보했다.[58]

물론 좌파의 접근법에 대한 록펠러 재단의 지지는 재단의 기존 공중보건 모델을 보완하는 수준에서 결코 벗어나지 않았지만, 국제보건단이 유수한 좌파 보건 전문가를 후원했다는 사실은 록펠러 재단이 특정 국면에서는 이데올로기적으로 유연하게 대처했음을 보여준다.[59] 그 대표적인 예로 존스홉킨스 대학의 저명한 의학사학자이자 국민건강보험 찬성파였던 헨리 지거리스트Henry Sigerist와 유고슬라비아의 사회주의자이자 공중보건 전문가 안드리야 스탐파르Andrija Stampar를 들 수 있다. 록펠러 재단은 기술-의학 중심의 접근법을 대체할 대안을 묵살하지 않았고 지식 측면에서는 그러한 대안에 열려 있기까지 했으며, 장기 근무 간사들에게는 (자금과 시간에 제약을 두긴 했지만) 그러한 관심사를 발전시킬 자유와 독립성을 보장했다. 또한 재단은 과학계와 공중보건계의 새로운 성과에 관한 정보를 대규모로 수집했는데, 여기에도 좌파의 활약상을 적절히 반영했다.

지거리스트나 스탐파르 같은 인사들이 주창한 정치경제학 관점의 사회적 의료는 이미 19세기에 시작된, 새롭지 않은 접근법이었다. 세포병리학의 선구자 루돌프 피르호Rudolf Virchow는 1848년 상부 실레시아에 발생한 티푸스 전염병을 해결하려면 의료적 개입이 아니라 완전하고 제한 없는 민주주의가 필요하다는 (그에게 조사를 맡긴 프로이센 당국엔 뜻밖의) 결론을 내놓았다. 마찬가지로 20세기 초반에도 사회적 의료의 목표는 보건을 결정하는 사회경제적 조건들에 대한 관심을 공중보건 활동 전반에 통합하는 것이었다.[59] 가령 록펠러 재단은 1930년 대 소비에트연방의 실험적 사회적 의료가 어떤 효과를 내고 있는지 알고 싶어서 (소비에트 내 연구자는 아니지만) 지거리스트의 관련 분야 연구를 지원했다.[60]

록펠러 재단은 미국의 '외교 정책으로서의 국제 보건' 역량 강화에도 힘을 보탰다. 1930년대 중반 독일은 멕시코, 브라질 등 라틴아메리카 지역에서 동맹관계가 필요한 국가나 석유, 고무, 광물 등 중요 자원이 풍부한 국가들과 친선을 도모하려고 의료 원조를 활용하기 시작했고, 실제로 그런 국가들이 영미권 국가들과 힘을 겨루기 시작했다. 이에 록펠러 재단은 미국 국무부의 요청으로(미국 정부는 자선사업 재단들을 동원해 독일의 라틴아메리카 개입을 저지하고자 했다) 라틴아메리카에서의 공중보건 활동을 한층 확대했다. 결국 록펠러 재단의 강화된 국제 보건 활동은 라틴아메리카 국가들을 미국의 동맹으로 유지하는 데 불가결한 역할을 맡았다.[23·61~66]

요약하자면, 록펠러 재단이 현대 국제 보건의 의제 설정과 제도 수립에 이처럼 막대한 영향력을 행사할 수 있었던 이유로는 재단이 국제무대에서 활발하게 활동했다는 점, 게다가 사실상 모든 종류의 공중보건 활동에 촉수를 뻗고 있었다는 점을 들 수 있다. 그리고 이와 같은 눈에 띄는 공식 행보는 무대 뒤의 노력으로 뒷받침되었다. 록펠러 재단은 보건의 우선순위를 결정하는 과정에 적극 참여하기 위해 재단의 고위 간부와 펠로우, 국제보건위원회의 간사들이 정치가와 저명한 의사는 물론 전통 치료사, 지역 주민 등과 관계를 맺도록 하고, 또한 공중보건 캠페인에서 국가(및 지역)가 담당하는 재정 비중을 점점 높이는 방식을 고수했다. 그렇다고 이러한 노력이 일방적인 것은 아니었다. 록펠러 재단의 활동은 광범위한 '기브 앤 테이크' 관계를 통해 이루어졌다. 많은 경우 협상과 적응, 강요와 저항, 노골적인 거부, 생산적 협동을 동반했으며, 재단은 정치, 과학, 경제, 문화, 인력 등의 지형 변화에 역동적으로 대응했다. 이 시대에 달리 유례를 찾아볼 수 없는 바, 록펠러 재단은 자선단체이자 국가적·양자적·다자적·국제적 기구였다.[23]

1948년 세계보건기구WHO가 발족한 뒤 국제보건단은 해체되었다. 국제보건단의 기능 중 일부는 록펠러 재단의 새로운 기구인 의료·공중보건부에 흡수되었다.[67] 그러나 재단은 국제 보건을 주도하는 역할을 내려놓은 뒤에도 보건 및 국제 개발과 관련된 다양한 사업에서 계속 활동했다. 예컨대 (작물 교배 등과 같은) 기술적·기업농업적 접근법으로 농업 생산량을 제고하는 '녹색혁명', '제3세계'의 인구 증가를 억제하기 위한 인구위원회, 그 밖에 비교적 소규모의 사회과학 및 의학 연구에 재정을 지원했다.[55]

록펠러 재단은 존 노울즈John Knowles가 회장으로 재임한 1970년대에 다시 국제 보건계에 모습을 드러냈다. 재단 최초의 의사 출신 회장인 노울즈는 의료를 폭리 취득 수단으로 삼는 데 반대하고 개인의 보건 책임 개념을 주장한 것으로 이름이 높았다. 산업계와 학계 출신 신탁이사들의 영향력이 여전히 높았지만 이제는 정계와 시민사회의 (아직도 주로 남성인) 인사들도 의사 결정에 참여하는 가운데 록펠러 재단은 국제 보건의 몇 가지 핵심 사안에 집중했다. 1970년대 말에는 '방치된 인류의 주요 질병 퇴치 계획'을 시작하고 WHO의 '1차 보건의료'(이에 대해서는 다시 설명하겠다) 도입을 제한하려 했다. 1980년대에는 '국제 임상역학 네트워크'를 탄생시키고 '아동 생존을 위한 특별 본부'의 발족에 일조했다. 1990년대에는 '장벽 없는 공중보건학교' 설립, '공정한 보건 계획'을 시작하고 '아동 백신 계획'과 '국제 에이즈 백신 계획' 수립에 참여했다. 이 시기에 록펠러 재단은 냉전 압력과 새롭게 떠오르는 신자유주의 이데올로기의 영향 아래서, 격렬한 내부 논쟁을 거치면서도 결국 공공 부문을 지원하는 전통적인 역할에서 벗어나 민간 부문을 지원하는 사업 방식을 채택하기 시작했다. 특히 재단은 공공-민간 제휴라는 국제 보건의 새로운 자금 조달 방식 수립에 일조하면서 백신 보급 사업을 지원했다.[68] 그러나 이제 록펠러 재단은 다른 국제 보건 및 개발 주체들에 밀려나기 시작하고, 20세기 전반에 재단이 행사했던 영향력을 되찾지는 못한다.

록펠러 재단의 유산

국제보건단의 해체는 매우 실질적인 의미에서 자기 충족적 예언의 실현이었다. 이 단체의 노력 자체가 이 단체의 필요성을 없앴던 것이다. 그러나 록펠러식 국제 보건은 사라지지 않았다. 이 재단이 발명한 원칙들, 즉 국제보건위원회의 국가적 활동은 물론 국제 보건계 전체를 규정했던 그 많은 원칙은 세계 보건에 막대한, 그리고 어쩌면 문제적인 유산을 남겼다. 그 내용은 다음과 같다.

1. 위로부터의 의제 설정 : 국제 보건 계획은 공여자 중심으로 수립한다. 협업 의제는 국제기구가 도출·감독하며, 협업 방법은 직접적인 현지 보건 활동 또는 간접적인 기금 증여이다.
2. 예산 유인 체계 : 공여 기구는 국제 보건 활동비의 일부만 담당하고, 수취 국가가 부응 기금을 조성하여 해당 사업에 재정적·인적·물질적 자원을 투입한다.
3. 기술생물학 원리 : 국제 보건 활동 계획은 다음의 질병 관리 원리에 따라 수립된다.
    a) 질병병인론에 대한 생물학적·개인행동론적 이해

b) 다양한 환경에 적용할 수 있는 기술적 도구

4. 사업 성공을 위한 선제 조건 : 보건 활동은 질병과 개입 성격에 따라 지리적 한계와 시간적 한계를 가지므로, 필요할 때는 분명한 출구 전략에 따라 효율성을 보장하고 가시적이고 긍정적인 결과를 도출한다.

5. 다국적 전문 인력을 통한 합의 도출 : 국제 보건 활동의 주체는 외국에서 (흔히 공여 기구의 인력과 함께) 훈련받은 전문가로, 이들의 역할은 국제 네트워크에 참여하면서 공여자의 계획과 접근법을 현지에 신중하게 적용하는 것이다.

6. 현지 조건에의 적응 : 국제 보건 활동은 제한적으로나마 유연성을 발휘하여 현지의 문화 및 도덕경제, 정치적 사정을 고려하며 진행된다.[23·51]

이러한 원칙들은 어떤 완벽한 장기 계획 아래서 수립된 것이 아니라 전반적인 발전 과정에서 도출되었고 록펠러 재단과 다양한 국가적 이익이 일치하는 상황에서 점차 완성된 것으로 보이지만, 이 원칙들이 오랫동안 통용되어왔다는 사실은 과거에나 지금이나 국제/세계 보건계에 두드러지게 나타나는 이른바 '정치권력과 의료 권력의 비대칭성'을 보여준다.[54]

그러나 록펠러 재단이 위의 원칙들을 예외 없이 고수한 것은 아니다. 예컨대 앞서 말한 대로 이 재단은 국민건강보험 연구를 지원했고 재단의 협소한 관점보다 더 넓은 견지에서 사회적 의료를 주창한 좌파 행동주의 과학자들을 후원했다. 나아가 록펠러 재단이 지원하고 주도한 국가적·국제적 공중보건 기관 중 일부는 위에서 간략히 정리한 록펠러식 원칙을 뛰어넘어 정치적이고 사회적인 관점에서 공중보건을 이해하고 실천했다.

록펠러 재단은 무엇보다도 WHO에 큰 유산을 남기게 되었다.[67] 남아메리카와 이탈리아에서 국제보건단 사업을 30여 년간 지휘한 루이스 해켓Lewis Hackett에 따르면 '모든 국제조직은 정도의 차이는 있겠지만' 국제보건단의 활동가, 펠로우, 실천 방식, 기술을 상속함으로써 '그 선구적인 정책과 활동을 채택해왔다'.[69] 록펠러 재단이 WHO에 가장 직접적으로 각인을 남기는 과정에는 프레스 소퍼Fred Soper 박사라는 매개자가 있었다. 그는 브라질의 말라리아, 황열병을 퇴치하기 위한 국제보건단의 대규모 캠페인을 20년 가까이 지휘한 뒤 1947년부터 1958년까지 범아메리카 위생청PASB(WHO의 남북아메리카 광역 관할 부서로, 1958년에 '범아메리카 보건기구PAHO'로 이름을 바꾸었다)을 이끌었다. 당시 록펠러 재단의 회장 체스터 바너드Chester Barnard에 따르면 범아메리카 위생청은 '국제보건단이 라틴아메리카에서 추구하는 목적 대부분을 아우르도록 설계되었다'. 소퍼가 이끌던 시기에 범아메리카 위생청은 '국제보건단의 정책과 철학을 채택했다. 결국엔 범아메리카 위생청이 우리의 기능을 이어받을 것'이었다.[69]

국제보건단의 협력 모델이 WHO에 한층 더 깊이 스며든 시기는 마르콜리노 칸다우Marcolino Candau 박사가 사무총장으로 재임한 1953~1973년이었다. 국제보건단의 브라질 캠페인에서 소퍼와 함께 활동했던 칸다우는 말라리아와 천연두를 퇴치하기 위한 전 세계적인 캠페인을 발족시켰고, 세계 각지에서 총 5만여 명의 보건 인력이 공중

보건 훈련을 받을 수 있도록 대규모의 재정 지원을 집행했다.[68·70]

록펠러 재단의 국제 보건 원칙이 그토록 오랫동안 효력을 발휘한 것은 그저 재단과 관계된 인사들이 높은 자리에 올라 큰 목소리를 냈기 때문만은 아니었다. 앞으로 살펴보겠지만 록펠러 재단의 원칙은 지금까지도 그 하나하나가 특징적인 이데올로기와 관료제적 편의성을 담고 있으며, 그러한 측면이 오늘날 세계 보건계의 구조와 전략, 신조에서도 발견된다.

냉전, 그리고 신자유주의

제2차 세계대전 이후 수십 년간 국제 보건과 관계된 수많은 조직이 탄생하거나 새롭게 편성되었다. 양자적 원조 단체와 개발 기구를 비롯해 세계은행과 국제통화기금IMF, 국제연합UN 산하의 유엔아동기금, 유엔식량농업기구, 유엔개발계획, 그 밖에도 수많은 국제적·지역적 비정부기구, 인도주의 단체와 압력단체, 연구 단체, 사립 재단, 기업체 연합 등이 출현했다. 또한 아시아와 아프리카에서, 이어 카리브 해에서 전개된 독립운동으로 옛 식민지에 대한 제국들의 권한 문제가 지정학적으로 한층 복잡해진 결과, 다양한 맥락에서 여러 주체가 활동하게 되었고 수십 개의 신생국이 국제적 정책 결정 과정에서 명목상으로나마 발언권을 획득했다.[51]

1946년부터 1990년대 초반까지 이 새로운 행동 주체들과 국제 보건계 전체는 크게 두 가지 인자에 영향을 받았다. 첫째는 냉전 시대에 펼쳐진 미국식(서구권) 자본주의와 소련식(동구권) 공산주의의 경쟁이었다. 둘째는 식민 지배에서 벗어난 '제3세계'의 유일한 발전 경로로 (서구

열강에 의해) 제시된 경제 발전 및 현대화의 논리였다.[71] 이러한 배경 속에서 동서 양극은 국제 보건 계획을 이용해 저소득 국가들과의 동맹을 강화하고자 했고, 나아가 정치적 지배력까지 확보하려 했다. 구체적으로 말해 동구권에서는 상대국에 종합병원과 진료소, 제약 플랜트 같은 고비용 인프라를 구축했고, 서구권에서는 그러한 인프라에 더해 록펠러 재단식의 질병 퇴치 캠페인을 진행했으며, 동서 양극 모두 전문가 훈련 프로그램을 전폭적으로 지원했다.

1950년대에 들어서면 세계 권력의 재편이 옛 식민지에는 거의 어떠한 이익도 주지 못한다는 사실이 분명해졌다. 1964년에는 소련과 미국 어느 쪽에도 동조하지 않는 '비동맹' 국가가 모여 G-77을 발족했으니, 이 기구의 목표는 개발원조 형태의 신식민주의에 대항하고, 의사 결정 과정에서 주권 존중을 요구하고, 불공정한 국제통상협상과 유엔 기구 내의 비민주적 절차를 고발하는 데 있었다.

국제 보건은 냉전 체제의 '인질'이 되었지만(동구권은 1949년 WHO에서 탈퇴했다가 1950년대 중반에 복귀했다) 많은 나라가 미국과 소련을 맞붙이는 방법을 터득하기도 했다. 그럼으로써 사회 개선을 도모하는 경우도 있었고, 자원에 대한 불평등한 권력과 지배력을 한층 심화하는 경우도 있었다.[72-74] 예컨대 인도의 인디라 간디 정부는 미·소 양측의 관심을 이용해 소련으로부터 원조를 받는 동시에 그에 버금가는, 또는 그 이상의 원조를 미국으로부터 끌어내어 자국을 개발하는 데 투입했다.[75]

서구의 영향권에 속해 있던 WHO는 전문화, 관료화, 기술 중심의 세계적 질병 퇴치 캠페인 등 록펠러식의 운영 방식을 계속 추구했다. 먼저 페니실린으로 딸기종에, BCG로 결핵에 맞섰고, 이어서 제2차 세계대전 중에 광범위하게 사용된 살충제인 DDT로 말라리아에 맞섰다. (이 사업은 실패로 끝날 수밖에 없었다.) 그리고 무엇보다도 적당한 기술과 백신이 있는 질병인 천연두에 맞서 야심찬 캠페인을 진행한 끝에 (일부 지역에서는 갈등의 원인이 되었지만) 마침내 1980년 천연두 종식을 선언하기에 이르렀다.[74·76~81]

그러나 1970년대 들어 WHO의 질병 중심·공여자 중심의 접근법에 대한 도전이 시작되었다. 보건 문제를 지역 간 협업으로 해결하길 원한 회원국들, 특히 G-77 국가들이 반대의 목소리를 냈는가 하면, 덴마크 출신의 통찰력이 뛰어난 사무총장 할프단 말러Halfdan Mahler의 재임 기간(1973~1988년)에는 본부 내부에서부터 비판이 대두되었다. 이에 WHO와 유엔아동기금의 1978년 회의에서 알마아타 선언[82]으로, 뒤이어 WHO의 '모두를 위한 보건' 정책으로 1차 보건의료 운동이 성문화되었다. 보건을 인간의 기본권으로 규정한 이 새로운 접근법은 기존의 하향식·기술생물학 중심의 캠페인 대신 보건이 놓인 경제적·정치적·사회적 맥락을 고려하는 통합된 사회적·공중보건적 조치를 채택하길 요구했다.[83·84]

이는 1차 보건의료라는 이름으로 사회적 의료가 부활한 것이었다. 그러나 이로부터 WHO와 유엔아동기금 사이에, 또한 각 기구 내에서 쓰라린 분열이 시작되었다.[70] 이때 록펠러 재단이 국제 보건 무대에 다시 등장하여 '선별적' 1차 보건의료를 추진하는 데 작지만 결정적인 역할을 했다. 선별적 1차 보건의료는 알마아타 선언에 명시된 보편적 1차 보건의료를 위한 사회정의 의제에 맞서는 불완전하고 기술적인 (그리고 매우 논쟁적이었던) 대안으로, 예방접종이나 경구 수분 보충법 같은

'비용 대비 고효과' 접근법을 강조했다. 국제보건단의 유명 활동가를 아버지로 둔 제임스 그랜트James Grant가 총재로 재임한 1980년대에 유엔아동기금은 선별적 1차 보건의료를 중심으로 아동 생존 캠페인을 진행했다.[85]

WHO는 록펠러 재단이 남긴 국제 보건 원칙의 굴레에서 벗어나려고 애쓰던 바로 그때 일련의 정치적·재정적·조직적 위기에 봉착했고 기구의 적법성과 예산 모두 시험대에 올랐다. 1970년대 말부터 1980년대에는 석유 파동과 경제위기로 인해 여러 회원국이 회비 납부에 어려움을 겪었다. 또한 회원국들은 WHO의 인력이 현장보다 본부에 몰려 있다고 비판했다.

바로 이 무렵 '자유 시장'을 찬양하고 정부가 맡는 부의 재분배, 사회 복지 보장, 산업 경제 활동 규제 등의 역할을 경시하는 신자유주의 정치 이데올로기가 부상했다. 그 결과, 공공 부문이 지원하는 강력한 국제 보건 기관이라는 록펠러 재단의 모델이 힘을 잃기 시작했다. WHO의 제약 규제 계획(복제약 약전을 공포했다)과 1981년의 '모유 대체품 판매에 관한 국제 규약'이 미국 기업들에 의도적인 반기업 전략으로 받아들여지는 상황에서 레이건 보수당 정부는 재정 출자를 동결하여 WHO를 견제했다.[86] 1990년대 초에 이르면 세계보건총회가 '민주적으로' 결정하게 되어 있는 회원국의 연회비는 WHO 총예산의 절반도 채우지 못했다. 대신에 기부금의 비중이 늘어났다. 이제는 회원국 외에도 다양한 민간 조직이 WHO를 후원하고 있었고, 이 공여자들은 회비로 진행하는 활동에 예산을 편성하기보다는 특정한 계획과 접근법에 재원을 우선적으로 할당하는 쪽으로 기구의 방향을 점점 바꾸었다.[87] 현재는

WHO 예산의 약 80퍼센트가 특정 용도의 자금으로, 그 '자발적' 기부금의 사용처를 공여자가 지정한다.[88]

냉전이 종식되자 그동안 서구권의 WHO 지원을 뒷받침하던 반공 논리가 사라졌고(1994년 〈영국의학저널〉에는 초유의 강도로 WHO를 비판하는 연속 기사가 실렸다)[89~91] 이후 국제 보건을 뒷받침하는 논리는 통상 확대, 보건의 상품화, 질병 감시, 보건안보로 대체되었다.[92·93] 이 무렵이면 WHO는 결핵 등의 재유행성 전염병과 무엇보다 인플루엔자 등의 범유행병을 감시·고지·관리하는 '보건안보'상의 역할을 제외하면, 1946년 헌장에서 규정했던 국제 보건계에서의 중추 역할을 상실했다. 효율성 개혁과 보건의료 서비스 민영화를 추진 중이던 세계은행이 WHO보다 훨씬 많은 예산을 보건 사업에 편성했고, 많은 양자적 기구가 WHO의 매개 없이 국제 보건 활동을 진행했다.[94] WHO는 공공-민간 제휴 사업Public-Private Partnerships, PPP에 기대어 명맥을 유지했다.[95] PPP는 제약 회사 등에 이익을 보장하는 자금 조달 방식으로, 국제 공중보건의 정책 결정 과정에서 중요한 역할을 담당하게 되었다.[96] 1990년대 내내 국제 보건 지출은 증가하지 않았고, WHO는 물론 이 분야 자체의 미래가 어두워 보였다.

이러한 상황이 전개되는 가운데 국제 보건international health은 '세계 보건global health'이라는 새로운 이름을 얻었다. 지난 20년간 널리 채택된 이 새로운 용어에는 식민주의의 '하수인', 냉전 갈등 및 개발 정치의 '인질' 등 이데올로기적 도구로 쓰였던 과거의 국제 보건을 뛰어넘는다는 의미가 담겨 있다. 세계 보건은 '보건에 대하여 그 책임, 경험, 그 취약성을 세계가 공유하는 것을 의미한다. …… 하나의 집단임을 강조하는 이 표현은 정치, 경제, 사회, 전염병학 분야에서 세계적이고 국가적이고 지역적인 힘과 과정과 조건들의 상호작용을 바탕으로 하는 보건 및 질병의 패턴을 뜻한다'.[51] 여기서는 두 개념을 이렇게 구분하고 있지만, 세계 보건에서 '세계global'가 무슨 뜻인지를 두고 혼선이 빚어지고 있으며[97·98] 두 개념을 동일한 의미로 사용하는 경우도 많다. 무엇보다도 '새롭게' 정의된 세계 보건은 여러 측면에서 과거의 국제 보건과 유사하다.[99]

요약하자면, 록펠러 재단은 냉전 시대에 동서 이데올로기 전쟁에 뛰어든 더 거대한 조직들에 의해 국제 보건계의 주변으로 한참 밀려났다. 국제 보건 자선사업은 냉전 중에 승리를 위해 막대하게 투입되었던 자원이 바닥을 드러낸 이후에야 의미 있게 다시 시작될 터였다. 이 새로운 시작이 신자유주의의 부상과 때를 함께했다는 사실이 극히 중요하다. 이제 국제 자선단체들은 국가의 역할이 공격받고 민간 부문의 영리적 접근법이 장려되는 환경에서 활동하게 된다.

게이츠 재단의 등장

록펠러 재단이 이전 시대의 진공을 메우며 등장한 지 약 100년 후인 2000년, 권위가 위기에 처한 그 시점에 과거의 록펠러 재단처럼 국제/세계 보건 의제를 결정할 새로운 조직이 나타났다. 현재 세계 보건계에서 단연 가장 거대한 이 자선단체는 마이크로소프트의 창립자이자 초대 CEO로서 이 회사를 장기간 운영했고 1995~2007년·2009년·2013년 세계 최고의 부자로 꼽힌 빌 게이츠[100]와 그의 아내 멀린다 게이츠가 설립하고 빌 게이츠의 부친 빌 게이츠 시니어까지 세 사람이 공동 회장을 맡은 빌&멀린다 게이츠 재단이다. 2013년 9월 기준 게이츠 재단의 기금은 402억 달러(약 45조 2,000억 원 - 옮긴이)를 기록했다. 여기에는 미국의 거물 투자자이며 게이츠 재단의 신탁이사 겸 고문인 워런 버핏이 2006년에 기부하기로 한 310억 달러 중 일부(12억 5,000만~20억 달러 단위로 일곱 번 납부)도 들어 있었다.[101] 게이츠 재단은 2013년까지 총 283억 달러의 기금을 증여했고 최근의 평균 연간 지출이 약 30억 달러, 2012년 한 해의 증여액은 34억 달러였다.[101] 이 중 대략 60퍼센트가 세계 보건 활동에 쓰였으며 나머지는 개발, 농업, 세계 인권, 교육, 도서관, 미국 북서부 연안의 지역 계획 등에 할당되었다.[102·103] 게이츠 재단의 세계 보건 예산은 최근 몇 년 사이에 WHO의 예산을 넘어섰다.[104~106] 이 엄청난 예산 규모 및 창립자들의 인지도와 적극적인 활동을 바탕으로 게이츠 재단은 그야말로 하룻밤 사이에 세계 보건의 주역으로 떠올랐다.

미국 워싱턴 주 시애틀에 본부를 둔 게이츠 재단에 관한 정보원 중 일반인이 접근할 수 있는 것은 재단 웹사이트뿐이다. 게다가 회의록, 메모, 서신 등 내부 의사 결정이나 운영 현황에 관련된 문서는 웹사이트에서도 찾을 수 없다. 게이츠 재단의 세계 보건 부서에 따르면 이 재단이 세계 보건 분야에서 추구하는 가장 중요한 목표는 '과학과 기술의 진보를 활용하여 보건 불공정을 줄이는 것'이며[107] 그 방법은 (진단 도구와 치료제 개발 제휴를 통한) 치료와 (백신과 살균제 같은) 예방 양쪽에 혁신적인 보건 기술을 응용하는 것이다. 처음에 게이츠 재단은 기금 사용처의 목록이 지나치게 빨리 늘어나지 않도록 유의하면서 소수의 질병 관리 계획에 집중하고 주로 자금 조달 기구로 기능했다. 그러다가 몇 년 전부터 방향을 바꾸어 100여 개국에서 사업을 진행하게 되었고 영국, 중국, 인도에 사무소를 설치했으며 내부 인력도 1,100여 명으로 늘렸다.[101]

게이츠 재단은 과거에 록펠러 재단이 그러했듯(여기서 짚어둘 사실은, 록펠러 재단이 국제 보건 분야에서 맡은 선구적 역할을 게이츠 재단은 명시적으로 인정하지 않는다는 것이다. 게이츠 재단의 웹사이트에 록펠러 재단이 과거에 '녹색혁명' 사업을 지원함으로써 농업 생산력 제고에 일조했다고 언급된 것이 전부다) 공동 자금 조달 방식으로 사업을 진행한다. 나아가 록펠러 재단과 마찬가지로 기술 중심의 접근법을 취하고, 사업이 긍정적인 결과를 낼 수 있도록 사업 목표를 협소한 범위에서 수립하며, 단기적 성과를 강조하는 '비즈니스 모델'을 고수한다.

세계 보건계의 여러 조직은 게이츠 재단과의 협업에 적극적이다. 실제로 게이츠 재단은 외부의 공여자를 재단 활동에 결집시키는 데 특별한 역량을 보인다. 가령 이 재단을 통해 세계 보건에 기여하는 양자적 공여 기구들은 전부 합치면 재단의 열 배에 달하는 자원을 기부하고 있는데,[104·108] 이들의 인지도는 재단에 비해 훨씬 낮다. 과거에 사회정의에 입각한 접근법을 취했던 조직들(예컨대 노르웨이 개발협력청NORAD)까지도 이 경로를 선택하고 있다.[109] 대중의 이목을 끄는 성공적인 자선 활동과 협업하는 방식은 정해진 예산으로 '폭발적인' 효율을 낸다는 이유로, 그것도 단 한 번의 정치 주기 내에 그러한 성과를 올릴 가능성이 있다는 이유로 인기가 많다. 그러나 장기적인 관점에서 보면 게이츠 재단의 기술적 '단타'는 생활환경 및 노동환경 개선, 군부 해체, 복지국가 건설 및 부의 재분배 같은 사회적·정치적·공중보건적 조치와 결합되었다

면 얻을 수 있었을 성과에 한참 못 미칠 가능성이 있다.[110]

기본적인 자금력, 자금 동원력, 자금 확대 능력, 자금의 효율성을 홍보하는 능력(이 효율성은 예의 그 기술과학적 생의학 모델에 입각한, 그리고 게이츠 재단이 지원한 연구들이 입증해준다),[111] 이에 더해 빌과 멀린다 게이츠 부부의 매우 가시적인 행보는 게이츠 재단의 폭넓은 활동 범위를 뒷받침하는 중요한 인자이지만, 그렇다고 유일한 결정인자는 아니다. 게이츠 재단이 세계 보건계에 등장한 시기는 신자유주의 세계화가 정점에 달했을 때였다. 다시 말해 (WHO 같은 다자적 기구와 양자적 기구가 집행하는) 세계 보건 관련 지출이 전반적으로 줄어드는 때였고, 각지의 정치·경제 엘리트층이 (또한 유력 미디어가, 여러 나라의 선거 결과가) 정부의 해외 개발원조에 대해 그 어느 때보다 강한 의혹을 표명하는 때였으며, 중·저소득 국가들이 HIV/AIDS, 재유행성 감염병, 폭증하는 만성 질환에 시달리는 동시에 몇십 년 전부터 계속된 세계은행과 국제통화기금의 사회적 비용 절감 요구에 휘청거리는 때였다. 그러한 배경에서 게이츠 재단에 '세계 보건의 구원자'라는 과장된 명성이 주어진 것이다.[112~114]

게이츠 재단은 세계 보건계에 돈과 생명을 불어넣는 역할, 또 다른 조직들을 이 분야로 이끄는 역할로 널리 찬양받아왔다.[13·115·116] 그러나 그러한 역할을 인정하는 사람들조차도 게이츠 재단에 (특히 납세자들이 내는 보조금에 대한) 해명 책무가 부족하고 실시간 투명성이 결여되어 있다는 점, 그리고 게이츠 재단 및 이 재단이 PPP 모델을 통해 자선 사업에 끌어들인 민간 주체들이 부당할 만큼 큰 권력으로 공익을 좌우하고 있다는 점을 비판한다.[117~119]

게이츠 재단의 접근법, 활동 범위, 한계

세계 보건계의 '피리 부는 남자' 격인 게이츠 재단은 다양한 PPP 사업, 미국국립보건원·세계은행·WHO 같은 다자적 기구, 대학, 민간기업, 압력단체, 비정부기구 등과 협업하고 그들을 지원한다. 과거에 록펠러 재단이 그러했듯, 게이츠 재단의 세계 보건 기금은 대부분 고소득 국가에 소재한 조직에 증여된다.[120] 2014년 초를 기준으로 말하자면 게이츠 재단이 운영하는 '세계 보건 프로그램' 기금 중 약 75퍼센트가 50개 조직에 증여되었는데, 그중 90퍼센트가 미국, 영국, 스위스에 소재해 있다.[120·121] 예를 들어 게이츠 재단과 같이 시애틀에 본부를 둔 '패스Program for Appropriate Technology in Health, PATH', '패스 드러그 솔루션즈PATH Drug Solutions', '패스 백신 솔루션즈PATH Vaccine Solutions', 이 세 조직은 1998년 이래 게이츠 재단의 '세계 보건 프로그램'으로부터 총 16억 달러 이상의 기부금을 받아왔는데, 이는 그때까지 배분된 세계 보건 기금 전체의 약 15퍼센트에 해당한다. 그 내역을 보면 말라리아 연구 지원금이 약 6억 1,400만 달러, 방치된 전염병 연구 지원금이 약 1억 7,700만 달러, 장 질환 및 설사증 지원금이 약 3억 500만 달러였다.[121·122]

게이츠 재단의 '세계 보건 프로그램'은 HIV/AIDS, 말라리아, 결핵, 폐렴, 설사증, '방치된 질환' 등의 진단과 예방, 치료, 퇴치 캠페인을 연구 개발하는 데 자금을 지원하고(참고로, 그 모든 질환에는 치료제부터 백신, 탈수증을 치료하는 경구보급염, 살충제가 함유된 침대 망까지 그 질병을 관리할 수 있는 기술적 수단이 이미 존재한다) 다국적 과학 연구에 자금을 대는 사업이다. 게이츠 재단은 자궁경부암 검사법 연구에도 자금을 지원하는데, 재단이 지원하는 인도 지역 연구에 대해 심각한 윤리적 문제가 제기된 바 있다. (2014년에 인도 여성들을 대상으로 자궁경부암을 찾아내기 위한 대안적 검사 방법을 연구할 당시, 3만 명이 넘는 가난한 시골 여성들이 검사나 치료를 전혀 받지 않는 '통제 집단'으로 배정되었다. 그들은 검사나 치료를 스스로 알아서 받도록 교육받았다고는 하나 거의 아무도 그렇게 하지 않았고, 과연 그들이 충분한 정보를 제공받은 후 그 검사에 동의했는지 의문시된다는 비판이 높았다.)[123]

2011년에 시작된 변화의 일환으로 '세계개발계획Global Development Program'이 다양한 세계 보건 활동을 함께 감독하게 되었다. 그 구체적인 분야는 가족계획, '통합 보건의료', 산모·신생아·아동 건강, 영양, 소아마비, 백신 보급, 식수·설비·위생이다(마지막 항목은 원래의 개발 계획에도 포함되어 있었다). 세계 보건 분야에서와 마찬가지로 이러한 활동은 도구, 절차, 그리고 여타 목표로 삼아 개입하는 일들을 혁신하고 실행하는 데 초점을 맞추며, 많은 경우 민간기업과의 제휴로 진행된다. 예컨대 재단은 위생 설비에 점점 관심을 높이면서 근본적으로 새로운 위생 기술의 개발과 동시에 새로운 위생 상품과 서비스 시장도 지원하고 있다.[124]

게이츠 재단의 세계 보건 기부 중 액수로 상위를 차지하는 항목으로는 아동 등의 백신 접종 확대를 위해 '세계백신면역연합GAVI'(게이츠 재단이 발족을 주도했고 지금도 큰 영향력을 행사하고 있다)에 기부한 15억 달러[101·125], '패스 말라리아 백신 이니셔티브'에 4억 5,600만 달러[101], '아에라스 세계 결핵 백신 재단'에 5억여 달러[126], 그리고 '소아마비 퇴치를 위한 로터리 인터내셔널'에 3억 5,500만 달러(나아가 부응 기금을 2013년부터 2018년까지 매년 최대 3,500만 달러씩 늘리기로 약정했다)[127] 등이 있다. 이 밖에도 게이츠 재단은 HIV/AIDS 관리(및 국소 살균제와 백신 개발)에 약 30억 달러를 기부해왔다.[101·120·121]

게이츠 재단의 가장 눈에 띄는 세계 보건 활동은 백신 개발 지원이다. 2010년 재단은 백신 연구·개발·보급에 10년에 걸쳐 100억 달러를 지원하기로 했다. 물론 백신은 중요하고 효과적인 공중보건 수단이다. 하지만 게이츠 재단의 백신 투자가 어떠한 성격을 갖는지, 그리고 이러한 접근법으로 인해 어떤 것이 우선순위에서 밀려나는지 따져봐야 한다. 가장 중요하게는 생활환경과 노동환경의 개선을 들 수 있다. 게이츠 재단의 접근법은 옛 록펠러 재단의 접근법과 마찬가지로 환원주의적이다. 이 사실을 극명하게 보여주는 것이 2005년 5월 제58차 세계보건총회에서 빌 게이츠가 한 기조연설이다. WHO 회원국들이 정책을 논의하고 주요 사안을 투표로 결정하는 이 연례 회의에서 민간 부문의 인사가 연설한 경우는 그때가 처음이었다. 이 기구의 향후 진로를 결정하기 위해 백신 중심의 천연두 퇴치 사례를 끌어오는 (그러나 그 백신이 아직 특허도 받지 않은 상태임은 언급하지 않는) 그의 연설은 화려하면서도 참으로 놀라웠다.

"어떤 사람들은 선진국은 보건이 더 양호하지 않느냐면서 우리가 빈곤을 퇴치해야만 보건을 개선할 수 있다고 말합니다. 물론 빈곤 퇴치는 중요한 목표이지요. 그러나 세계는 빈곤을 퇴치하지 않고도 천연두를 퇴치할 수 있었습니다. 우리 또한 빈곤을 퇴치하지 않고도 말라리아를 줄일 수 있습니다. 우리가 반드시 해야 할 일은 백신을 만들어 보급하는 것입니다."[128]

이날 게이츠는 어마어마하게 복잡한 문제에, 기만에 가까울 정도로 단순한 기술적 해법을 제시했다. 바로 그렇게 과도하게 생의학적으로 해석되는 보건 개념에 맞서기 위해, 그리고 보건에 영향을 미치는 다양한 구조적·정치적 근본 인자를 밝혀내고 그 해결을 도모하기 위해 WHO가 '보건의 사회적 결정 요인 위원회Commission on Social Determinants of Health'를 발족한 지 겨우 2개월이 지난 시점이었다. 더욱이 게이츠의 이 주장은 19세기 이후 지금까지 사망률이 감소한 원인이 생활환경 및 노동환경 개선, 제2차 세계대전 이후의 사회정치적 접근법과 의료 기술의 발전에 있다는 수많은 공중보건·인구학 연구 결과에 정면으로 배치된다.[81·129~136] 20세기 초에 록펠러 재단이 빈곤 퇴치와 재분배, 기술적 개입을 두루 강조하는 사회적 의료 연구를 포용했다면, 이제 게이츠는 친기업 성향의 정치인과 과학자의 수가 '임계질량'에 이르렀다고 보면서 좌파적 대안은 무시하거나 아주 쉽게 기각해도 된다는 식으로 말하고 있다.

게이츠 재단이 2003년에 수립하고 2008년에 '대변화 탐색'으로 보강한 사업 '그랜드 챌린지 익스플로레이션Grand Challenges Explorations' 계획은 수십 개국에서 과학자들의 '대담하고' '비정통적인' 연구를 지원한다.[137] 그런데 여기에는 통합된 기술적·사회정치적 관점이 아니라 제한된 기술적 관점에서 보건을 사고해야 한다는 단서가 붙어 있다.[11·138] 이 '대도전'에는 첫 10년간 약 10억 달러가 지출되었는데, 게이츠 재단의 기부액 치고는 딱히 큰 액수가 아니다. 이 사업은 게이츠 재단의 접근법을 과학계에 널리 알리고 그 정당성을 입증하는 수단으로서 재단에 중요한 가치를 지니며, 그 영향은 심각한 수준이다. 가령 '건강한 탄생, 성장, 발전을 위한 새로운 방법을 찾아내라'는 '도전 16번'은 일련

의 사회적 인자가 얽혀 있는 문제임에도 신생아와 그 가족의 생활환경
에 대해서는 이야기하지 않고[139] 신생아 건강 문제의 원인을 밝혀내기
어려운 가장 큰 장애물을 '분자적 경로'에서 찾고 있다. 사회적 조건이
라는 맥락 속에서 보건을 사고한다는 것은 실로 복잡하고 난처한 정치
를 수반하므로, 그 대신에 기술적·기업적 보건 해법을 주장하는 것은
손쉬운 선택이다. 그러나 사람들이 영아 조기 사망과 질병의 근본 원인
을 해결하는 데 관심이 있든 없든 간에 이 문제에 과학적으로 유효한
즉효 약은 존재하지 않는다. 빌 게이츠 자신이 말했듯이 '대도전'의 다
수가 15년 내에 성과를 내리라고 보긴 어렵다. 이 사업의 기간은 게이
츠가 처음에 구상했던 것보다 훨씬 길어졌다.[140] 그 정도면 포괄적 1차
보건의료에 기초한 보건 체계와 보건 공정화에 사회적·정치적 자원을
대거 투자하여 훨씬 거대한 규모의 결실을 거둘 수도 있는 시간이다.

　라틴아메리카의 여러 좌파 정부가 최근에 추진한 사회정책 중 하나
만 예로 들자면 2003년에 시작된 베네수엘라의 '바리오 아덴트로Barrio
Adentro(지역 속으로)' 계획은 10년이 채 안 되는 기간에 1차 보건의료를 두
배로 확대했다(거의 보편적인 보급에 가까워졌다). 그때까지 지역 보건 인프
라나 인간적 필요에 대한 배려를 한 번도 경험한 적이 없는 가장 빈곤
한 지역에 보건소 3,200개가 세워졌다. WHO 및 여타 기관의 통계와
평가에 따르면 베네수엘라의 볼리바르 혁명 첫 10년 동안 영아 사망률
이 1,000명당 19명에서 13.9명으로, 5세 이하 아동 사망률은 1,000명당
26.5명에서 16.7명으로 급감했다.[141]

　이 계획의 모태는 보건을 국가가 보장해야 할 인권으로 선언한 베
네수엘라의 1999년 헌법, 그리고 보건과 사회 서비스, 영양, 주택 공

급, 교육, 고용 안정을 요구한 '아래로부터의'의 정치적 움직임이었다.[142·143] 물론 이 사업에 투입된 수십억 달러(예컨대 쿠바에 석유를 제공하고 의사 수천 명을 데려왔다)는 게이츠 재단은 물론이고 각종 해외 개발원조 기구가 한 나라의 1차 보건의료에 지출할 법한 자금을 다 합쳐도 넘어설 수 없는 큰 액수이며, 어떤 수취국도 공여자들에게 그러한 역할을 기대하거나 바라지 않는다. 하지만 게이츠 재단이나 대다수의 주류 공여자에게 베네수엘라의 이 통합된 접근법을 공정한 세계 보건에 이르는 (완벽하진 않더라도) 논리적이고 효과적인 노선으로 지지하거나, 강조하거나, 혹은 그저 고려할 생각조차 없다는 사실은 의미심장하다(이와 대조적으로 1980년대 니카라과에 혁명이 일어났을 때 대다수의 양자적 원조 기구와 개발은행이 사업을 철수하는 와중에도 일부 단체, 특히 스칸디나비아 조직들은 니카라과의 1차 보건의료와 보통교육 실현을 적극 지원했다[51]).

물론 부와 권력이 극단적으로 집중되는 신자유주의적 질서 아래서 사회정의를 위해 싸우는 사회는 정치적으로 구미에 맞는 경로가 아니다. 현대 세계의 엘리트층을 상징적으로 대표하는 게이츠 재단은 애초에 보건 문제의 근본 원인을 인정하지 않고, 소수에 의한 미증유의 부의 독점이 그 문제에서 맡아온 역할을 모른 체하며, 재단의 아량과 기술적 재치를 스스로 너무나 자랑스러워하고 도덕적 우위까지 주장하지만, 이 재단이 과학계와 일반 대중에게 제대로 조사되고 평가받은 적은 지금까지 한 번도 없다.

액수는 비교적 작지만 게이츠 재단도 협소한 기술–생의학 관점에 갇히지 않은 계획들을 후원한 적이 있고, 공적 자금으로 국가적 보건의료 체계를 구축하고자 하는 정부들을 지원해왔다. 예컨대 2006년에는 쿠

바 같은 중·저소득 국가의 수많은 공중보건 기관을 지원하기 위한 '국가 공중보건 기관 국제 협회'가 발족하는 데 게이츠 재단이 초기 자금 2,000만 달러를 기부했다.[144·145] (이 협회는 미국의 에모리 대학교 세계보건원과 멕시코 국립공중보건원, 프랑스 공중보건감시원에 있다.) 2007년에는 저소득 국가에 만연한 보건 인력 부족 문제를 해결하기 위한 WHO의 '세계보건인력연합Global Health Workforce Alliance, GHWA'에 500만 달러를 지원했다.[121] 그러나 이런 종류의 기부는 재정 면에서나 홍보 면에서나 재단의 핵심 활동과 거리가 멀 뿐 아니라 재단의 기존 방법론에 대한 대안을 의미하지도 않는다.

세계 보건의 기술 중심적·질병별 접근법에는 여러 문제점이 있는데도 현재는 게이츠 재단이 세계 보건계의 공식적 의사 결정 조직들에 미치는 막대한 영향력에 힘입어 바로 그 접근법이 우위를 점하고 있다. 게이츠 재단의 역할은 H8 결성을 계기로 한층 확대되었다. WHO, 유엔아동기금, 유엔인구기금, 유엔에이즈계획, 세계은행, 게이츠 재단, 세계백신면역연합, '에이즈, 결핵, 말라리아 퇴치를 위한 세계 기금' 등 세계 보건계를 주도하는 여덟 개 조직이 모인 이 기구는 밀실 회의를 통해 주류 세계 보건계의 의제를 결정하는데,[146] 빌 게이츠나 게이츠 재단에 큰 영향을 받는 조직들이 회의 구성원의 과반수를 차지한다.

게이츠 재단과 PPP 모델

게이츠 재단이 쥔 강력한 지렛대 중 하나는 냉전 종식 시점에 민간 자본이 보건·개발 분야에 대거 유입되면서 태동한 PPP(공공-민간 제휴 사업)라는 재정 운영 및 실행 방식이다.[147~149] 민간 자선단체와 민간기업이 국제 보건에 참여한 지는 꽤 오래되었지만, 민간-공공 제휴가 세계 보건의 중심 요소로 공식화된 것은 1990년대의 일이다. PPP 모델은 이 시기에 세계은행과 국제통화기금이 추진한 공공재의 사유화라는 처방을 따르면서 정책 입안, 상품 개발 등 각종 활동에 이윤 창출 원칙을 면밀하게 적용한다.[150~152] 실제로 록펠러 재단이 1990년대 중반에 이 새로운 접근법을 성공적으로 밀어붙였다.[153] 그러나 록펠러 재단은 이제 그보다 훨씬 많은 자원을 보유하게 된 빌 게이츠의 자선 재단에 촉매제 역할을 넘기게 된다.[68]

현재 세계 보건계에서 진행 중인 PPP 사업은 예산이 몇백만 달러에서 수십억 달러에 이르는 굵직한 것만 꼽아도 수십 개이다. 스톱티비Stop TB(결핵 퇴치 운동), 롤백말라리아Roll Back Malaria(말라리아 퇴치 운동), 국제 에이즈 백신 계획, 영양 개선을 위한 세계 연합 등이 있는데 그중 다수가 게이츠 재단이 만들었거나 지원한 사업이다.[152] 공공 부문(다자적 기구, 국가적 기구 모두 포함)과 민간 부문이 손잡는 이 '협업'들은 재정을 확대하고 존재감을 부각시킬 좋은 기회가 된다(민간 부문에는 게이츠 재단뿐 아니라 훨씬 많은 다양한 기업이 참여하며, 그중에는 제약 회사와 그 자선단체도 있다). 그러나 PPP 방식이 도입된 후 세계 보건의 정책 결정 과정에서 기업계와 이익 중심의 접근법이 맡는 역할과 비중은 과거에 비할 수 없을 만큼 엄청나게 커진 반면, 그러한 권한에 걸맞은 책무성은 요구되지 않는다.[154] 이들 보건 주체의 목표는 20세기 초·중반에 공중보건을 국가적·국제적 차원에서 공공 부문이 책임지고 관리하는 공식 영역으로 끌어올리려 했던 록펠러 재단의 목표와는 상당히 다르다.

게이츠 재단이 PPP에 참여하는 유일한 조직도 아니고 PPP가 보건 분야만의 방식인 것도 아니지만 가장 영향력 있는 두 개의 PPP, 즉 '에이즈, 결핵, 말라리아 퇴치를 위한 세계 기금'과 세계백신면역연합(둘 다 H8의 회원)의 중심축이 바로 게이츠 재단이라는 사실은 이 재단이 PPP 모델의 부상에 얼마나 결정적인 역할을 해왔는지를 말해준다.

'에이즈, 결핵, 말라리아 퇴치를 위한 세계 기금'은 세계 보건계의 가장 큰 PPP로, 2002년 게이츠 재단이 기부한 1억 달러로 스위스에서 발족했고 에이즈, 결핵, 말라리아와 관련된 서비스와 치료에 재정을 지원한다. 그러나 이 재단은 기금 조성 과정에서 국제연합의 관료제가 지우는 '부담'[155-157](뒤집어 해석하면 '독립적이고 책임 있는 의사결정기구와 과정')을 회피하려 함으로써 WHO의 권위를 한층 더 약화시켰고 세계 보건의 민주적 운영을 더욱 어려운 과제로 만들어왔다.

'에이즈, 결핵, 말라리아 퇴치를 위한 세계 기금'의 발족은 지적재산권 개혁을 추진하던 중요한 다국적 운동이 힘을 잃는 데도 일조했다. HIV/AIDS 치료제로 비도덕적인 폭리를 취하며 중·저소득 국가(특히 아프리카)에서의 치료제 보급을 저해하던 제약 회사들은 1990년대 말부터 큰 저항에 부딪혔다. 한 예로, '에이즈 로 프로젝트AIDS Law Project'라는 인권 압력단체는 2002년 외국계 제약 회사의 지나치게 높은 가격 책정에 반대하며 남아프리카에서 소송을 제기하여 경쟁 재판소에서 공감을 얻어냈다. 제약 회사들은 법정 밖 협상에서 에이즈 치료제에 대해 무상 복제 허가를 내주기로 합의했으니, 이는 다른 나라 활동가들에게 선례가 될 만한 성과였다.[158] 그러나 그 후 '에이즈, 결핵, 말라리아 퇴치를 위한 세계 기금'의 민간-공공 기금이 유입되기 시작되자 지적재산권 개혁 없이도 치료제를 더 원활하게 보급할 수 있게 되었고, 이후 제

약업계의 폭리와 빈곤국의 보건 사이의 팽팽했던 긴장이 일단 부분적으로는 완화되었다.[159]

'에이즈, 결핵, 말라리아 퇴치를 위한 세계 기금' 운영이사회의 투표 회원은 반반으로 나뉜다. 한쪽은 공여 정부 대표(8명), 민간 자선단체 대표(1명), 민간 부문 대표(1명)이고, 다른 한쪽은 중·저소득 국가 대표(7명), '공동체들' 대표(1명), '개발 완료국' 비정부기구 대표(1명), '개발 진행국' 비정부기구 대표(1명)이다. '에이즈, 결핵, 말라리아 퇴치를 위한 세계 기금'은 사업을 직접 실행하기보다는 기금을 조성하고, 신청서를 검토하고, 기금과 도급계약을 분배하는 역할을 맡는다. 2013년까지 229억 달러가 넘는 기금을 140여 개국의 약 1,000가지 사업에 배분했고, 같은 해 12월에는 공여자들이 향후 3년간 120억 달러라는 엄청난 추가 기부금을 증여하기로 약정했다. 그런데 놀랍게도 '에이즈, 결핵, 말라리아 퇴치를 위한 세계 기금'의 이사회에서 WHO와 유엔에이즈계획은 투표권이 없다. 민간 부문을 대표하는 머크/MSD와 민간 자선단체[160]를 대표하는 게이츠 재단(약 15억 달러 기부[161])은 투표권이 있다. '에이즈, 결핵, 말라리아 퇴치를 위한 세계 기금'을 비롯한 많은 PPP가 '사업 기회'[162], 다시 말해 이문 좋은 도급계약을 자선 활동의 특매품으로 제시한다. 기업들은 바로 이런 식으로 세계 보건을 노획하고 있다. 록펠러 재단의 전략에 이런 사업 방식은 들어 있지 않았다. 종국에는 민간 부문에 혜택이 돌아갔더라도 기본적으로 국제 보건은 폭리를 취하는 영역이 아니라 공중을 위한 일이었다.

이와 비슷하게 세계백신면역연합은 이미 알려진 효과적이고 기본적인 백신을 보편 접종하는 데 힘쓰는 대신에 새롭고 특이한 백신(흔히 제약 회사 파트너가 개발한다)을 지나치게 강조한다는 점[163], 하향식으로 의사를 결정하는 경향이 강하고 현지의 필요와 환경에 충분히 주목하지 않는다는 점[164]에서 비판받아왔다. 또한 세계백신면역연합의 이사회 안에 산업계의 지분이 매우 크다는 점,[165] 이미 엄청난 돈을 벌어들이는 제약업계에 수상한 계약과 장려금으로, 그것도 언제나 '아동의 생명을 구한다'는 명목으로 이익을 챙겨주고 있다는 점[165]도 지적되고 있다.

PPP는 WHO의 활동도 속박해왔다. 최근 복수의 PPP에서 진행하는 활동이 WHO의 2년 치 예산인 약 40억 달러 중 20~25퍼센트에 해당하는 약 7억~8억 6,400만 달러를 차지하고, 이 통계에 롤백말라리아 등 몇 개의 굵직한 PPP는 빠져 있으므로 아마도 그보다 더 많은 금액이 PPP에 지출되고 있을 것이다.[166·167] 또한 PPP 사업은 WHO의 권위와 기능을 약화시킨다. WHO의 집행이사회는 PPP가 야기하는 수많은 문제를, 다시 말해 세계 보건 활동과 정책의 파편화, 저비용 고효과를 추구하는 관점, 불충분한 (회계) 관리 의무 등을 2007년에야 인식했다.[168·169]

하지만 WHO는 아직까지 PPP 참여와 관련된 자료를 체계적으로 공개한 적이 없고,[152] 2012~2013년에는 2년 치 예산안에서 PPP 항목을 아예 삭제하면서 스스로 '그 결과물과 보급품을 늘 완벽하게 통제하고 있는 것은 아님을' 인정했다.[170] 또 2010년 세계보건총회 결의안에서는 회원국들에게 '민간 부문을 필수 보건의료 서비스 제공에 건설적으로 참여시키기'를 장려하면서 PPP나 민간 부문과의 제휴에서 생기는 문제를 회피했다.[171]

물론 세계 보건 분야의 PPP 중에는 연구개발을 촉진하고 더욱 원활한 치료제 보급을 가능케 하는 것들도 있다. 그중에서도 '제품 개발 제휴' 사업은 '방치된 질환'의 치료제를 생산하기 위해 수억 달러의 기금을 조성했다.[172] 그러나 내가 다른 글에서도 쓴 대로 전체적으로 보면 '이들은 보건계의 주류 공여자들이 일으키는 문제를 대부분 그대로 일으킨다. 즉 외부의 의제를 강요하고, 이해당사자나 국가기관과 조화를 이루지 못하고, 재원을 충분히 제공하지 않고, 공공 부문을 비방하는 등'[51] 실로 방심할 수 없는 사태를 불러온다. 결국 '목표를 협소하게 설정하는 PPP 사업은 수직적인 (하향식·단일 질병 중심의) 계획을 공고히 하면서…… 보건 체계를 위태롭게 하고 통합된 접근법을 방해한다 (보건 사회정의를 위한 PPP는 존재하지 않는다!)'.[51]

나아가 이러한 우려를 한층 증폭시키는 것은 기업의 이윤 창출 원칙과 WHO의 인권으로서의 보건 원칙의 충돌이다. PPP는 세계 보건 사업에 수십억 달러를 지원했지만,[104·173] 그와 동시에 이 분야의 본격적인 상업화에 시동을 걸고[174~176] 민간 부문이 정책 결정에 영향력을 행사하는 구조를 만들었으며(예를 들어 국제의약품구매기구는 '보건재화 시장'을 약속했고 토론토 대학의 맥러플린-로트먼 세계보건센터는 '상업화의 기둥'을 자처한다), 그 결과 세계 보건은 그 어느 때보다 거대한 사업 기회가 되었다.[99] 한 전직 제약 회사의 간부에 따르면 공공-민간 제휴 사업은 학계 연구자들을 '산업계 파트너에게 가치 있는 연구를 선택하는 방향으로 유인할 수 있다'.[177] 그 말은 곧 학자들이 보건을 연구하는 방식과 연구 결과를 보고하는 과정에까지 민간 산업계가 알게 모르게 영향을 미칠 수 있다는 뜻이다. 게다가 양자적 공여 기구들도 PPP에 점점 더 많은 자금을 투자하는 추세이다.[154] PPP가 적용받는 혜택, 즉 직접 보조금부터 세금 보조금, 시장 리스크 감소, 신뢰도 강화, 시장 확대, 지적재산권 등을 전부 계산에 집어넣으면[178] 대개의 PPP 사업에서 그 최종 결과는 공적 자금이 민간 부문으로 흘러 들어가는 것이고, 반대 방향으로 자금이 이동하지는 않는다.[96,179]

요약하자면, 게이츠 재단이 앞장서서 구축한 세계 보건의 PPP 모델에서는 민간 조직이 공중보건 의제를 좌우할 수 있게 되고, 민간기업이 국제연합기구와의 제휴를 통해 적법성을 획득하게 되고, 기업과 공공의 서로 다른 목표가 하나로 합성되며, 민간 파트너가 PPP 참여를 통해 자사 상품을 상업화할 때는 수많은 이해충돌이 발생한다.[180] 또한 대다수의 세계 보건 PPP는 록펠러 재단처럼 단기적·수직적 접근법으로 질병을 관리하고자 하고 기업식의 이윤 창출 원칙을 따른다.[181] 그러나 록펠러 재단이 전략적 공중보건 활동(가령 황열병 퇴치)으로 '결과적으로' 자본가들에게 혜택을 주었던 반면, 21세기의 PPP는 이윤 창출 자체를 보건 활동의 전위에 세운다.

게이츠 재단과 이해충돌

최근 몇 년간 게이츠 재단은 거대 제약 회사들, 엑슨모빌(존 D. 록펠러의 석유 회사에서 파생된 기업)이나 쉐브론(나이저 강 삼각주와 그 외의 유전 지대에서 발생한 환경·보건 위기들과 관련되어 있다[182~185])처럼 환경을 오염시키는 기업들, 그리고 '재단이 지원하는 특정 보건 계획에 이해관계가 있는 기업들'에 기금을 투자한다는 비판을 받아왔다.[183]

이러한 비판을 의식해서인지 게이츠 재단은 2009년 보유하고 있던 제약 기업의 주식 중 상당량을 매각했지만[185] 여전히 재단의 거물 공여자인 워런 버핏의 지주회사 버크셔 해서웨이(게이츠 재단의 기금 중 절반이 이 회사에 투자되어 있다)를 통해 존슨앤존슨, 사노피 아벤티스 등의 제약회사와 이해관계를 맺고 있다.[184] 얼마 전까지 재단의 '세계 보건 프로그램'을 이끈 타치 야마다Tachi Yamada 박사는 거대 제약 기업인 글락소스미스클라인의 간부 겸 이사 출신이었고[186] 그의 전임자인 트레버 먼델Trevor Mundel 박사는 2003년부터 2011년까지 노바티스Novartis AG에서 고위 간부로 일한 사람이었다.[187] 그 밖에도 게이츠 재단에는 글락소스미스클라인과 머크 출신의 고위 간부가 여럿 있다.[188·189] 재단의 보건·농업 분야 사업은 그러한 제약 회사는 물론 코카콜라, 맥도날드, 몬산토, 네슬레, 프록터앤갬블 등 게이츠 재단이나 버크셔 해서웨이, 또는 게이츠의 가족이 대주주로 있는 기업에 이익을 안겨줄 가능성이 농후하다.[184·190]

이처럼 제약 회사 및 그 산하의 세계 보건 관련 재단(많은 경우 노골적으로 모회사와 그 상품을 홍보하는 조직에 불과하다)과 게이츠 재단 간에는 심각한 이해충돌이 발생할 수밖에 없다.[125] 그런데도 당사자들은 이를 대수롭지 않게 여기고 이해충돌 문제가 공론화되는 경우도 거의 없는데, 이는 물론 대다수의 목격자(겸 기금 수취인)가 이 힘센 재단의 심기를 건드리고 싶어 하지 않기 때문이다[191·192](소수의 탐사 저널리스트와 웹사이트가 예외적으로 용기를 낸 적은 있다[193~195]). 이 문제와 관련된 사례 중 하나로, 재단의 인도 사무소에서 부당거래가 발생했을 때 '게이츠는 머크 사의 로타바이러스 백신 도입 여부를 가지고 보건부를 압박했다'.[190] 또 게이츠 재단의 세계 보건 기금을 가장 많이 받는 기구인 패스가 인도에서 머크, 글락소스미스클라인의 (자궁경부암을 일으키는 종류의) 인간 유두종

바이러스 백신 연구를 진행했을 때는 그 대상이 저소득층 미성년 여성이라는 사실이 논란을 불러일으켰다. 이에 인도 의회는 사전 동의가 적법하지 않았으며 부작용이 적절히 감시되거나 보고되지 않았으므로 이 시험은 윤리적 기준을 어겼다고 판단했다. 그러나 패스는 이것이 이미 인가된 백신에 대한 관찰연구이지 임상시험이 아니었으므로 그러한 조건을 충족할 필요가 없었다고 주장한다.[196~199]

그런가 하면 난치병 치료제 가격의 현실화를 요구하는 사람들이 지적하는 대로 게이츠 재단의 관점은 지적재산권과 관련하여 심각한 문제들을 제기한다. 이 재단이 '치료제의 특허 출원에서 수익을 거둔다'고 말한 사람은 빌 게이츠 본인이다.[200] 여기서 중요한 사안은 지적재산권에 관해 마이크로소프트의 접근법과 게이츠 재단의 접근법이 어느 정도까지 일치하느냐는 것이다. 두 조직은 법적으로 분리되어 있지만, 가령 2011년 게이츠 재단이 마이크로소프트의 특허변리사를 국제 보건 사업에 고용한 경우처럼 이해관계가 중첩된다는 문제가 있다.[200] 잘 알려진 대로 마이크로소프트는 독점 관행과 관련하여 그동안 여러 차례 기소당해 벌금을 냈고, 시장을 장악하기 위한 법적 수단으로 지적재산권을 적극 옹호해왔다.[4] 또한 지적재산 보호를 내용으로 하는 세계무역기구의 트립스 협정이 통과되는 데 크게 기여했고 지금도 지적재산권 확장을 위해 여타 기업들과 함께 압력 활동을 펼치고 있다.[119] 비판자들이 정확하게 지적하는 대로, 게이츠 재단의 기금은 '재단이 공표한 보건 목표에 모순되는 노동 관행과 독점주의적 지적재산권 전략을 통해 (또한 군사주의를 통해[201·202]) 축적된 것'이다.[183] (게이츠 재단 기금의 중추를 이루는 마이크로소프트의 재산 중에는 미국 군대와의 거대

도급계약에서 취한 이익이 포함되어 있다. 수년 동안 미국 국방부는 마이크로소프트의 최대 고객이었으며, 영국 국방부 또한 10대 고객 중 하나였다.)[202]

게이츠 재단은 WHO의 '거시경제 및 보건위원회Commission on Macroeconomics and Health, CMH'의 중요한 후원자였다. 해당 위원회는 지적재산권이 치료제의 연구개발을 촉진하는 중요한 유인이라고 결론지었다.[203] 그러나 이러한 입장은 소크Salk의 소아마비 백신 개발 같은 역사적 사례로 반박할 수 있고[165] 지난 15년간 트립스 협정에 가입한 저소득 국가들에서 그에 대한 반증을 찾을 수 있으며,[204] 그러한 관점에 의문을 제기하는 사람이 점차 늘어나고 있다.[205·206] 게이츠 재단의 기업과의 문제적 유착을 보여주는 또 하나의 증거는 노바티스가 인도 정부를 상대로 소송을 제기했을 때(그 이유는 인도 정부가 에버그리닝 – 기존 의약품의 제조법을 약간 바꿔가며 특허 기간을 연장하는 관행 – 이라는 판단 아래 노바티스의 암 치료제에 새 특허 출원을 인가하지 않아서였다) 재단이 난치병 치료제 보급 문제에 대한 입장 표명을 거부한 일이다. 재단이 가진 지적재산권 분야의 전문성, 가난한 사람들의 건강을 개선하겠다는 재단의 목표, 수많은 PPP 사업에서 재단이 맡은 역할, 그리고 먼델 박사가 재단의 세계 보건 부서를 총괄하게 되면서 형성된 재단과 노바티스의 긴밀한 관계를 고려할 때 게이츠 재단은 내키지 않더라도 '이익 추구 대 의료 접근권'이라는 이 딜레마를 정면 돌파해야 한다는 것이 많은 사람들의 생각이다.[207] (2013년 4월 1일 인도 대법원은 노바티스의 소송을 기각했다.)[208]

게이츠 재단의 '아프리카녹색혁명동맹AGRA' 참여(2013년까지 2억 6,450만 달러 기부)[101]는 이 재단의 세계 보건 활동과 비슷하게 자선사업(혹은 '자선 자본주의 사업')의 목표와 가난한 사람들의 필요 사이에 발생하는 심각한 모순을 구체적으로 보여준다.[209] 아프리카녹색혁명동맹은 과거에 록펠러 재단의 녹색혁명 사업과 마찬가지로 기술적이고 경영적인 모델에 초점을 맞춰 농업 생산량을 증대하려는 계획이다. 소농의 토지권을 보장하고(이 지역이 끔찍한 기근과 영양 부족 문제를 겪는 와중에도 외지인이 대규모로 토지를 횡령하고 있다는 사실을 고려하면 이 관점이 더더욱 절실하다) 지역·광역 식량 유통망을 지원하는 방향의 공정하고 민주적이고 지속 가능한 접근법은 이러한 사업에서 고려되지 않는다.[210]

아프리카녹색혁명동맹도 소농(특히 수익이 가장 높은 소농)에 대한 지원을 약속하지만, 이들의 식량 안보 활동은 공개적인 해명 의무가 없고 외부의 규제를 받지도 않는다. 그러한 활동의 최종 목표는 아프리카의 식량 소비와 농업 생산을 (기업 카르텔이 지배하는) 세계 식량 사슬에 편입시키는 것이다.[211] 또한 아프리카녹색혁명동맹이 유전자 변형 식품의 연구 진흥 및 사적 특허 종자 개발에서 맡고 있는 역할에 대해 심각한 우려가 제기되고 있으며(이 점에서 아프리카녹색혁명동맹은 과거에 록펠러 재단이 후원한 농업 사업과 차이가 있다. 유전자 특허 출원이 1980년에 법제화되었기 때문에 록펠러 재단의 사업에서는 개량종자를 공공의 영역으로 남겨두었다[212]), 현지 감시단은 아프리카녹색혁명동맹이 지역 농민과 보상이나 혜택을 나누지도 않고 아프리카의 풍부한 유전학적 자원을 사유화·기업화하는 데 일조하고 있다고 비판한다.[213]

앞서 살펴보았듯이 록펠러 재단은 미국 내 십이지장충 퇴치 캠페인에 대해서는 신발을 팔기 위한 것이라는 의심을, 라틴아메리카에서의 활동에 대해서는 록펠러의 석유 사업을 보호하고 확장하기 위한 것이라는 의심을 샀다(실제로 이 재단은 유전 지역인 멕시코의 베라크루스 등 장기적으로 록펠러 기업에 도움이 될 만한 지역을 선택하기도 했다). 그러나 20세기 초의 언론과 대중은 록펠러 재단이 비즈니스 목표와 자선 목표를 직접적으로 한데 뒤섞지 못하게끔 촉각을 곤두세웠다. 공중보건 활동이 이윤 창출과 직결되는 경우에는 공사公私 구분 원칙에 위배되는 이기적인 행위로 비난받았다. 신자유주의의 부상과 그에 따른 이데올로기의 대변동 속에서 이제 자본가들은 그러한 활동을 문제적이거나 비윤리적인 것이 아니라 오히려 장려해야 하는 바람직한 성과로 여기고, 불안할 정도로 말 없는 대중이 그 견해를 승인한다.

자선 자본주의의 부활

이처럼 거침없이 확대되고 있는 기업-재단 협업 추세를 명확하게 표현하는 용어가 '자선 자본주의philanthrocapitalism'이다. 1990년대에 새롭게 등장한 억만장자들의 자선사업과 사회적 기업을 유례없는 일로, 능히 '세상을 구하는' 사명으로 선전하는 말이다. 실제로 미국의 자선사업은 연간 지출 20억 달러를 넘어서면서 다시 한 번 국제 보건·개발 분야에 등장했지만, 자선 자본주의식 접근법은 그 과거와 현재를 함께, 여러 견지에서 들여다보아야 하는 문제이다.[14·214-216]

첫째, 19세기 말부터 20세기 초의 자선사업이 당시의 노동 착취 산업(석유, 철도, 제조업)이 거둔 이익을 바탕으로 했던 것과 똑같이, 1990년대와 2000년대에 소수의 사람들이 정보 기술, 보험, 부동산, 금융(및 투기)을 비롯해 군수산업, 석탄이나 석유 등의 원자재 산업에서 벌어들여 자선사업에 투입한 어마어마한 이익은 점점 심화되어가는 불평등에서 온 것이다.[217] 바꿔 말해 그러한 이익을 뒷받침한 것은 세계 전역의 대다수 노동자가 겪어야 했던 임금 하락과 노동환경 악화, 값비싼 원자재를 확보하기 위해 직간접적으로 지원한 군사행동과 민족 분쟁, 보호 규제를 농락하는 무역·외국 투자 관행, 그리고 독성 노출, 공기·토양·수로 오염, 삼림 파괴, 기후변화 등 기업 활동이 야기하는 사회적·환경적 비용의 외면화(개인이나 기업의 책임을 공공과 미래 세대에 떠넘기는 것을 말한다) 등이었다.[218~220]

둘째, 비즈니스 모델이 사회문제를 해결·해소할 수 있다는 자선 자본주의의 신조, 그리고 그것이 선거를 통해 구성되는 정부의 정책과 행동보다, 즉 집단적으로 숙고되며 부의 재분배를 실현하는 모델보다 우월하다는 믿음은 문제가 있다. 그러한 믿음은 민간기업의 접근법이 다름 아니라 신자유주의적 변화(규제 완화, 민영화, 정부 축소, 장기적 지속 가능성을 도외시하는 단기적 성과 강조)와 같은 시기에, 그러한 변화에 힘입어서, 또 그러한 변화에 꼼짝없이 떠밀려 채택되었다는 현실을 은폐한다. 비즈니스 모델은 시장은 틀리지 않는다는 믿음, 그 반대를 말하는 수많은 증거에도 흔들리지 않는 그 믿음을 바탕으로 한다. 그러나 세상에 존재하는 재정적 유인을 전부 동원하더라도 빈곤을, 인종차별과 성차별을, 불평등을 막는 백신은 만들 수 없다.

여기에서 과거와 현재의 차이 하나가 눈에 띈다. 과거의 록펠러 재단 역시 비즈니스 모델에 입각하여 재단의 공중보건 활동을 실행하고 평가했지만, 공중보건은 그 뜻 그대로의 공중보건이어야 한다고, 공공의 영역이어야 한다고 주장했다. 록펠러라는 인물은 경쟁심이 대단한 자본가였고 자신의 기업과 투자에서 사적 이익을 극대화하는 데 골몰한 사람이었음에도 그와 같은 입장을 분명히 내세웠다. 그러므로 이제 떠오르는 질문은, 현재의 자선 자본주의는 어떻게 해서 게이츠 재단 산하의 저 독특한 성단을 이루게 되었는가이다.

셋째, 재단들의 비과세 지위 및 자선 목적 기부금의 세금 공제 혜택은 그 자체로 민주주의에 대한 모욕이다. 기부가 '세상을 바꿀' 수 있다는 믿음은 여러 면에서 사실 '부자가 제일 똑똑하다'는 의미, 마치 공여자의 자치적인 결정이 대표성과 책무성을 가진 복지국가와 재분배 체계를 대체하는 것이 바람직하다는 의미이며, 그 정도로 불합리한 표현이다.[119·221] 미국 노동부 장관을 지낸 로버트 라이시Robert Reich가 주목한 대로, '과거의 정부들은 업계 거물들에게서 수십억 달러를 거둬들인 다음 그 용도를 민주적으로 결정했다'.[222] 이미 부당할 만큼 큰 경제적(그리고 정치적) 권력을 휘두르고 있는 계층에 사회의 우선순위를 결정하는 권력을 양도한다는 것은 단연 비민주적인 발상이다.

지난 125년간 자선사업은 공여자의 기업·투자 이익을 증대하는 데 직간접적으로 봉사한 경우가 많고, 그러한 이익 중 상당 부분은 노동자 착취, 환경 파괴를 일삼는 산업과 연결되어 있다. 엘리트층의 넉넉한 씀씀이를 칭송하고 격려하는 행태는 공정하고 지속 가능한 사회라는 목표를 저해한다. 오히려 노동자 계급·중산층 소득 수준으로 살아가는 사람들, 즉 기부를 해도 누가 알아주지 않고 세금 감면 혜택도 거의 받지 못하는 사람들이 비율적으로는 부자들보다 훨씬 더 씀씀이가 넉넉한데다, 이런 계층의 기부는 부자들과 달리 개인의 삶을 상당히 희생한 결과일 수 있다.[223] 바로 그러한 사회 불평등을 계속 야기하는 (또 그것으로 돈을 버는) 장본인들의 이른바 '아량'에 대해서, 20세기 초 더 공정하고 건강한 사회를 위해 사회적·정치적 투쟁에 참여한 수백만 명의 대중은 오늘날의 대다수 대중보다 더 날카로운 촉각을 가졌고 훨씬 더 회의적이었다.

현대 자선 자본주의에 제기되는 비판 중 다수는 과거의 록펠러 재단에 대해서도 제기되었던 것들이다. 그러나 2달러도 채 되지 않는 일당으로 살아가고 있는 세계 25억 인구의 노동과 생활을 이용하는 현대 자선 자본주의는 자선사업의 목표에 이윤 창출이라는 목적을 결합하는 정도 면에서 이제 완전히 새로운 차원에 도달했다. 이는 보건이 사회정의의 필수 조건이라고 믿는 모든 사람이 함께 관심을 쏟아야 하는 문제이다. 20세기 초에 록펠러 재단은 비록 환원주의적 접근법에 우위를 부여했지만 국제 보건 사업에 다양한 목소리를 포용했다. 지금은 그런 록펠러 재단마저도 (이제 게이츠 재단에 비하면 세계 보건에 미치는 영향이 훨씬 적지만) 자선 자본주의의 거대한 흐름에 상응하여 '비즈니스로서의 세계 보건'이라는 협소한 관점을 채택하고 있다.

예컨대 거의 100년 동안 미국의 보편적 건강보험 도입 문제에 애매한 태도를 취했던 록펠러 재단은 마침내 이 목표를 '국제적' 차원에서 승인했다. 그런데 이때 재단이 추천한 방법은 '가난한 사람들에게 보건 서비스를 제공하기 위한 재정 확보에 민간 보건 부문을 활용하는 모델'이었다.[224] 세계은행과 (게이츠 재단이 후원한 WHO의) '거시경제 및 보건위원회'는 '보건 투자' 개념을 주창하며 그것이 경제에 도움이 되는 '동시에' 민간 부문에 적법한 수익 사업이 된다고 주장한 바 있는데,[225-227] 이와 비슷하게 록펠러 재단은 '임팩트 투자' 개념을 내세우며 벤처자본가들에게 '사회적·환경적 문제를 해결하는 동시에 이익을 가

져가라'고 권하고 있다.[228]

이제는 소비자 대중마저 이같이 '시장화된 자선사업'에 동참하게 되었다. 시장화된 자선사업이란 가령 '프로덕트 레드Product RED'처럼 소비자의 구매가 (자선)자본가에게 이익을 안겨주는 '동시에' 자선자본가들이 이끄는 세계 보건 사업·기구에 자금을 대는 방식이다.[229] 그러나 이 접근법은 '행동주의'를 표방하고 있지만 근본적으로는 대중을 비정치화한다. 대중에게 잘 알려진 인도주의 자선가들이 자선자본가들과 함께 응원하고 추진하는 시장화된 자선사업은 결국 본인들의 '브랜드'를 홍보하는 수단이고 '신자유주의적 자본주의와 세계적 불평등을 적법화하고, 나아가 장려하기까지 하는' 활동이다.[230]

과거에나 지금이나 많은 자선가가 '시장의 결함'을 해결하기 위해서는 자신들의 행동이 반드시 필요하다고 주장한다.[231] 물론 다른 여러 사회적 재화 및 서비스와 마찬가지로 (세계) 공중보건은 그 본질상 시장의 결함이 모인 영역에 속하는데, 그 이유는 다름 아니라 기업 활동의 비용이 외면화된 결과가 그러한 결함들이기 때문이다.[51] 따라서 공공 부문의 방식보다 효과적인 자본주의적 방식으로 사회 서비스를 규제·보급하기 위해 자신들이 나서야 한다는 자선가들(더 정확히 말하면 자선자본가들)의 논리는 근거 없는, 자기 이익만을 위한 주장이다. 앞서 살펴보았듯이 20세기 초 미국의 자선가들은 복지국가로의 발전을 늦추고 제한했으며 그 여파가 지금까지도 분명하게 남아 있다.

지난 몇십 년간 세계 보건계를 잠식해온 공공 부문 무용론, 즉 공공 부문의 역량으로는 사회적 필요를 해결할 수 없다는 주장은 1980·1990년대에 국제 금융 기관들이 조건부와 구조조정 계획을 통해 각국의 공공 지출과 인프라를 전면 공격했다는 사실을 대수롭지 않게 여긴다. 1990년 대 중반부터 시작된 민간은행의 약탈적인 대출, 부당한 무역 관행, 경제 대국(그리고 미국의 경우 담배 회사, 식품 복합기업체 같은 그 나라의 거대 기업)이 세계 무역기구에 행사하는 헤게모니에 대해서는 말할 것도 없다.[51·119·232] 예를 들어 사하라 이남의 아프리카 국가들은 세계 무역과 해외 금융 세력 의 영향으로 수출 가격이 하락하면서 국제 금융 기관으로부터 대출을 받아야 했는데 그 대출 조건을 충족하기 위해 공교육, 보건 등 사회적 지출을 삭감하는 수밖에 없었고, 그 뒤에는 또 영아 사망률, 에이즈 등 보건 위기를 제대로 해결하지 못한다는 비난을 받으면서 '에이즈, 결핵, 말라리아 퇴치를 위한 세계 기금'의 '수혜자'가 되어야 했다.[233]

옛 록펠러 재단과 마찬가지로 게이츠 재단은 이러한 비난을 잠재우기 위해서라도 진보적이고 가치 중심적인 수사법을 활용해왔다. 파트너에 대한 존중, '겸허한' 태도, 정당하고 분명한 우선순위 설정, '윤리적인' 행동, '곤궁한 사람들에게 더 많은 기회와 형평성을 부여하겠다'는 드높은 목표 같은 것들이다.[234] 그러나 화려한 모토를 내세웠던 록펠러 재단과 마찬가지로, 게이츠 재단이 고결한 사명을 스스로 천명했다고 해서 그 활동을 면밀히 평가받고 해명할 의무가 면제되는 것은 아니다.

두 재단의 유사점은 더 있다. 옛 록펠러 재단과 마찬가지로, 게이츠 재단이 세계 보건 의제 결정에 행사하는 지배력의 원천은 재단 기부금의 엄청난 규모, 자원을 신속하게 동원하여 대규모 또는 혁신적 활동에 충분한 자금을 배당하는 능력, 설립자의 명성, 기술·비용 효율 중심의 접근법에 있지만, 다른 한편으로 재단이 제휴·지원하는 수많은 조직으

로부터 끌어다 쓰는 힘과 영향력에 있다.[138·140]

과거에 록펠러 재단이 그러했듯, 게이츠 재단은 핵심 기구에서 정책을 결정하는 중요한 자리에 재단 사람들을 앉혀왔다. 가장 눈에 띄는 예로, 게이츠 재단 산하의 여러 조직을 이끌었던 라지브 샤Rajiv Shah 박사가 오바마 정부의 국제개발처장에 임명되었다. 어느덧 연간 예산 200억 달러를 넘긴 국제개발처는 그가 부임한 뒤 '결과에 초점을 맞추는 비즈니스 중심적 개발 기구'를 자처했다.[235]

게이츠 재단은 옛 록펠러 재단이 수립한 국제 보건 원칙을 대부분(국제 보건의 제도화 원칙은 배제하지만) 거의 글자 그대로 추구해왔다. 기술·생물학·비용 효율 중심의 접근법, 예산 유인 체계 활용, 사업 성공을 위한 선제적 방책, 위로부터의 우선순위 설정, 현지 조건에의 적응 등이 그것이다. 가령 비전염성 질환은 기술적 즉효 약이 없는데다 정치적으로 복잡하고, 비용이 많이 들며, 시간이 오래 걸리는 문제라는 점에서 대체로 게이츠 재단의 관심을 끌지 못한다.[140] 이 점에서도 20세기 초에 결핵이나 영아설사증처럼 대규모의 사회적·정치적 투자로만 해결할 수 있는 질병에는 거리를 두었던 록펠러 재단이 연상된다. (오늘날 결핵과 로타바이러스는 게이츠 재단이 백신과 치료제 등 20세기 초에는 쓸 수 없었던 기술적 방법으로 해결하고 있다. 그러나 록펠러 재단과 게이츠 재단 모두 이러한 질병에 맞서는 데 생활환경과 노동환경을 개선하는 방책은 선택하지 않는다.)

게이츠 재단이 다국적 합의를 도출하는 통로는 중·저소득 국가의 공중보건계·과학계 대표를 포함하는 고문위원회, 다국적인 연구 지원 (그리고 지원을 받은 연구가 제공하는 승인), 재단이 태동시킨 수많은 제휴 관계,

그리고 (앞으로 살펴보겠지만) 재단과 관계를 맺은 미디어의 보도이다.[140] 게이츠 재단은 세계백신면역연합, '에이즈, 결핵, 말라리아 퇴치를 위한 세계 기금' 같은 가장 큰 PPP 사업의 이사회 구성에 결정권을 행사하고 그러한 이사회, 특히 새로 생긴 조직에서 대략적인 정책 방향성을 결정하게 되는 임시 이사회에 게이츠 재단의 간부나 직원이 이사나 심지어 이사회장으로 임명되는 경우가 많다.

게이츠 재단은 보건의 제도화, 보건의료체계 및 인프라에는 관심이 훨씬 적고, 또 옛 록펠러 재단과 달리 사회적 의료라는 접근법을 용인하지 않는다. (정부의 대외 정책상 목표에 긴밀하게 발맞췄던 록펠러 재단과 구별되는) 게이츠 재단의 '세계시민'으로서의 영향력[236]은 환영의 대상이자 경계의 대상이다.[214·237] 게이츠 재단의 이 역할은 옛 록펠러 재단의 역할보다 오히려 더 논란의 소지가 커 보인다. 역설적이게도 그 이유는, 록펠러 재단은 양차 세계대전 사이 기간의 유일한 국제 보건 기구(국제연맹보건기구)와 밀접한 관계를 맺었던 반면, 게이츠 재단은 이제 세계 보건계에서 매우 파편화된(그리고 어떤 면에서는 이 재단 때문에 파편화된) 다수의 조직과 관계를 맺고 있다는 데 있다. 세계 보건계는 다양한 경로를 통해 이 분야를 결정하는 광범위하고 다양하고 역동적인 '선거구'들의 총합이 되면서, 활기차게 진행되고 있는 공익 관련 세계시민사회운동에 가닿는가 하면 새롭게 시작된 브릭BRIC 국가들(브라질, 러시아, 인도, 중국 - 옮긴이)의 세계 보건 외교 등 남-남 협업도 아우르고 있다.[238]

흥미로운 예외 중 하나는, 원칙적으로 세계백신면역연합을 통해 제약 회사의 백신 개발을 지원하는 게이츠 재단이 2013년 말 라틴아메리카 내 아동용 백신 생산·보급을 추진하는 브라질의 국립 보건 기관(피오크루즈)에 기부금을 증여한다고 발표한 것이다. 브라질은 이전까지 대체로 게이츠 재단의 세력권 밖에 있던 국가로, 독재를 청산한 1988년 헌법에 의거해 수립한 통합적이고 보편적인 공공보건의료체계SUS가 널리 주목받아왔고 1차 보건의료와 인적자원 훈련을 중심으로 하는 남-남 협업으로도 잘 알려져 있으나, 최근 들어서는 보건 분야에 민간 부문의 참여를 늘리라는 압력을 받고 있다.[239] 게이츠 재단의 피오크루즈 후원은 브라질 정부에 게이츠 재단의 도움이 절실하다는 의미보다는 브라질의 공공 부문·인프라 정책이 담보하는 신용도가 게이츠 재단 측에 절실하다는 의미를 내포하는 듯하다. 그러나 그보다 더 확실한 함의는, 게이츠 재단에 그러한 의도가 있었든 없었든 간에 브라질의 공공보건의료체계에서 민간 부문의 역할이 1988년 헌법에 구상된 것보다 훨씬 더 커지게 되었다는 것이다.

전반적으로 게이츠 재단은 자신들과 다른 시각 및 접근법을 가진 개인이나 기관을 기피하고 WHO 등 재단에 이의를 제기하는 상대에는 원한을 품는 모습도 보이는데, 이로 인해 재단이 행사하는 권력에 대한 적대감이 점점 커지고 있다.[240] 대다수의 세계 보건 연구자가 아직 침묵을 지키고 있지만, 몇몇 용감한 사람은 게이츠 재단의 명령식 태도, 자금 지원 방법에 대한 결정권이 다른 적법한 과학적 접근법을 몰아내고 있는 상황을 큰 소리로 지적하고 있다. 예컨대 2007년 말 당시 WHO의 말라리아 퇴치 사업 담당자는 내부 보고서를 통해 게이츠 재단이 WHO의 말라리아 정책에 영향력을 행사하려 한다고 강도 높게 비판했으며(이 기록이 세간의 주목을 받게 된 후 그는 다른 직위로 옮겨졌다[241]), 이와 비슷

한 공개 비판은 앞으로도 이어질 가능성이 있다.[115]

　게이츠 재단의 기술 중심적 접근법은 재단의 전문성과 창립자의 이력을 생각하면 지당한 선택일 것이다. 또한 1910년대의 록펠러 재단과 마찬가지로 게이츠 재단은 기존의 세계 보건 주체, 이를테면 WHO, 미국의 국제개발처, 웰컴 트러스트, 유럽연합, 미국국립보건원 같은 주요 개발·연구 지원처가 해결하지 못하는 듯한 틈을 메우고 있다. 민주적 기구(가령 WHO)에 일임하기엔 세계 보건이 너무나 중요하다고 걱정하는 자본가 집단에는 게이츠 재단이 적절한 해결사 같은 존재이다.

　그러나 이 풍조도 느리게나마 다른 방향으로, 게이츠 재단의 기술 중심·기업 중심의 접근법에서 멀어지는 쪽으로 바뀔 수 있다. 비교적 최근인 2010년에도 게이츠 재단의 세계 보건 부서장이었던 야마다 박사는 재단이 '보건 효과가 가장 큰 기술과 빠른 응용 방법'에 다시 초점을 맞추면서[242] 옛 록펠러 재단이 수립했던 기술생물학적 모델을 한층 더 협소화하고 있다고 밝혔다. 그러나 100억 달러 규모의 수직적 소아마비 퇴치 캠페인이 진행된 지 사반세기가 지났고 인도에서 소아마비의 종식이 선언되었음에도,[243] 뿌리 깊은 빈곤과 불충분한 보건의료 서비스, 표적식 백신 접종에 대한 문화적·종교적 거부감 등이 원인으로 작용하는 가운데 시리아와 소말리아에서 소아마비가 다시 유행하고, 타지키스탄과 나이지리아에서 야생종 폴리오바이러스가 발견되고, 파키스탄과 아프가니스탄에서 풍토성 소아마비가 계속 발생하자 해당 캠페인에 대한 심층적인 재평가 작업이 시작되었다.[244~248] 이 캠페인의 최대 옹호자이자 후원자 중 한 명인 빌 게이츠마저도 표적식 퇴치 방식이 더 폭넓은 접근법, 특히 탄탄한 보건의료체계에 통합되어야 한다는 사실을 뒤늦게 깨닫고 있는 것으로 보인다.[242·249] 그러한 깨달음이 실행에 반영될지는 두고 볼 일이지만 말이다.

부자 한 사람의 세상, 이대로 좋은가

20세기 전반에 국제 보건의 가장 중요한 주체였던 록펠러 재단은 막대한 권한으로 이 분야를 주도했다. 국제 보건은 록펠러 재단의 활약에 힘입어 경제 발전, 국가 건설, 외교, 과학 보급 등의 영역에서도 중요한 지위를 확보했고, 이때 나타난 보건 협업의 제도화 흐름이 오늘날까지 명맥을 유지하고 있다.

이와 비교했을 때, 게이츠 재단의 사업은 단기적으로 대단한, (비판자들이 보기엔) 매우 혼란스러운 결과를 내긴 하지만 기본적으로 게이츠 재단도 록펠러 재단이 개척했던 그 길을 (냉전 상황과 신자유주의 이데올로기에 의해 변형된 형태로) 따르고 있다. 그러나 다른 점은 현재 게이츠 재단이 언론에, 상상력에, 의제 설정 테이블에 거대한 그림자를 드리우고 있다는 것으로, 가수이자 인도주의자인 보노Bono를 비롯한 유명 자선가들이 그 크기를 한층 확대해준다.[230] '게이츠 재단은 상당히 의도적으로 WHO의 대안이 되었'지만[250] 기존의 기구들을 도매금으로 무시할 형편은 아니다. 어쨌든 세계 보건이라는 건축물은 여기저기에 부서진 채 위태위태하게나마 이미 존재하고 있기 때문이다. 셀 수 없을 만큼 많은 공공·민간·다자적·초국적·광역적·비영리적·인도주의적·사회 중심적 기구가 활동하고, 수많은 압력단체가 적법성 문제를 파고들고, 일부 단체는 게이츠 재단으로부터의 독립을 주장하고 있기 때문이다.

게이츠 재단은 공공과 민간 양쪽에서 자선사업 파트너를 적극 모집하는 방법으로 단 몇 년 만에 세계 보건 의제에 막강한 영향력을 행사하게 되었다. 그러나 온갖 종류의 크고 작은 연구팀과 조직이 기다렸다는 듯 게이츠 재단의 우선순위에 동조해온 것도 사실이지만 이 거대한 덩치의 고릴라가 세계 보건이라는 정글의 유일한 동물은 아니다. 흔히 망각되고 있지만, 게이츠 재단과 세계 보건 자선사업 전체를 합쳐도 보건을 위한 개발 지원의 10퍼센트에도 미치지 못한다. 개발 분야의 보건 예산은 2000년부터 2011년 사이에 110억 달러 미만에서 306억 달러로 증가했으며, 그중 무려 약 3분의 1을 미국 정부가 담당하고 있다.[104]

　게이츠 재단으로부터 재정을 지원받거나 이 재단과 제휴하고 있는, 또 앞으로 그럴 가능성이 있는 세계 보건의 수많은 주체가 이 재단의 영향력을 확대한다. 그러나 이 재단은 제도적 측면에서 지금까지 거의 아무런 지속적인 영향도 남기지 못했다.[115·241] 반면에 20세기의 록펠러 재단은 사실상 혼자 힘으로 국제 보건의 전체 풍경을 조성했고 여러 국가적 공중보건 기구를 태동시켰다. 물론 국제 통상을 위협하는 유행병을 줄이고 공중보건 개선으로 생산성과 안정성, 시장을 확보한 결과 록펠러 가문의 기업들이 이익을 보았지만 말이다.

　어떤 의미에서 록펠러 재단의 국제보건위원회는 거대한 시범 사업이었다. 이 조직의 의제는 세계 전역의 수많은 국가적·지역적 보건 기구에 반영되었고 WHO를 통해 제도화되었다. 그러므로 장기적 관점에서는 게이츠 재단의 족적이 록펠러 재단의 것보다 작을지 모른다. 그렇다고 해서 현재 게이츠 재단이 누리는 지배력과 권력에 대한 우려가 누그러드는 것은 아니다. 이 재단의 등장은 신자유주의적 세계화, 탈냉

전 시대의 단극적 세계 질서, 다국적기업(흔히 공익 정책을 저지하고 제도화된 부패를 이용한다)의 급부상과 권력 확대, 그리고 게이츠식 접근법의 '하수인'인 PPP와 밀접하게 관련되어 있다.

게이츠 재단의 공격적인 자기 홍보는 옛 록펠러 재단의 홍보활동을 한참 넘어설 정도인데, 역설적으로 이는 게이츠 재단이 보기보다 더 허약한 조직임을 드러내는 것으로도 해석될 수 있다. 특히 우려스러운 점은 이 재단이 10억 달러가 넘는 돈을 '정책과 발언' 활동에 쓰고 있다는 사실이다. 게이츠 재단은 영국의 〈가디언〉, 스페인의 〈엘 파이스〉, 〈아프리칸 미디어 이니셔티브〉, 미국의 PBS, NPR 등 신문사와 방송사의 세계 보건·개발 관련 보도에 직접 자금을 지원하고, 카이저 패밀리 재단Kaiser Family Foundation(이 비영리기구는 게이츠 재단에 대한 기사에서 유독 유약한 논조를 보인다고 비판받아왔다)을 통해 간접적으로 지원하기도 한다.[251~253] 이 모든 언론 보도가 직간접적으로 세계 보건 및 개발에 대한 게이츠 재단의 접근법과 게이츠 재단 자체를 긍정적으로 홍보하는 효과를 내며, 이 재단은 자신들이 손대는 온갖 분야의 활동을 정당화하려면 바로 그러한 평판이 필요하다고 여기는 듯하다.

반면에 옛 록펠러 재단은 최고위급 정계와 밀실 외에서는 자신들의 역할을 과장하지 않고도 만족했다. 그 이유로는 20세기 초가 매서운 탐사 저널리즘의 시대였다는 점, 또 당대의 노동자 계급이 날카로운 촉각과 회의적인 태도로 러들로 학살 사건 등에서 록펠러 기업을 맹비난했다는 점을 들 수 있다. 록펠러 재단은 공중보건 활동에서까지도 그 이름을 소극적으로만 이용하게 되었다. 또한 록펠러 재단이 국제 보건에서 추구한 중요한 목표 중 하나가 강력한 정부 기구와 서비스를 통해 공중보건을 제도화하는 것이었다는 점에서, 재단에 대한 대중의 관심을 최소화하는 것이 궁극적으로는 재단의 목표 실현에 도움이 되었다.

게이츠 재단은 자신들의 기술을 보급하고 계획을 실현하는 데 공공 부문의 힘을 자주 빌리면서도(그 과정에서, 공공에서 민간으로의 '두뇌 유출'도 자주 일으킨다)[108] 공공보건의 '공공'이 처한 처지에는 대체로 무관심해 보인다. 이 재단은 1차 보건의료의 투자 가능성을 탐색하기 위해 몇 가지의 임시 행보를 취했다.[254] 아마도 2007년에 설치된 '통합 보건 솔루션 개발Integrated Health Solutions Development'팀이 이 사안에 관계되었을 텐데, 이 부서에 대해서는 대중에게 알려진 바가 거의 없다. 아마도 게이츠 재단은 어떤 변화를 도모하는 듯하다(더 불길하게는 1차 보건의료에의 접근법을 변경하려는 것일 수도 있다). 그러나 지금까지 드러난 모습으로 판단하자면 이 재단의 전반적인 접근법이 책무성을 띠는 복지국가의 관련성을 차단하는 것인 듯하다. 게이츠 재단의 일선 활동은 그들의 더 큰 목표인 '창의적 자본주의'와 공공-민간의 기술 중심 모델을 실현하는 데 있어 걸림돌이 아니라 디딤돌이다.

그러나 이제 인권을 중심으로 보건과 복지에 접근하는 관점이 점차 주목받고 있으며,[255] 2008년 세계 금융위기의 여파 속에서 점점 더 많은 사람들이 세계 전역에서 크고 작은 시위를 열어 하나 된 목소리로 그동안 내핍과 경제적·세계적 불공정과 인권 침해와 민주주의의 퇴보를 '참을 만큼 참았다'고 외치고 있다.[256] 우리는 지금 전환점에 서 있는지도 모른다. 전문가와 일반 대중 모두가 게이츠 재단의 전제와 목표에 더 주의를 기울이고 더 강력하게 저항하기에 알맞은 때가 왔다.

자선 자본주의와 세계 보건 의제

이 많은 사례를 보건대 자본주의는 인류애를 압도한다(자선을 뜻하는 'philanthropy'의 그리스어 어원이 '인류에 대한 사랑'이다). 그러니 '자선 자본주의'는 실로 형용모순일 수밖에 없다. 자선 자본주의가 각 시대의 국제/세계 보건에서 맡게 된 그 (사악할지라도) 긴요한 역할은 일련의 중첩된 요인에서 비롯된 결과이다. 자선자본가들은 어마어마한 자원을 보유하고 있다. 그 자원의 원천은 엄청난 양의 폭리이다. 그 배경에는 민주적인 재분배 원칙에 대한 무자비한 이데올로기적 공격이 있다. 이 모든 것의 배후에는 비록 쇠퇴하고 있지만 여전히 지배적인 미국의 세계 자본주의와 친기업적 정치 기후가 있다. 본질적으로 (미국식) 자선주의가 스스로 부임한 초거물 공여자들의 비민주적 의사 결정으로 운영되는 파렴치한 체제라는 점도 빠뜨릴 수 없다.

자선 자본주의의 부당한 영향력에 맞서는 집단 행동주의가 이러한 문제들을 해결하는 길의 첫 발판이 될 것이다(이와 더불어 자선가들에게 책무성을 요구하는 일도 중요하다. 가령 공개적이고 투명한 선거를 통해 이사회를 구성하게 하고, 조직 활동에 대해 외부의 과학적 평가를 확보하게 해야 한다). 이러한 노력의 중심에 놓인 긴급한 과제는 힘센 민간 재단들이 세계 보건 의제를 어떻게 설정하고 있는지, 특정 종류 지식의 생산·유통을 어떻게 좌우하고 있는지(또한 다른 종류의 지식과 질문은 돈도 관심도 주지 않음으로써 보이지 않게 만들고 있는지), 그리고 이러한 권력이 어떤 식으로 제어되어야 옳은지를 지금보다 더 잘 이해하는 것이다.[117] 여기서 중요한 문제 중 하나는, 형평성을 드높이겠다고 공언한 게이츠 재단이 세계 보건의 형평성 문제를 해결하는 데 있어 이미 국제적으로 널리 승인받은 '보건의 사회적 결정

자' 관점을 채택하지 않는 이유와 관련되어 있다.[257~259]

그러나 이 행동주의가 시민사회나 정책 비판자만의 일이어선 안 된다. 비록 불편하고 어쩌면 위험하더라도 세계 보건계에 속한 연구자, 실무자, 기금 수혜자가 떠들썩하게 하나의 역할을 맡아야 한다. 과학자들은 자신들은 그저 연구를 수행할 뿐이고 세계 보건의 재정이나 정책 결정 같은 큰일에는 영향을 미칠 수 없다고만 주장해선 안 된다. 과학자들은 민간 부문과 자선자본가의 세계 보건계 침투로 인해 연구자의 독립성이 위협받고 있다는 사실을 인정해야 한다. 이 분야에서 민간 주체들과 공공 주체 간의 권력 불균형이 얼마나 심각한지, 기업들과 손잡고 있는 WHO 등 국제연합기구는 (그리고 그러한 조직 내의 과학자도 당연히) '정직성, 독립성, 공평성'을 유지하기를 촉구받고 있다.[260·261]

과학자들이 신용을 지키기 위해서는 정부기금으로 운영하는 책무성 있는 공공과학 활동의 필요성을 마땅히 옹호해야 한다.[177·262] 세계 보건계의 과학자들은 기후변화를 위한 행동을 요청하는 동료 과학자들(제임스 핸슨James Hansen 등),[263] 제약업계의 비윤리적 전술을 비판하는 과학자들(페테르 괴체Peter Gøtzsche 등), 그리고 참여과학자연대Union of Concerned Scientists 같은 압력단체와 힘을 합쳐야 한다. 또한 국제통화기금과 유럽연합이 그리스에 강요한 내핍에 반대하는 대중 시위에 나타난 그 용감한 행동주의와 발언에서 영감을 얻어야 한다. 스페인의 인디그나도스indignados(분노한 사람들) 운동에서, 안데스의 부엔 비비르buen vivir(참된 삶) 철학과 정책에서, 세계 전역에서 채굴 산업에 맞서 벌어지고 있는 세계 정의 운동에서, 2억 명이 참여한 비아캄페시나Via Campesina(농민의 길) 운동에서, '점령하라Occupy!' 운동에서 본보기를 찾아야 한다. 이러한 투쟁들은 현대 세계경제에서 기업 자본가들과 금권 정치가들이 부리는 극도의 탐욕과 권력을 상대하고 있다.[256] 이와 마찬가지로 과학자들은 게이츠 재단이 세계 보건 의제에 미치는 비민주적 영향력과, 복지국가 건설 및 유지를 가로막는 이 재단의 보이지 않는 공격을 시험대에 올려야 한다. 과거의 좌파 보건 전문가들이 록펠러 재단에 저항했듯이, 또한 사회주의 국가 등 부를 재분배하는 공정한 복지국가 모델을 국제 보건의 관점으로 들여오도록 록펠러 재단을 끌어가려 했듯이 말이다.[59]

20세기의 국제 보건은 자선자본가들이 특권을 누리는 세계였고, 21세기에도 이 분야는 여전히 어떤 부자 남성의 독무대로 남을 가능성이 농후하다. 그러나 우리는 부자 한 사람이 세계 보건 의제를 결정하는 데 만족해서는 안 된다. 모든 분야의 과학자, 연구자, 활동가, 윤리사상가가 마땅히 이 바람직하지 않은 상황 전개에 주목하고, 세계 보건 분야에 책무성과 민주적 의사 결정이 자리잡도록 힘을 합쳐야 한다.

| 글을 마치며 |

먼저 각 재단을 분석하는 데 사용할 수 있었던 자료가 양과 성격 면에서 얼마나 달랐는가를 강조할 필요가 있다. 록펠러 기록보존센터 (http://www.rockarch.org/collections/rf/)에서는 록펠러 재단과 관련된 다양한 종류의 1차 자료, 즉 서신, 일기, 메모, 회의록, 사업 문건, 펠로우에 관한 정보, 뉴욕 본부와 각국 및 각 광역 현장사무소에 관련된 내부보고서 등에 자유롭게 접근할 수 있다. 시간적으로는 기록 분류 체계에 따라 각각 1989년, 1994년, 2000년까지의 기록을 찾아볼 수 있으며, 그 밖에도 연차 보고서, 기사, 강의 등의 출간물도 게재되어 있다.

한편 빌&멀린다 게이츠 재단의 웹사이트(http://www.gatesfoundation.org/)에는 연차 보고서, 공식 서한, 연설, 요약서, 기타 재단의 다양한 계획에 관한 공식 정보, 재단 기금에 관한 기초 자료가 게재되어 있다. 그러한 계획과 행위자, 기금, 기금 수취인 중 다수가 현재 진행 중이거나 활동 중이라는 점에서 게이츠 재단의 기록보관소가 아직 대중에 공개되지 않은 것도 이해할 만하지만, 그로 인해 빌&멀린다 게이츠 재단에 대한 분석의 상당 부분은 저널리즘 방식으로, 혹은 공문서의 행간을 읽어내는 '크렘린식' 독법으로 이루어졌음을 밝힌다.

| 감사의 말 |

이 글은 완성 전 단계에서 프라이부르크 대학(독일), 안티오키아 대학 (콜롬비아), 토론토 대학(캐나다), 예일 대학(미국), 펜실베이니아 대학(미국), 워싱턴 대학(미국), 사이먼 프레이저 대학(캐나다)에서 발표되었다. 그 행 사들에서 질문으로 나를 자극하고 통찰력을 나눠주었던 많은 청중에 게 감사의 말을 전한다.

또한 다양한 제안과 충고로 나를 도와준 메리 트래비스 베세트Mary Travis Bassett, 엘리자베스 피Elizabeth Fee, 질베르토 호크만Gilberto Hochman, 니콜라이 크레멘초프Nikolai Krementsov, 낸시 크리거Nancy Krieger, 로라 네 르비Laura Nervi, 그리고 이름을 알 수 없는 리뷰어들에게 감사한다. 연구, 문헌 인용, 편집을 도와준 매리슨 스트랭스Marrison Stranks와 앤드루 리 랜드Andrew Leyland에게 특히 큰 도움을 받았다.

이 연구와 논문 저술은 캐나다 연구교수 프로그램으로부터 재정을 지원받았다. 이 재정 지원 단체는 이 글의 저술이나 출판 결정에 어떠 한 영향도 미치지 않았으며, 여기에 쓰인 모든 내용은 오롯이 나의 생 각임을 밝힌다.

| 참고문헌 |

1   Chernow R. Titan: The life of John D. Rockefeller, Sr. New York:
    Random House; 1998.

2   Wallace J, Erickson J. Hard Drive: Bill Gates and the making of the
    Microsoft empire. New York: Harper Paperbacks; 1993.

3   Tarbell I. The history of the Standard Oil Company. New York: Mc-
    Clure, Phillips & Co.; 1904.

4   Page WH, Lopatka JE. The Microsoft case: antitrust, high technology,
    and consumer welfare. Chicago: University of Chicago Press; 2009.

5   TIME Magazine Cover: John D. Rockefeller. Time Magazine. 1928
    May 21; XI(21).

6   The Good Samaritans, Persons of the Year. Time Magazine. 2005 Dec
    26; 166(26).

7   Brown ER. Rockefeller medicine men. Berkeley: University of Cali-
    fornia Press; 1979.

8   Wiist B. Philanthropic foundations and the public health agenda.
    Corporations and Health Watch[Internet]. 2011 Aug 3[cited 2011 Oct
    9]; Available from: http://corporationsandhealth.org/2011/08/03/
    philanthropic-foundations-and-the-public-health-agenda/

9   Fosdick RB. The story of the Rockefeller Foundation. New Bruns-
    wick, NJ: Transaction; 1952.

10 Richter J. 'We the People' or 'We the Corporations'? Critical Reflec-
    tions on UN-business 'partnerships.' Geneva: IBFAN/GIFA; 2003.

11   Birn A-E. Gates's grandest challenge: transcending technology as public health ideology. Lancet. 2005; 366; 514-519. http://dx.doi.org/10.1016/S0140-6736(05)66479-3

12   Berliner H. A system of scientific medicine: philanthropic foundations in the Flexner era. New York: Tavistock; 1985.

13   Bishop M, Green M. Philanthrocapitalism: how giving can save the world. Bloomsbury US; Reprint edition; 2009. 비숍과 그린의 2008년 저서 『자선 자본주의』에 붙은 부제는 원래 '부자들은 어떻게 세상을 구할 수 있는가'였으나 2008년 세계 경제위기의 여파 속에서 '기부는 어떻게 세상을 구할 수 있는가'로 바뀌었다. 부자들이 세상을 구하기보다는 망치고 있음을 2008년의 위기가 여실히 보여주었기 때문이다.

14   Edwards M. Just another Emperor? The myths and realities of philanthrocapitalism. Demos: A Network for Ideas & Action; 2008.

15   U.S. Government, Internal Revenue Service: Tax Information for Private Foundations[Internet]. [last updated 2014 Jan 28; cited 2014 Feb 12]. Available from: http://www.irs.gov/Charities-&-Non-Profits/Private-Foundations

16   Howard-Jones N. The scientific background of the International Sanitary Conferences, 1851-1938. Geneva: World Health Organization; 1975.

17   Fidler D. The globalization of public health: the first 100 years of international health diplomacy. Bull World Health Organ. 2001; 79: 842-849.

18   Maglen K. "The first line of defense": British quarantine and the port sanitary authorities in the nineteenth century. Soc Hist Med. 2002; 15(3): 413-428.

19   Carrillo AM, Birn A-E. Neighbours on notice: national and imperialist interests in the American Public Health Association, 1872-1921. Can Bull Med Hist. 2008; 25(1): 83-112.

20   Cueto M. El valor de la salud: una historia de la Organización Panamericana de la Salud. Washington, DC: Organización Panamericana de la Salud; 2004.

21   Birn A-E. From plagues to peoples: health on the modern global/in-
      ternational agenda. In: T Schrecker, editor. Ashgate Research Com-
      panion to the Globalization of Health. Ashgate; 2012. p. 39-59.

22   Farley J. To cast out disease: a history of the International Health
      Division of the Rockefeller Foundation, 1913-1951. New York, NY:
      Oxford University Press; 2004.

23   Birn A-E. Marriage of convenience: Rockefeller international health
      and revolutionary Mexico. Rochester, NY: University of Rochester
      Press; 2006.

24   Carnegie A. The gospel of wealth. North American Review. 1889; 148:
      653-64.

25   Carnegie A. The gospel of wealth. North American Review. 1889; 149:
      682-98.

26   Lagemann EC. Private power for the public good: a history of the
      Carnegie Foundation for the Advancement of Teaching. Middle-
      town, CO: Wesleyan University Press, distributed by Scranton, PA:
      Harper & Row; 1983.

27   Zinn H. A people's history of the United States, 1492-Present. New
      York: Harper Perennial; 1990.

28   Sealander J. Private wealth and public life: foundation philanthropy
      and the reshaping of American social policy from the Progressive
      Era to the New Deal. Baltimore: Johns Hopkins University Press;
      1997.

29   Arnove R, editor. Philanthropy and cultural imperialism: the founda-
      tions at home and abroad. Boston: G.K. Hall and Co.; 1980.

30   Friedman LD, McGarvie MD, editors. Charity, philanthropy, and ci-
      vility in American history. Cambridge: Cambridge University Press;
      2003.

31   Karl B, Katz S. Foundations and ruling class elites. Daedalus. 1987;
      116: 1-40.

32   O'Connor A. Poverty knowledge: social science, social policy, and
      the poor in twentieth-century U.S. history. Princeton, NJ: Princeton

University Press; 2001.

33 Duffy J. The Sanitarians: a history of American public health. Urbana, Ill.: University of Illinois Press; 1990.

34 Fee E. Disease and discovery: a history of the Johns Hopkins School of Hygiene and Public Health, 1916-1939. Baltimore, MD: Johns Hopkins University Press; 1987.

35 Ettling J. The germ of laziness: Rockefeller philanthropy and public health in the New South. Cambridge, MA: Harvard University Press; 1981. 십이지장충은 장벽에서 양분을 섭취하고 나면 수천 개의 알과 함께 분변을 통해 배출된다. 알은 따뜻하고 축축하고 그늘진 흙에서 부화한 뒤 유충으로 자라며, 이것이 사람 발가락 사이의 연한 피부를 통해 몸 안으로 들어온다. 유충은 혈관을 따라 폐로 들어갔다가 거기서 기침을 통해 밖으로 나와 소화관 안으로 들어가 성충이 되고, 번식하고, 위의 과정을 반복한다. 20세기 초에 사람들은 십이지장충의 수명 주기에 관한 당시의 지식을 토대로 신발 신기와 변소 이용을 주요 예방책으로 삼고 구충제를 투여해 병을 치료했다.

36 Cueto M. Missionaries of science: the Rockefeller Foundation and Latin America. Bloomington, IN: Indiana University Press; 1994.

37 League of Nations Health Organisation. International Health Board of the Rockefeller Foundation. In: International Health Yearbook 1927(Third Year) Reports on the Public Health Progress of 27 Countries in 1926. C.H. 599 Geneva; 1927.

38 Berman EH. The influence of the Carnegie, Ford, and Rockefeller Foundations on American foreign policy: the ideology of philanthropy. Albany: State University of New York Press; 1983.

39 Rosenberg ES. Missions to the world: philanthropy abroad. In: Friedman LJ, McGarvie MD, editors. Charity, philanthropy, and civility in American history. Cambridge: Cambridge University Press; 2003. p. 241-258.

40 Bashford A. Imperial hygiene: a critical history of colonialism, nationalism and public health. London: Palgrave; 2004.

41 Anderson W. Colonial pathologies: American tropical medicine, race, and hygiene in the Philippines. Durham, NC: Duke University

Press; 2006. http://dx.doi.org/10.1215/9780822388081

42   Bala P, editor. Biomedicine as a contested site: some revelations in imperial contexts. Lanham, MD.: Lexington Books; 2009.

43   Hewa S. Colonialism, tropical disease and imperial medicine: Rockefeller Philanthropy in Sri Lanka. Lanham, Maryland: University Press of America; 1995.

44   Weindling P. Philanthropy and world health: the Rockefeller Foundation and the League of Nations Health Organisation. Minerva. 1997; 35: 269-281. http://dx.doi.org/10.1023/A:1004242303705

45   Espinosa M. Epidemic invasions: yellow fever and the limits of Cuban independence, 1878-1930. Chicago: University of Chicago Press; 2009. http://dx.doi.org/10.7208/chicago/9780226218137.001.0001

46   Löwy I. Virus, moustiques, et modernité: la fièvre jaune au Brésil entre science et politique. Series histoire des sciences, des techniques et de la médecine. Paris: Éditions des Archives Contemporaines; 2001.

47   McBride D. Missions for science: U.S. technology and medicine in America's African world. New Brunswick, NJ: Rutgers University Press; 2002.

48   Arnold D, editor. Warm climates and Western medicine: the emergence of tropical medicine, 1500-1900, Clio Medica, vol. 35. Wellcome Institute Series in the History of Medicine. Amsterdam: Editions Rodopi; 1996.

49   Wilson CM. Ambassadors in white: the story of American tropical medicine. New York: Henry Holt and Company; 1942.

50   Quevedo E, Borda, C, Eslava, JC, García, CM, Guzmán MdP, Mejía, P, Noguera, C. Café y gusanos, mosquitos y petróleo: el tránsito desde la higiene hacia la medicina tropical y la salud pública en Colombia, 1873-1953. Bogotá: Universidad Nacional de Colombia, Facultad de Medician, Instituto de Salud Pública; 2004.

51   Birn A-E, Pillay Y, Holtz T. Textbook of international health: glob-

al health in a dynamic world, 3rd ed. New York: Oxford University Press; 2009.

52   Packard RM, Gadelha PA. A land filled with mosquitoes: Fred L. Soper, the Rockefeller Foundation, and the Anopheles gambiae invasion of Brazil. Parassitologia. 1994; 36(1-2): 197-213.

53   Brown PJ. Failure-as-success: multiple meanings of eradication in the Rockefeller Foundation Sardinia project, 1946-1951. Parassitologia. 1998 Jun; 40(1-2): 117-130.

54   Palmer S. Launching global health: the Caribbean odyssey of the Rockefeller Foundation. Ann Arbor: University of Michigan Press; 2010.

55   Birn A-E, Fee E. The Rockefeller Foundation: setting the international health agenda. Lancet. 2013 May; 381: 1618-1619. http://dx.doi.org/10.1016/S0140-6736(13)61013-2

56   Solórzano Ramos A. ¿Fiebre dorada o fiebre amarilla? la Fundación Rockefeller en México, 1911-1924. Guadalajara: Universidad de Guadalajara; 1997.

57   Borowy I. Coming to terms with world health: the League of Nations Health Organisation 1921-1946. Frankfurt: Peter Lang Pub, Inc; 2009.

58   Litsios S. Selskar 'Mike' Gunn and public health reform in Europe. In: Borowy I, Hardy A, editors. Of medicine and men: biographies and ideas in European social medicine between the world wars. Frankfurt: Peter Lang Pub, Inc; 2008. p. 23-43.

59   Birn A-E, Brown TM, editors. Comrades in health: U.S. health internationalists abroad and at home. New Brunswick, NJ: Rutgers University Press; 2013.

60   Solomon, SG and Krementsov, N. Giving and taking across borders: The Rockefeller Foundation and Soviet Russia, 1919-1928. Minerva. 2001; 3: 265-298. 록펠러 재단은 소비에트의 공중보건 자체가 아니라 다양한 과학 분야에 자금을 대는 데 관심이 많았다. 소비에트 측에서는 록펠러 재단의 지원에 별 관심이 없었다.

61   Schuler FE. Mexico between Hitler and Roosevelt: Mexican foreign

relations in the age of Lazaro Cárdenas, 1934-1940. Albuquerque: University of New Mexico Press; 1998.

62   Joseph G, LeGrand C, Salvatore R, editors. Close encounters of empire: writing the cultural history of U.S.-Latin American relations. Durham, NC: Duke University Press; 1998.

63   Schoultz, L. Beneath the United States: a history of U.S. policy toward Latin America. Cambridge: Harvard University Press; 1998.

64   Galeano E. Las venas abiertas de América Latina. Mexico City: Siglo XXI; 1971.

65   Colby G, Dennett, C. Thy will be done: the conquest of the Amazon: Nelson Rockefeller and evangelism in the age of oil. New York, N.Y.: Harper Collins Publishers; 1995.

66   Hart JM. Empire and revolution: the Americans in Mexico since the Civil War. Berkeley: University of California Press; 2002. http://dx.doi.org/10.1525/california/9780520223240.001.0001

67   Birn A-E. Backstage: the relationship between the Rockefeller Foundation and the World Health Organization, Part I: 1940s-1960s. Public Health(Royal Society for Public Health). 2014; 128(2): 129-140. http://dx.doi.org/10.1016/j.puhe.2013.11.010

68   Muraskin W. The Rockefeller Foundation's Health Sciences Division: 1977-2002: an overview of a quarter century of fighting the infectious diseases of the developing world. Unpublished manuscript, 2010.

69   Hackett L. IHD and other international health organizations. Rockefeller Foundation Archives: MCB's Memorandum. 1950; 3(RG 3.1, Series 908, Box 4, Folder 20).

70   Birn, A-E. The stages of international (global) health: histories of success or successes of history? Global Public Health. 2009; 4(1): 50-68. http://dx.doi.org/10.1080/17441690802017797

71   Packard RM. Visions of postwar health and development and their impact on public health interventions in the developing world. In: Cooper F, Packard RM, editors. International development and the

social sciences: essays on the history and politics of knowledge. Berkeley, CA: University of California Press; 1997. p. 93-115.

72   Hess GR. Waging the Cold War in the third world: the foundations and the challenges of development. In: Friedman LD, McGarvie MD, editors. Charity, philanthropy, and civility in American history. Cambridge: Cambridge University Press; 2003. p. 319-340.

73   Hess GR. The role of American philanthropic foundations in India's road to globalization during the Cold War era. In: Hewa S, Stapleton D, editors. Globalization, philanthropy, and civil society: toward a new political culture in the twenty-first century. New York: Springer; 2005. p. 51-72.

74   Cueto M. International health, the early Cold War and Latin America. Can Bull Med Hist. 2008; 25(1): 17-41.

75   Vojtech M. The Soviet Union's partnership with India. Journal of Cold War Studies. 2010; 12(3): 50-90. http://dx.doi.org/10.1162/JCWS_a_00006

76   Cueto M. Cold War, deadly fevers: malaria eradication in Mexico, 1955-1975. Baltimore, Johns Hopkins University Press; 2007.

77   Packard RM. No other logical choice: global malaria eradication and the politics of international health in the post-war era. Parassitologia. 1998; 40: 217-229.

78   Fenner F, Henderson DA, Arita I, Jezek Z, Ladnyi ID. Smallpox and its eradication. Geneva: World Health Organization; 1988.

79   Bhattacharya S. Expunging variola: the control and eradication of smallpox in India, 1947-1977. Hyderabad, India: Orient Longman; 2006.

80   Amrith S. Decolonizing international health: India and Southeast Asia, 1930-65. Cambridge Imperial and Post-Colonial Studies. Basingstoke: Palgrave Macmillan; 2006. http://dx.doi.org/10.1057/9780230627369

81   Birn, A-E. Small(pox) success? Ciência & Saúde Coletiva. 2011; 16(2): 591-597. http://dx.doi.org/10.1590/S1413-81232011000200022

82 Declaration of Alma-Ata. International Conference on Primary Health Care. 1978; Alma-Ata, USSR. Available from: http://www.who.int/hpr/NPH/docs/declaration_almaata.pdf

83 Mahler H. Social perspective in health. World Health Organization[Offprint report; Rec 234]; 1976.

84 Mahler H. A social revolution in public health. WHO Chronicle. 1976; 30: 475-480.

85 Newell K. Selective primary health care: the counter revolution. Soc Sci Med. 1988; 26: 903-906. http://dx.doi.org/10.1016/0277-9536(88)90409-1

86 Starrels J. The World Health Organization: resisting third world ideological pressures. Washington, DC: The Heritage Foundation; 1985.

87 Brown TM, Cueto M, Fee E. The World Health Organization and the transition from 'international' to 'global' public health. Am J Public Health. 2006; 96(1): 62-72. http://dx.doi.org/10.2105/AJPH.2004.050831

88 World Health Organization. Proposed Programme Budget 2010-2011. World Health Organization[Internet]. 2011[cited 2011 Oct 9]. Available from: http://apps.who.int/gb/e/e_amtsp3.html

89 Godlee F. WHO in retreat: is it losing its influence? BMJ. 1994; 309: 1491-1495. http://dx.doi.org/10.1136/bmj.309.6967.1491

90 Godlee F. The World Health Organisation: WHO at country level: a little impact, no strategy. BMJ. 1994; 309: 1636-1639. http://dx.doi.org/10.1136/bmj.309.6969.1636

91 Godlee F. The World Health Organisation: WHO in crisis. BMJ. 1994; 309: 1424-28. http://dx.doi.org/10.1136/bmj.309.6966.1424

92 Kassalow J. Why health is important to U.S. foreign policy. New York, NY: Council on Foreign Relations and Milbank Memorial Fund; 2001.

93 Ollila E. Global health priorities – priorities of the wealthy? Global Health. 2005; 1(6): 1-5.

94 Banerji D. A fundamental shift in the approach to international health

by WHO, UNICEF, and the World Bank: instances of the practice of 'Intellectual Fascism' and totalitarianism in some Asian countries. Int J Health Serv. 1999; 29(2): 227-259. http://dx.doi.org/10.2190/RAB4-D873-99AM-ACJR

95 Nitsan C. The World Health Organization between North and South. Ithaca: Cornell University Press; 2012.

96 Richter J. Public-private partnerships for health: a trend with no alternatives? Development. 2004; 47: 43-8. http://dx.doi.org/10.1057/palgrave.development.1100043

97 Bozorgmehr K. Rethinking the 'global' in global health: a dialectic approach. Global Health. 2010; 6(19).

98 Rowson M, Willott C, Hughes R, Maini A, Martin S, Miranda JJ, et al. Conceptualising global health: theoretical issues and their relevance for teaching. Global Health. 2012; 8: 36. doi: 10.1186/1744-8603-8-36. http://dx.doi.org/10.1186/1744-8603-8-36

99 Birn A-E. Remaking international health: refreshing perspectives from Latin America. Rev Panam Salud Publica. 2011; 30(2): 106-10.

100 Dolan KA. A rivalry graphed: how Carlos Slim overtook Bill Gates as number one richest in the world. Forbes[Internet]. 2013 Sept 4[cited 2014 Feb 4]. Available from: http://www.forbes.com/sites/kerry adolan/2013/04/09/a-rivarly-graphed-how-carlos-slim-overtook-bill-gates-as-number-one-richest-in-the-world/

101 Bill and Melinda Gates Foundation. Foundation Fact Sheet[Internet]. Seattle: Bill and Melinda Gates Foundation; c1999-2013[cited 2013 Nov 26]. Available from: http://www.gatesfoundation.org/about/Pages/foundation-fact-sheet.aspx

102 Bill and Melinda Gates Foundation. Annual Report 2010[Internet]. Seattle: Bill and Melinda Gates Foundation; c1999-2014[cited 2014 Mar 4]. Available from: http://www.gatesfoundation.org/~/media/GFO/Documents/Annual%20Reports/2011Gates%20Foundation%20Annual%20Report.pdf

103 Bill and Melinda Gates Foundation. 2011 Annual Snapshot of

Grants Paid[Internet]. Seattle: Bill and Melinda Gates Foundation; c1999-2013[cited 2013 Nov 26]. Available from: http://www.gatesfoundation.org/Who-We-Are/General-Information/Financials/2011-Annual-Snapshot-of-Grants-Paid

104   Institute for Health Metrics and Evaluation. Financing global health 2013: transition in an age of austerity. Seattle, WA: IHME; 2014[cited 2014 Jun 29]. See, especially, Figure 38, DAH by source of funding, 1990-2011 p. 53. Available from: http://www.healthdata.org/sites/default/files/files/policy_report/2014/FGH2013/IHME_FGH2013_Full_Report.pdf

105   World Health Organization. Proposed Pro-gramme Budget 2002-2003; 2004-2005; 2006-2007[Internet]. World Health Organization; 2011[cited 2011 Oct 9]. Available from: http://apps.who.int/gb/archive/

106   World Health Organization. Medium Term Strategic Plan 2008-13 [Internet]. World Health Organization; 2011[cited 2011 Oct 9]. Available from: http://apps.who.int/gb//e/e_amtsp.html

107   Bill and Melinda Gates Foundation. Global Health Data Access Principles[Internet]. Seattle: Bill and Melinda Gates Foundation; c1999-2013[updated 2011 Apr; cited 2013 Oct 22]. Available from: https://docs.gatesfoundation.org/Documents/data-access-principles.pdf

108   McCoy D, McGoey L. Global health and the Gates Foundation – in perspective. In: Williams EO, Rushton S, editors. Health Partnerships and Private Foundations: new frontiers in health and health governance. Palgrave; 2011. p. 143-163.

109   Jamison DT, Summers LH, Alleyne G, Arrow KJ, Berkley S, Binagwaho A et al. Global health 2035: a world converging within a generation. Lancet. 2013; 382(9908): 1898-1955. http://dx.doi.org/10.1016/S0140-6736(13)62105-4

110   Halstead SB, Walsh JA, Warren KS. Good health at low cost: Rockefeller Foundation conference report. New York: Rockefeller Foun-

dation; 1985.

111 Clarke AE, Shim JK, Mamo L, Fosket JR, Fishman JR. Biomedical-
ization: technoscientific transformations of health, illness, and U.S.
biomedicine. Am Sociol Rev. 2003; 68(2): 161-194. http://dx.doi.
org/10.2307/1519765

112 Bill and Melinda Gates Foundation. 2014 Annual Letter myth three:
Saving lives leads to overpopulation[Internet]. Seattle: Bill and Me-
linda Gates Foundation; c1999-2014[cited 2014 Jan 29]. Available
from: http://annualletter.gatesfoundation.org/?cid=gf_em_ll0_all#
section=myth-three

113 Klein E. Bill Gates Q&A: 'Capitalism did not eradicate smallpox.'
Washington Post[Internet]. 2014 Jan 21[cited 2014 Feb 10]. Avail-
able from: http://www.washingtonpost.com/blogs/wonkblog/
wp/2014/01/21/bill-gates-capitalism-did-not-eradicate-smallpox/

114 Wiedemann E, Thielke T. Is aid the problem, not the solution? Sa-
lon[Internet]. 2005 Jul 6[cited 2013 Dec 19]. Available from: http://
www.salon.com/2005/07/06/aid_money/

115 What has the Gates Foundation done for global health? Lancet.
2009 May 9; 373(9675): 1577. http://dx.doi.org/10.1016/S0140-
6736(09)60885-0

116 Black RE, Bhan MK, Chopra M, Rudan I, Victora CG. Accelerating
the health impact of the Gates Foundation. Lancet. 2009; 373(9675):
1584-1585. http://dx.doi.org/10.1016/S0140-6736(09)60886-2

117 McCoy D. The giants of philanthropy: Huge, powerful private insti-
tutions such as the Gates Foundation should be subject to greater
public scrutiny. The Guardian[Internet]. 2009 Aug 5[cited 2011 Mar
21]. Available from: http://www.guardian.co.uk/commentisfree/
2009/aug/05/gates-foundation-health-policy

118 Birn A-E. The downside of billions. The Toronto Star. 2006 Aug 16. p.
A21.

119 People's Health Movement, GEGA. Global health watch 2: an al-
ternative world health report. Global Health Watch. London: Zed

Books[Internet]. 2008[cited 2011 Mar 21]. Available from: http://www.ghwatch.org/ghw2

120   McCoy D, Kembhavi G, Patel J, Luintel A. The Bill and Melinda Gates Foundation's grant-making program for global health. Lancet. 2009; 373: 1645-1653. http://dx.doi.org/10.1016/S0140-6736(09)60571-7

121   Calculated from: Bill and Melinda Gates Foundation, Awarded Grants: Global Health[Internet]. Seattle: Bill and Melinda Gates Foundation; c1999-2014[cited 2014 Feb 12]. Available from: http://www.gatesfoundation.org/How-We-Work/Quick-Links/Grants-Database#q/program=Global%20Health

122   Calculated from: Bill and Melinda Gates Foundation, Grant Search: PATH[Internet]. Seattle: Bill and Melinda Gates Foundation; c1999-2013[cited 2013 Oct 22]. Available from: http://www.gatesfoundation.org/search#q/k=PATH& contenttype=Grant

123   Suba EJ, Raab SS. Cervical cancer mortality in India. Lancet. 2014 May 24; 383(9931): 1804.

124   Bill and Melinda Gates Foundation. Water, Sanitation & Hygiene: Strategy Overview[Internet]. Seattle: Bill and Melinda Gates Foundation; c1999-2014[cited 2014 Aug 24]. Available from: http://www.gatesfoundation.org/What-We-Do/Global-Development/Water-Sanitation-and-Hygiene

125   Muraskin W. The Global Alliance for vaccines and immunization: is it a new model for effective public-private cooperation in international public health? Am J Public Health. 2004; 94(11): 1922-1925. http://dx.doi.org/10.2105/AJPH.94.11.1922

126   Bill and Melinda Gates Foundation. Grant Search: Aeras Global TB Vaccine Foundation[Internet]. Seattle: Bill and Melinda Gates Foundation; c1999-2013[cited 2013 Oct 22]. Available from: http://www.gatesfoundation.org/search#q/k=Aeras%20Global%20TB%20Vaccine%20Foundation&contenttype=Grant

127   Rotary and Gates Foundation extend fundraising agreement to end polio. Vaccine Weekly[Internet]. 2013 July 10[cited 2013 Sept 16]; 29.

Available from: http://www.newsrx.com/health-articles/3791475.
html

128 Gates B. Prepared remarks to the 2005 World Health Assembly[Internet]. Seattle: Bill and Melinda Gates Foundation; c1999-2011[cited 2011 Mar 21]. Available from: http://www.gatesfoundation.org/speeches-commentary/Pages/bill-gates-2005-world-health-assembly.aspx. 빌 게이츠는 2011년의 세계보건총회에 다시 한 번 연사로 초청되었고, 2014년에는 멀린다 게이츠가 연사로 초청되었다. 공공의 이익을 옹호하는 시민사회단체들의 입장에서는 아연실색할 상황이었다.

129 McGuire JW. Politics, policy, and mortality decline in Chile, 1960-1995. In: Salvatore RD, Coatsworth JH, Challú AE, editors. Living Standards in Latin American History: Height, Welfare, and Development, 1750-2000. Cambridge, MA: David Rockefeller Center for Latin American Studies, Harvard University; 2010. p. 233-271.

130 Riley JC. Rising life expectancy: a global history. New York: Cambridge University Press; 2001.

131 Easterlin RA. How beneficent is the market? A look at the modern history of mortality. Europ Rev Econ Hist. 1999; 3: 257-294. http://dx.doi.org/10.1017/S1361491699000131

132 Preston SH. Mortality Patterns in National Populations. New York: Academic Press;1976.

133 Szreter S. The importance of social intervention in Britain's mortality decline c.1850-1914: A reinterpretation of the role of public health. Soc Hist Med. 1988; 1(1): 1-37. http://dx.doi.org/10.1093/shm/1.1.1

134 Corsini CA, Viazzo PP, editors. The decline of infant and child mortality: the European experience: 1750-1990. Cambridge, MA: Kluwer Law International; 1997.

135 Haines M. The urban mortality transition in the United States, 1800-1940. Annales de Démographie Historique. 2001; 1: 33-64.

136 Wolleswinkel-van den Bosch JH, van Poppel FWA, Looman CWN, Mackenbach JP. Determinants of infant and early childhood mortality levels and their decline in the Netherlands in the late nine-

teenth century. Int J Epidemiol. 2000; 29(6): 1031-1040. http://dx.doi.
org/10.1093/ije/29.6.1031

137 Grand Challenges in Global Health[Internet]. c2003-2013[cited 2014
     Jan 29]. Available from: http://www.grandchallenges.org/Explora-
     tions/Pages/Introduction.aspx

138 Brown H. Great expectations. BMJ. 2007; 334: 874-876. http://dx.doi.
     org/10.1136/bmj.39183.534919.94

139 Grand Challenges in Global Health. Browse the Grand Challenges
     [Internet]. Grand Challenges in Global Health; c2003-2013[cited
     2014 Jan 29]. Available from: http://www.grand challenges.org/Pag
     es/BrowseByGoal.aspx. 이 논문을 인쇄하기 직전, 게이츠 재단은 '대도
     전'의 10주년을 기념하며 두 가지의 새로운 도전 목표를 발표했다. 그것은
     '모든 아동의 번영'과 '성인 및 미성년 여성을 발전의 중심에 놓는 것'이었는
     데, 구체적인 내용은 아직 나오지 않았다.

140 McNeil DG. Gauging Bill Gates's health grants five years in. The New
     York Times[Internet]. 2010 Dec 20[cited 2011 Nov 13]. Available
     from: NYTimes.com

141 Brouwer S. Revolutionary doctors: how Venezuela and Cuba are
     changing the world's conception of health care. New York: Monthly
     Review Press; 2011.

142 Muntaner C, Benach J, Páez Victor M, Ng E, Chung H. Egalitarian pol-
     icies and social determinants of health in Bolivarian Venezuela. Int J
     Health Serv. 2013;43(3): 537-549. http://dx.doi.org/10.2190/HS.43.3.j

143 Mahmood Q, Muntaner C. Politics, class actors, and health sector
     reform in Brazil and Venezuela. Glob Health Promot. 2013; 20(1): 59-
     67. http://dx.doi.org/10.1177/1757975913476902

144 International Association of National Public Health Institutes. Our
     partners[Internet]. 2013[cited 2014 Feb 11]. Available from: http://
     www.ianphi.org/partners/index.html

145 Bill and Melinda Gates Foundation. Grant Search: International
     Association of National Public Health Institutes[Internet]. Seattle:
     Bill and Melinda Gates Foundation; c1999-2014[cited 2014 Feb 10].

Available from: http://www.gatesfoundation.org/How-We-Work/
Quick-Links/Grants-Database/Grants/2006/10/OPP43487

146 Horton R. Offline: Challenging America's hegemony in global health.
Lancet. 2013; 382(9890): 382. http://dx.doi.org/10.1016/S0140-
6736(13)61641-4

147 Buse K, Tanaka S. Global public-private health partnerships: les-
sons learned from ten years of experience and evaluation. Int
Dent J. 2011; 61(Suppl. 2): 2-10. http://dx.doi.org/10.1111/j.1875-
595X.2011.00034.x

148 Buse K, Walt G. The World Health Organization and global pub-
lic-private health partnerships: in search of "good" global health
governance. In: Reich MR, editor. Public-Private Partnerships for
Public Health. Cambridge, MA: Harvard University Press; 2002. p.
169-95.

149 McKinsey & Company, Bill and Melinda Gates Foundation. Devel-
oping successful global health alliances[Internet]. Seattle: Bill and
Melinda Gates Foundation; 2002[cited 2014 Jan 31]. Available from:
http://www.eldis.org/go/home&id=12064&type=Document#.UwK
MkHlOSCY

150 World Health Organization. Resolution WHA46.17 Paper read at
health development in a changing world – a call for action. For-
ty-sixth World Health Assembly. Geneva: WHA46/1993/REC/1; 1993
May 3-14.

151 Buse K, Walt G. Global public-private partnerships: part II – what are
the health issues for global governance? Bull World Health Organ.
2000; 78(5): 699-709.

152 Nervi L. Mapping a sample of global health partnerships: a recount
of significant findings. Trabajo Comisionado por HSS/OPS. 2007.

153 Pablos-Mendez A, Chacko S, Evans T. Market failures and orphan
diseases. Development. 1999; 42(4): 79-83.

154 Lawson ML. Foreign assistance: public-private partnerships(PPPs)
[Internet]. Congressional Research Service; 2013 Oct 28[cited 2013

Dec 17]; Report No.:R41880. Available from: http://www.fas.org/sgp/crs/misc/R41880.pdf

155   Yamey G. WHO's management: struggling to transform a "fossilised bureaucracy". BMJ. 2002; 325: 1170. http://dx.doi.org/10.1136/bmj.325.7373.1170

156   Schoofs M, Phillips MM. Global disease fund to be strict for better change to get results. The Wall Street Journal[Internet]. 2002 Feb 13[cited 2014 Feb 11]. Available from: http://online.wsj.com/news/articles/SB1013554027358224600

157   Aid and AIDS: gambling with lives. The Economist[Internet]. 2001 May 31[cited 2013 Dec 11]. Available from: http://www.economist.com/node/639326

158   Singh JA, Govender M, Mills E. Do human rights matter to health? Lancet. 2007; 370: 521-526. http://dx.doi.org/10.1016/S0140-6736(07)61236-7

159   Legge D. Panel presentation at "Protecting the right to health through action on the social determinants of health. A side event prior to the World Conference on Social Determinants of Health"; 2011 Oct 18; de Janeiro, Brazil.

160   The Global Fund. Board[Internet]. [cited 2013 Oct 15]. Available from: http://www.theglobalfund.org/en/board/

161   The Global Fund. Partners: The Bill and Melinda Gates Foundation[Internet]. [cited 2014 Feb 11]. Available from: http://www.theglobalfund.org/en/partners/-privatesector/gatesfoundation/

162   The Global Fund. Business opportunities[Internet]. [cited 2013 Dec 15]. Available from: http://www.theglobalfund.org/en/business/

163   Heaton A, Keith R. A long way to go: a critique of GAVI's initial impact[Internet]. Save the Children; 2002 Jan[cited 2007 May 29]. Available from: http://www.savethechildren.org.uk/resources/online-library/a-long-way-to-go-a--critique-of-gavis-initial-impact

164   Muraskin W. Crusade to immunize the world's children: the origins of the Bill and Melinda Gates Children's Vaccine Program and the

birth of the Global Alliance for Vaccines and Immunization. Los Angeles, CA: Global Bio Business Books; 2005.

165　Birn A-E, Lexchin J. Beyond patents: the GAVI alliance, AMCs, and improving immunization coverage through public sector vaccine production in the global south. Human Vaccines. 2011; 7(3): 291-292. http://dx.doi.org/10.4161/hv.7.3.15217

166　World Health Organization. Programme-Budget 2008-2009 Financial Tables. World Health Organization[Internet]. [cited 2011 Oct 9]. Available from: apps.who.int/gb/ebwha/pdf_files/AMTSP-PPB/a-mtsp_7en.pdf

167　World Health Organization. Programme-Budget 2012-2013 Financial Tables. World Health Organization[Internet]. [cited 2014 Feb 11]. Available from: http://whqlibdoc.who.int/pb/2012-2013/PB_2012-2013_eng.pdf?ua=1

168　World Health Organization. Executive Board. EB122/19 Partnerships. Executive Board, 122nd Session, Provisional agenda item 6.3. World Health Organization[Internet]. 2007 Dec 20[cited 2013 Nov 26]; EB122/19. Available from: http://apps.who.int/gb/ebwha/pdf_files/EB122/B122_19-en.pdf

169　World Health Organization. Draft twelfth general programme of work. A66/6[Internet]. 2013 Apr 19[cited 2014 Feb 4]. Available from: http://apps.who.int/gb/ebwha/pdf_files/WHA66/A66_6-en.pdf?ua=1

170　World Health Organization. Proposed Programme Budget 2014-2015. A66/7[Internet]. 2013 Apr 19[cited 2014 Feb 19]. Available from: http://www.who.int/about/resources_planning/A66_7-en.pdf

171　World Health Organization. Resolution WHA63.27. In: Resolutions and decisions of regional interest adopted by the Sixty-third World Health Assembly. EM/RC57/2010 Sep 10.

172　Moran M, Guzman J, Ropars AL, Illmer A. The role of Product Development Partnerships in research and development for neglected diseases. International Health. 2010; 2(2): 114-122. http://dx.doi.org/10.1016/j.inhe.2010.04.002

173 Institute for Health Metrics and Evaluation. Financing global health 2012: the end of the golden age? Annex B: Statistics. Seattle: IHME; 2012[cited 2013 Jan 29]. Available from: http://www.healthme tricsandevaluation.org/sites/default/-files/policy_report/2011/ FGH_2012_annex_B_statistics_IHME.pdf

174 Rabin Martin Philanthropic Initiatives[Internet]. [cited 2011 Oct 9]. Available from: http://www.rabinmartin.com/services/philanthropic -initiatives.html

175 McLaughlin-Rotman Centre for Global Health. Commercialization Pillar[Internet]. [cited 2011 Oct 9]. Available from: http://www.mrc global.org/home

176 Mendoza J. Public-private collaboration paved way for new portable TB test: Tuberculosis experts say partnerships key to development of new diagnostics and drugs in the fight against TB. GlobalPost[- Boston][Internet]. 2014 Jul 18[cited 2014 Aug 19]. Available from: http://www.globalpost.com/dispatches/globalpost-blogs/global- pulse/PPPs-critical-TB-fight

177 Fugh-Berman A. How basic scientists help the pharmaceutical in- dustry market drugs. PLOS Biol. 2013; 11(11): e1001716. http://dx.doi. org/10.1371/journal.pbio.1001716

178 International AIDS Vaccine Initiative[IAVI]. Policy Brief: Incentives for Private Sector Development of an AIDS Vaccine. IAVI: Publica- tions[Internet]. 2004[cited 2014 Feb 19]. Available from: http://www. iavi.org/Information-Center/Publications/Documents/IAVI_Incen tives_for_Private_Sector_Development_of_an_AIDS_Vaccine_2004_ ENG.pdf

179 Ollila E. Restructuring global health policy making: the role of global public-private partnerships. In: Mackintosh M, Koivusalo M, editors. Commercialization of health care: global and local dynamics and policy responses. Social Policy in a Development Context. Bas- ingstoke, United Kingdom: Palgrave Macmillan; 2005. p. 187-200.

180 Utting P, Zammit A. Beyond pragmatism. appraising UN-business

partnerships. Markets, Business and Regulation Programme. Paper Number 1. Geneva: United Nations Research Institute for Social Development; 2006.

181   People's Health Movement. A statement prepared for "Making partnerships work for health"[Internet]. Geneva: World Health Organization; 2005[cited 2011 Nov 14]. Available from: http://www.phmovement.org/es/node/117

182   Piller C, Sanders E, Dixon R. Dark cloud over good works of Gates Foundation. Los Angeles Times[Internet]. 2007 Jan 7[cited 2011 Mar 21]. Available from: http://www.latimes.com/news/la-na-gatesx07jan07,0,2533850.story

183   People's Health Movement, GEGA: Global health watch 3. Global Health Watch[Internet]. London: Zed Books; 2011[cited 2011 Nov 13]. Available from: http://www.ghwatch.org/ghw3

184   Stuckler D, Basu S, McKee M. Global health philanthropy and institutional relationships: how should conflicts of interest be addressed? PLOS Med. 2011 Apr 1; 8(4): 1-10. http://dx.doi.org/10.1371/journal.pmed.1001020

185   Hodgson J. Gates Foundation sells off most health-care, pharmaceutical holdings. The Wall Street Journal[Internet]. 2009 Aug 14[cited 2011 Nov 13]. Available from: http://online.wsj.com/article/SB125029373754433433.html

186   Wilhelm I. Gates official's former role at drug company comes under scrutiny; Government & Politics Watch[Internet]. Washington, D.C: The Chronicle of Philanthropy; 2010 Feb 22[cited 2011 Mar 21]. Available from: http://philanthropy.com/blogPost/Gates-Official-Comes-Under/21393/?sid-=&utm_source=&utm_medium=en

187   Guth R. Gates Foundation taps Novartis executive. Wall Street Journal[Internet]. 2011 Sept 14[cited 2011 Nov 11]. Available from: http://online.wsj.com/article/SB10001424053111904265504576569580126726902.html

188   Merck exec to be Gates Foundation CFO. Reuters[Internet]. 2010

Mar 31[cited 2011 Nov 12]. Available from: http://www.reuters.com/article/idUSN3120892820100331

189   Bill and Melinda Gates Foundation. Co-Chairs, Trustees, & Management Committee[Internet]. Seattle: Bill and Melinda Gates Foundation; c1999-2011[cited 2011 Mar 21]. Available from: http://www.gatesfoundation.org/leadership/Pages/overview.aspx

190   Sharma DC. Generous Gates has vested interests. Mail Today[New Delhi][Internet]. 2011 Apr 14[cited 2011 Nov 9].

191   Doughton S. Not many speak their mind to Gates Foundation. The Seattle Times[Internet]. 2008 Aug 3[cited 2010 Nov 9]. Available from: http://seattletimes.nwsource.com/html/localnews/2008088717_gatescritics03m.html

192   Strouse J. Bill Gates's money. The New York Times Magazine[Internet]. 2000 Apr 16[cited 2011 Nov 9]. Available from: http://www.nytimes.com/library/magazine/home/20000416mag-foundation.html

193   Gateskeepers.civilblog.org[Internet]. Gates Keepers. [cited 2011 Mar 21]. Available from: http://gateskeepers.civiblog.org/(웹사이트가 중지됨)

194   Karunakaran N. Dark side of giving: the rise of philanthro-capitalism. ET Bureau. The Economic Times. 2011 Mar 25[cited 2011 May 21].

195   Humanosphere: News and analysis of global health and the fight against poverty[Internet]. [cited 2011 Mar 21]. Available from: http://humanosphere.org/category/health/, http://www.humanosphere.org/global-health/

196   Kumar S, Butler D. Calls in India for legal action against US charity. Nature News[Internet]. 2013 Sep 9[cited 2013 Oct 22]. Available from: http://www.nature.com/news/calls-in-india-for-legal-action-against-us-charity-1.13700

197   Sharma DC. Rights violation found in HPV vaccine studies in India. Lancet Oncology[Internet]. 2013 Oct[cited 2013 Dec 11]; 14(11): e443. Available from: http://www.thelancet.com/journals/lanonc/article/PIIS1470-2045(13)70420-0/fulltext?rss=yes

198   LaMontagne DS, Sherris JD. Addressing questions about the HPV vaccine project in India. Lancet Oncology[Internet]. 2013 Nov[cited 2013 Dec 11]; 14(12): e492. Available from: http://www.thelancet.com/journals/lanonc/article/PIIS1470-2045(13)70476-5/fulltext

199   PATH. Statement from PATH: cervical cancer demonstration project in India. PATH[Internet]. 2013 Aug 30[updated 2013 Sep 3; cited 2013 Dec 11]. Available from: http://www.path.org/news/press-room/642/

200   New W. Pharma executive to head Gates' global health program. Intellectual Property Watch[Internet]. 2011 Sept 14[cited 2012 Aug 16]. Available from: http://www.ip-watch.org/2011/09/14/pharma-executive-to-head-gates-global-health-program/

201   Microsoft. Defense forum highlights Microsoft commitment to global military customers Redmond, WA: Microsoft News Centre[Internet]. 2008 Dec 10[cited 2011 Nov 11]. http://www.microsoft.com/presspass/features/2008/dec08/12-10DLF.mspx

202   Hoover JN. Military signs most comprehensive Microsoft contract yet. Information Week[Internet]. 2013 Mar 1[cited 2014 Feb 11]. http://www.informationweek.com/applications/military-signs-most-comprehensive-microsoft-contract-yet/d/d-id/1108000

203   Bank D, Buckman R. Gates charity buys stakes in drug makers. The Wall Street Journal. 2002 May 17; p. B.1.

204   Kyle MK, McGahan AM. Investments in pharmaceuticals before and after TRIPS. Review of Economics and Statistics. 2012 Nov; 1157-1172. http://dx.doi.org/10.1162/REST_a_00214

205   Gold ER, Kaplan W, Orbinski J, Harland-Logan S, N-Marandi S. Are patents impeding medical care and innovation? PLOS Med. 2010; 7(1): e1000208. http://dx.doi.org/10.1371/journal.pmed.1000208

206   Aginam O, Harrington J, Yu PK. The global governance of HIV/AIDS: intellectual property and access to essential medicines. United Kingdom: Edward Elgar Publishing; 2013. http://dx.doi.

org/10.4337/9781849804929

207　Paulson T. Novartis vs. India: patents vs. the poor? Humano-sphere[Internet]. 2012 Oct 15[cited 2012 Nov 21]. Available from: http://humanosphere.org/2012/10/novartis-vs-india-patents-vs-the-poor

208　Baker BK. Analysis: India's Supreme Court upholds strict patent standards and patients' right to access to affordable medicines: court dismisses unmeritorious court challenge by drug giant Novar-tis. Third World Network[Internet]. 2013 Apr 3[cited 2013 Sept 26]. Available from: http://www.twnside.org.sg/title2/intellectual_property/info.service/2013/ipr.info.130402.htm

209　Morvaridi B. Capitalist philanthropy and hegemonic partnerships. Third World Quarterly. 2012; 33(7): 1191-1210. http://dx.doi.org/10.1080/01436597.2012.691827

210　Jarosz L. Growing inequality: agricultural revolutions and the politi-cal ecology of rural development. Int J Agr Sustain. 2012; 10(2): 192-199. http://dx.doi.org/10.1080/14735903.2011.600605

211　Morvaridi B. Capitalist philanthropy and the new green revolution for food security. Int J Sociol Agr Food. 2012; 19(2): 243-256.

212　Weiss EB. United States: Supreme Court decision in Diamond v. Chakrabarty. International Legal Materials. 1980; 19(4): 981-991. This U.S. Supreme Court ruling was encouraged by the 1980 Bayh-Dole Act.

213　Thompson CB. Alliance for a Green Revolution in Africa(AGRA): advancing the theft of African genetic wealth. Review of African Po-litical Economy. 2012; 39(133): 500-511.

214　Eckl J. The power of private foundations: Rockefeller and Gates in the struggle against malaria. Global Social Policy. 2014; 14(1): 91-116. http://dx.doi.org/10.1177/1468018113515978

215　Youde J. The Rockefeller and Gates Foundations in global health governance. Global Society. 2013; 27(2): 139-158. http://dx.doi.org/10.1080/13600826.2012.762341

216 McGoey L. Philanthrocapitalism and its critics. Poetics. 2012; 40(2): 185-199. http://dx.doi.org/10.1016/j.poetic.2012.02.006

217 McQuaig L, Brooks N. The trouble with billionaires. Canada: Penguin; 2010.

218 Brenner N, Peck J, Theodore N. Variegated neoliberalization: geographies, modalities, pathways. Global Networks. 2010; 10(1): 1-41.

219 Benatar SR, Gill S, Bakker IC. Global health and the global economic crisis. Am J Public Health. 2011; 101(4): 646-653. http://dx.doi.org/10.2105/AJPH.2009.188458

220 Parenti M. The face of imperialism. Boulder, CO: Paradigm Publishers; 2011.

221 Rogers R. Why philanthro-policymaking matters. Society. 2011; 48(5): 376-381. http://dx.doi.org/10.1007/s12115-011-9456-1

222 Discussed in: Wilby P. It's better to give than receive. New Statesman[Internet]. 2008 Mar 19[cited 2011 Mar 21]; 137(4889): 17. Available from: http://www.newstatesman.com/society/2008/03/philanthropists-money

223 Gipple E, Gose B. America's generosity divide. The Chronicle of Philanthropy[Internet]. 2012 Aug 19[cited 2012 Dec 15]. Available from: http://philanthropy.com/article/America-s-Generosity-Divide/133775/

224 The Rockefeller Foundation. Transforming health systems initiative: strategic overview[Internet]. 2009[cited 2014 Mar 17]. Available from: http://www.rockefellerfoundation.org/uploads/files/afd50af5-df4c-4e69-af1b-94ba5e4ade00.pdf

225 World Bank. World development report 1993: investing in health. Washington, D.C.: The World Bank; 1993.

226 World Health Organization. Investing in health: a summary of the findings of the Commission on Macroeconomics and Health. Geneva: World Health Organization; 2001.

227 Waitzkin H. Report of the WHO Commission on macroeconomics and health: a summary and critique. Lancet. 2003; 361(9356): 523-6.

http://dx.doi.org/10.1016/S0140-6736(03)12491-9

228   Impact investing: a framework for policy design and analysis. InSight
      at Pacific Community Ventures & The Initiative for Responsible In-
      vestment at Harvard University[Internet]. Rockefeller Foundation;
      2011 Jan[cited 2012 Nov 21]. Available from: http://www.rockefeller
      foundation.org/blog/impact-investing-framework-policy

229   Wirgau JS, Farley KW, Jensen C. Is business discourse colonizing
      philanthropy? A critical discourse analysis of (PRODUCT) RED.
      VOLUNTAS: International Journal of Voluntary and Nonprofit Or-
      ganizations. 2010; 21(4): 611-630. http://dx.doi.org/10.1007/s11266-
      010-9122-z

230   Kapoor I. Celebrity humanitarianism: the ideology of global char-
      ity. Re.Framing Activism[Internet]. 2013 Feb 18[cited 2014 Feb 11].
      Available from: http://reframe.sussex.ac.uk/activistmedia/2013/02/
      celebrity-humanitarianism-the-ideology-of-global-charity-by
      -ilan-kapoor/

231   Payton RL, Moody MP. Understanding philanthropy: its meaning and
      mission. Bloomington, IN: Indiana University Press; 2008.

232   People's Health Movement, GEGA: Global health watch 1. Global
      Health Watch[Internet]. London: Zed Books; 2005-2006[cited 2011
      Mar 21]. Available from: http://www.ghwatch.org/ghw1

233   Bassett MT. From Harlem to Harare: Lessons in How Social Move-
      ments and Social Policy Change Health. In: Birn A-E, Brown TM, ed-
      itors. Comrades in health: U.S. health internationalists abroad and at
      home. New Brunswick, NJ: Rutgers University Press; 2013. p. 200-17.

234   Bill and Melinda Gates Foundation Guiding Principles[Internet].
      [cited 2011 Oct 9]. Available from: http://www.gatesfoundation.org/
      about/Pages/guiding-principles.aspx

235   USAID Leadership: results and date[Internet]. [updated 2013 Sept
      26; cited 2013 Dec 11]. Available from: http://www.usaid.gov/results
      -and-data

236   Vogel A. Who's making global civil society: philanthropy and U.S.

empire in world society. Br Jf Sociol. 2006; 57(4): 635-655. http://dx. doi.org/10.1111/j.1468-4446.2006.00129.x

237   Garrett L. The challenge of global health. Foreign Affairs. 2007 Jan/ Feb; 86(1): 14-38.

238   Buss P, Ferreira J. Health diplomacy and South-South cooperation: the experiences of UNASUR Salud and CPLP's Strategic Plan for Co-operation in Health. RECIIS - R. Eletr. de Com. Inf. Inov. Saúde. Rio de Janeiro. 2010; 4(1): 99-110.

239   Travassos C. The commercialization of health care. Cad Saúde Pública. 2013; 29(5): 842.

240   Bowman A. The flip side to Bill Gates' charity billions. New Inter-nationalist[Internet]. 2012 Apr[cited 2013 Dec 10]. Available from: http://digital.newint.com.au/issues/3/articles/17

241   McNeil DG. Gates Foundation's influence criticized. The New York Times[Internet]. 2008 Feb 16[cited 2011 Nov 9]. Available from: http://www.nytimes.com/2008/02/16/science/16malaria.html

242   Doughton S. Gates Foundation scales back 'grand' plan for global health. The Seattle Times[Internet]. 2010 Nov 8[cited 2011 Mar 21]. Available from: http://seattletimes.nwsource.com/html/localnews/2013381611_challenges09m.html

243   Branswell H. Once expected to be polio's last stand, India now polio-free for three years. The Canadian Press[Toronto]. 2014 Jan 13[cited 2014 Feb 19]. Available from: http://news.yahoo.com/once-expected-polio-39-last-stand-india-now-233654515.html

244   Bhattacharya S, Dasgupta R. A tale of two global health programs. Am J Public Health. 2009; 99(7): 1176-84. http://dx.doi.org/10.2105/AJPH.2008.135624

245   Muraskin W. Polio eradication and its discontents: an historian's journey through an international public health (UN) civil war. India: Orient Blackswan Private Limited; 2012.

246   Obadare E. A crisis of trust: history, politics, religion and the polio controversy in Northern Nigeria. Patterns of Prejudice. 2005; 39(3):

265-284. http://dx.doi.org/10.1080/00313220500198185

247   Naik G. India manages to free itself of polio; against-odds achievement remains fragile but brings global eradication quest tantalizingly close. Wall Street Journal[Internet]. 2014 Jan 12[cited 2014 Feb 19]. Available from: http://online.wsj.com/news/articles/SB10001424052 702303848104579312453860810752

248   Bill Gates: Dimbleby lecture[Internet]. 2013 Jan 29[cited 2013 Dec 11]. Available from: http://www.gatesfoundation.org/Media-Center /Speeches/2013/01/Bill-Gates-Dimbleby-Lecture

249   Guth R. Gates rethinks his war on polio. Wall Street Journal[Internet]. 2010 Apr 23[cited 2011 Mar 21]. Available from: http://online. wsj.com/article/SB10001424052702303348504575184093239615022. html

250   Author interview with Scott Halstead. 2013 Nov 19.

251   Doughton S, Helm K. Does Gates funding of media taint objectivity? The Seattle Times[Internet]. 2011 Feb 19[cited 2011 Mar 21]. Available from: http://seattletimes.nwsource.com/html/localnews/ 2014280379_gatesmedia.html

252   Fortner D. How Ray Suárez really caught the global health bug. The Observatory[Internet]. 2010 Oct 7[cited 2011 Mar 21]. Available from: http://www.cjr.org/the_observatory/how_ray_suarez_really_ caught_t.php?page=all

253   Paulson T. Behind the scenes with the Gates Foundation's 'strategic media partners'[Internet]. 2013 Feb 13[cited 2014 Feb 11]. Available from: http://www.humanosphere.org/2013/02/a-personal-view-behind-the-scenes-with-the-gates-foundations-media-partners/

254   David Sanders, personal communication, 2013 Nov 14-15.

255   Gruskin S, Bogecho D, Ferguson L. Rights-based approaches to health policies and programs: articulations, ambiguities, and assessments. J Public Health Policy. 2010; 31(2): 129-145. http://dx.doi. org/10.1057/jphp.2010.7

256   Ortiz I, Burke S, Berrada M, Cortes H. Initiative for policy dialogue

and Friedrich-Ebert-Stiftung New York working paper 2013[Internet]. New York: Columbia University; 2013 Sep[cited 2013 Dec 11]. Available from: http://policydialogue.org/publications/working_papers/world_protests_2006-2013_executive_summary/

257   World Health Organization. Closing the gap in a generation: health equity through action on the social determinants of health: commission on social determinants of health final report. Geneva: World Health Organization; 2008.

258   Rio Political Declaration on Social Deter-minants of Health. Proceedings of the WHO World Conference on Social Determinants of Health; 2011 October 19-21; Rio de Janeiro, Brazil[Internet]. 2011[cited 2011 Nov 11]. Available from: http://www.who.int/sdh conference/declaration/en/index.html. Protecting the right to health through action on the social determinants of health: a declaration by public interest civil society organizations and social movements, Rio de Janeiro, Brazil.

259   People's Health Movement[Internet]. 2011 Oct 18[cited 2011 Nov 11]. Available from: http://www.phmovement.org/sites/www.phmovement.org/files/AlternativeCivilSocietyDeclaration20Sep.pdf

260   United Nations. Guidelines on Cooperation between the United Nations and the Business Sector[Internet]. 2009 Nov 20[cited 2013 Oct 19]. Available from: http://business.un.org/en/assets/83f0a197-b3b8-41ba-8843-d8c5b5d59fe1.pdf

261   Richter J. WHO reform and public interest safeguards: an historical perspective. Social Medicine. 2012; 6(3): 141-150.

262   Pollard TD. The obligation for biologists to commit to political advocacy. Cell. 2012; 151(2): 239-243. http://dx.doi.org/10.1016/j.cell.2012.09.026

263   Klein N. How Science is Telling Us All to Revolt. New Statesman[Internet]. 2013 Oct 29[cited 2014 Jan 20]. Available from: http://www.newstatesman.com/2013/10/science-says-revolt

빌 게이츠는 왜 아프리카에 갔을까

초판 1쇄 인쇄 | 2021년 6월 10일
초판 1쇄 발행 | 2021년 6월 17일

지은이 | 리오넬 아스트뤽
옮긴이 | 배영란
펴낸이 | 박남숙

펴낸곳 | 소소의책
출판등록 | 2017년 5월 10일 제2017-000117호
주소 | 03961 서울특별시 마포구 방울내로9길 24 301호(망원동)
전화 | 02-324-7488
팩스 | 02-324-7489
이메일 | sosopub@sosokorea.com

ISBN 979-11-88941-64-3 03300
책값은 뒤표지에 있습니다.

※ 이 책의 부록 필자인 앤 엠마누엘 번 교수의 뜻에 따라 '부록' 저작권료를 국내의 비영리 독립연구소 '시민건강연구소'에
  후원합니다.